Die Tote
mit der
Muschelkette

CAROL HIGGINS CLARK

Die Tote
mit der
Muschelkette

Deutsch von Marie Henriksen

Weltbild

Originaltitel: *Burned*
Originalverlag: Scribner, New York

Besuchen Sie uns im Internet:
www.weltbild.de

Das Werk einschließlich seiner Teile ist urheberrechtlich geschützt.
Jede Verwertung außerhalb des Urhebergesetzes ist ohne Zustimmung
des Verlages unzulässig und strafbar. Dies gilt insbesondere für Vervielfältigungen,
Übersetzungen, Mikroverfilmungen und die Einspeicherung und
Verarbeitung in elektronischen Systemen.

Weltbild Buchverlag
–Originalausgaben–
Deutsche Erstausgabe 2007
Copyright © 2005 by Carol Higgins Clark
Copyright © der deutschsprachigen Ausgabe 2007
Verlagsgruppe Weltbild GmbH
Steinerne Furt, 86167 Augsburg
2. Auflage 2008
Alle Rechte vorbehalten

Projektleitung: Gerald Fiebig
Übersetzung: Marie Henriksen
Redaktion: Jürgen Bolz
Umschlag: Hauptmann & Kompanie Werbeagentur,
München–Zürich
Umschlagfoto: shutterstock
Satz: Andrea Göttler
Gesetzt aus der Bembo 11,5/15,5 Punkt
Druck und Bindung: Bagel Roto-Offset GmbH & Co. KG, Schleinitz

Gedruckt auf chlorfrei gebleichtem Papier

Printed in the EU

ISBN 978-3-89897-282-6

Danksagung

Schreiben ist eine einsame Tätigkeit, aber die Veröffentlichung eines Buches ist alles andere als das. So würde ich gern ein ganz besonderes »Aloha« an all diejenigen schicken, die mir geholfen haben, ein neues Regan-Reilly-Abenteuer in die Welt zu setzen.

Ein spezielles Dankeschön an Roz Lippel, meine Lektorin. Von dem Tag an, als wir zusammen zu Mittag aßen und dabei über die Idee zu diesem Buch sprachen, war sie mir eine unentbehrliche Stütze und Ratgeberin. Sie ist oft auf Hawaii, und sie hat mir viel über die wunderbaren Inseln erzählt.

Vielen Dank auch an Michael Korda für seine Kommentare und Ratschläge. Roz' Assistentin Laura Thielen ist stets eine hilfreiche Seele. Die Arbeit mit Gypsy da Silva, der stellvertretenden Leiterin des Redaktionsbüros, ist eine immerwährende Freude. Dankbar bin ich auch Rose Ann Ferrick für die Redaktion und den Korrekturlesern Barbara Raynor, Steve Friedeman und Joshua Cohen. Lob und Dank für Art Director John Fulbrook und den Fotografen Herman Estevez, die auf dem Umschlag der amerikanischen Originalausgabe Hawaii zum Leben erweckt haben. Dank an meinen Agenten Sam Pinkus, Applaus für Lisl Cade, Carolyn Nurnburg, Nancy Haberman und Tom Chiodo, das Promotionteam.

Ich bedanke mich herzlich bei den Menschen auf Hawaii, speziell bei Robbie Poznansky, der mir mit unnachahmlicher Gastfreundschaft Big Island nahegebracht hat, und bei Jason Gaspero, der dasselbe auf Oahu tat.

Und endlich ein Dank an meine Mutter, die versteht, wie es ist, wenn man ein Buch schreibt, an meine Familie, meine Freunde, meine Leser.

Aloha euch allen!

In pectore

1

Donnerstag, 13. Januar

Ein Jahrhundertschneesturm kündigt sich an«, schrie der Reporter Brad Dayton mit einer gewissen hysterischen Freude. Er hatte seine knallgelbe Wetterkleidung angezogen und stand am Rand des New Jersey Turnpike. Autos quälten sich an ihm vorbei, rutschten und drehten sich, und ein böiger Wind blies nassen Schnee in alle Richtungen. Die Schneeflocken schienen direkt auf das Gesicht des Reporters und auf die Linse der Fernsehkamera zu zielen. Der Himmel war mit grauen Wolken bedeckt, und der gesamte Nordosten der USA duckte sich in Erwartung eines Blizzards, den so doch niemand erwartet hatte.

»Verlassen Sie lieber nicht das Haus«, rief der Reporter in die Kamera und zwinkerte, um seine Augen von Schnee zu befreien. »Bleiben Sie zu Hause, und vor allem, vergessen Sie jeden Gedanken an ein Flugzeug. Alle Flughäfen sind geschlossen, und es sieht auch nicht so aus, als würden sie in den nächsten Tagen wieder geöffnet.«

Regan Reilly saß in ihrem gemütlichen Büro in Los Angeles, das in einem uralten Haus am Hollywood Boulevard untergebracht war, und starrte ungläubig auf die Mattscheibe. »Das darf doch wohl nicht wahr sein!«, sagte sie laut vor sich hin. »Ich hätte doch gestern fliegen sollen.«

»Passen Sie gut auf sich auf da draußen, Brad«, mahnte die

Nachrichtensprecherin des Kabelsenders in ihrem klimatisierten Studio. »Und versuchen Sie, einigermaßen trocken zu bleiben.«

»Wird gemacht!«, brüllte Brad in sein Mikrofon und versuchte, den heulenden Wind zu übertönen. Er wollte noch etwas hinzufügen, aber der Ton brach ab. Das Bild verschwand, und der Sender zeigte einen Wettermann, der vor einer Landkarte mit zahlreichen seltsamen Pfeilen stand, die in alle Richtungen deuteten.

»Was können Sie uns dazu sagen, Larry?«, fragte die blonde Sprecherin lächelnd.

»Der Schnee kommt aus allen Richtungen«, erklärte Larry eindringlich, während seine Hände hektisch über der Landkarte kreisten. »Schnee, Schnee und nochmals Schnee. Ich hoffe, Sie alle haben jede Menge Konserven und andere Vorräte zu Hause, denn dieser Sturm wird ein paar Tage anhalten, und er ist wirklich nicht von Pappe!«

Regan warf einen Blick aus ihrem Fenster. In Los Angeles herrschte das übliche sonnige Wetter. Ihr Koffer war gepackt, um sie auf ihrer Reise nach New York zu begleiten. Sie hatte sich vor Kurzem verlobt, war einunddreißig Jahre alt und Privatdetektivin in Los Angeles. Ihr Liebster, Jack Reilly – nicht verwandt und nicht verschwägert, wie sie beide immer wieder betonten –, war Chef der Abteilung für Kapitalverbrechen bei der Polizei von New York City. Im Mai würden sie heiraten, und sie hatte vorgehabt, übers Wochenende hinüberzufliegen, um ihn zu besuchen und ihre Eltern Luke und Nora zu treffen. Die beiden lebten in Summit, New Jersey.

Regan und ihre Mutter wollten am Samstag eine Hochzeitsplanerin treffen, um alle Vorbereitungen für den großen Tag zu besprechen: Menü, Blumen, Kleider, der Fotograf – die

Liste wurde immer länger. Am Samstagabend wollte sie dann mit ihren Eltern und Jack eine Band anhören, die sie für den Empfang ins Auge gefasst hatten. Regan hatte sich so sehr auf einen vergnüglichen Abend gefreut! Daraus wäre wegen des Schneesturms sicher nichts geworden, aber wenn sie einen Tag früher nach New York geflogen wäre, hätte sie wenigstens ein gemütliches Wochenende mit Jack verbringen können. Es war die zweite Januarwoche, und sie hatte ihn seit zehn Tagen nicht gesehen. Und was konnte romantischer sein als traute Zweisamkeit, wenn draußen der Schneesturm heulte?

Sie fühlte sich einsam und frustriert, und der Anblick des strahlenden Sonnenscheins machte sie fast wütend. Ich will nicht hier sein, dachte sie. Ich will nach New York.

Das Telefon klingelte.

»Regan Reilly«, meldete sie sich ohne große Begeisterung.

»Aloha, Regan, hier spricht deine Brautjungfer aus Hawaii.«

Kit Callan war Regans beste Freundin. Sie hatten sich während der Collegezeit kennengelernt, als sie beide an einem einjährigen Austauschprogramm in England teilgenommen hatten. Kit lebte mittlerweile in Hartford und verkaufte Versicherungen. Ihr zweiter Beruf war die Jagd nach dem richtigen Mann fürs Leben, aber bisher hatte sie mit den Versicherungsverträgen eindeutig mehr Erfolg.

»Aloha, Kit.« Regan lächelte und fühlte sich schon besser, nachdem sie die Stimme ihrer besten Freundin gehört hatte. Sie wusste, dass Kit zu einem Versicherungskongress nach Hawaii geflogen war. »Wie geht es dir dort?«

»Ich sitze hier fest.«

»Es gibt nicht viele Leute, die sich beschweren würden, wenn sie in Hawaii festsitzen.«

»Der Kongress war am Dienstag zu Ende. Ich habe mir noch

11

einen Tag zum Entspannen gegönnt, und jetzt komme ich hier nicht weg. Mein Reisebüro sagt, es gibt keine Chance, die Ostküste irgendwie zu erreichen.«

»Was du nicht sagst. Ich sollte heute eigentlich nach New York fliegen, um Jack zu treffen. Und meine Mutter und ich wollten uns eigentlich mit der Hochzeitsplanerin zusammensetzen.«

»Versprich mir, dass du dir nichts allzu Schreckliches für die Kleider der Brautjungfern ausdenkst.«

»Ich dachte an Hosenanzüge mit großen Schottenkaros«, neckte Regan sie.

»Du, da kommt mir eine Idee. Komm doch her, dann suchen wir ein paar Basträcke aus.«

Regan lachte. »Tolle Idee. Irgendwie will doch jeder, dass seine Hochzeit etwas Besonderes ist.«

»Du kommst also?«

»Wovon redest du überhaupt?«

»Komm hierher, Regan! Wie viele Chancen werden wir noch haben, ein solches Wochenende zusammen zu verbringen? Wenn man dir erst mal die Fangeisen angelegt hat, dann gibt es so was doch gar nicht mehr! Du wirst nie mehr Lust haben, etwas ohne ihn zu unternehmen, und ich kann es dir nicht mal verdenken.«

»Ich behalte mein Büro in Los Angeles«, protestierte Regan. »Jedenfalls zunächst mal.«

»Darum geht es doch gar nicht. Du weißt genau, was ich meine. Dies ist die perfekte Gelegenheit für uns beide, ein herrliches Weiberwochenende zu verbringen, bevor du heiratest. Was würdest du denn sonst in den nächsten Tagen tun? Den Wetterbericht beobachten? Komm nach Waikiki, und ich sorge dafür, dass ein tropischer Cocktail an der Bar auf dich wartet. Ich habe ein Zimmer im ersten Stock mit zwei riesigen Betten und einem Balkon mit Meerblick. Du kannst von hier aus fast die Zehen in den Sand stecken. Tatsächlich sitze ich jetzt gerade auf dem Balkon und warte darauf, dass der Zimmerservice mir das Frühstück bringt.«

»Pass auf, so wie die Brandung rauscht, könntest du das Klopfen überhören«, murmelte Regan und sah sich in ihrem Büro um, ihrem zweiten Zuhause seit einigen Jahren. Der alte Schreibtisch, den sie auf dem Flohmarkt gefunden hatte, der schwarz und weiß geflieste Fußboden, die Kaffeekanne auf ihrem Ehrenplatz auf dem Aktenschrank – das alles war ihr so vertraut, aber im Augenblick hatte sie das Gefühl, dass sie es nicht mehr sehen wollte. Sie hatte sich auf ein Wochenende weg von zu Hause eingestellt, und jetzt wollte sie auch wirklich weg. Tatsächlich hatte sie Kit in dem Jahr, seitdem sie Jack kannte, sträflich vernachlässigt.

»In welchem Hotel wohnst du?«

»Waikiki Waters Playground and Resort.«

»Was für ein Name.«

»Und du solltest es erst mal sehen! Es ist frisch renoviert, alles ganz neu und wirklich schön. Es gibt mehrere Restaurants, Läden, zwei Thermalbäder, fünf Swimmingpools und mehrere Türme mit Zimmern. Wir wohnen in dem besten Turm gleich am Meer. Und am Samstagabend gibt es einen Wohltätigkeitsball hier, bei dem sie eine Muschelkette versteigern, die einer Prinzessin aus der königlichen Familie gehört hat. Entsprechend heißt der Ball ›Prinzessinnenball‹. Also los, komm her, dann werden wir beide Prinzessinnen sein.« Kit machte eine kleine Pause. »Was ist denn da unten los?«, sagte sie leise, mehr zu sich selbst als zu Regan.

»Was meinst du?«, fragte Regan.

13

Aber Kit schien sie gar nicht zu hören. »Ja, du lieber Himmel!«, sagte sie erschrocken.

Regan hielt ihren Telefonhörer unwillkürlich ein bisschen fester. »Kit, was ist da los?«

»Alles rennt plötzlich zum Wasser hinunter, ich glaube, da ist eine Leiche angeschwemmt worden.«

»Machst du Witze?«

»Nein, da kam gerade eine Frau schreiend aus dem Wasser gelaufen. Scheint so, als wäre sie geradewegs in die Wasserleiche hineingeschwommen.«

»Mein Gott!«

»Regan, du kannst mich unmöglich an diesem schrecklichen Ort das ganze Wochenende allein lassen, hörst du?« Kit flehte sie jetzt förmlich an. »Ich hatte ja keine Ahnung, wie gefährlich es hier sein würde.«

»Ich versuche, einen Flug zu bekommen.«

2

Nora Regan Reilly sah aus dem Dachfenster ihres Arbeitszimmers auf den fallenden Schnee. Normalerweise hätte ein bisschen Schnee durchaus zu dem kuscheligen Umfeld beigetragen, in dem sie ihre Kriminalromane schrieb, aber dieser Schneesturm brachte ihr Leben durcheinander, und offenbar nicht nur ihres, sondern das so ziemlich aller Einwohner an der Ostküste.

»Ach Regan, ich bin so traurig, dass du dieses Wochenende nicht in New York sein kannst.«

»Und ich erst, Mom.« Regan telefonierte vom Schlafzimmer ihrer Wohnung in Hollywood Hills, wo sie gerade einen Koffer mit Sommersachen packte.

»Hawaii klingt aber auch nicht wirklich schlecht.«

»Weißt du, ich freue mich auch darauf, ein bisschen Zeit mit Kit zu verbringen. Die letzten Monate waren sehr hektisch; wenn ich nicht müsste, würde ich mir so ein Wochenende niemals gönnen.«

»Dein Vater hat für morgen eine große Beerdigung angesetzt, aber ich kann mir nicht vorstellen, dass sie stattfinden wird. Sie sagen, die Straßen sind unpassierbar, und die meisten Angehörigen des Verstorbenen kommen von außerhalb. Sie wohnen in einem Hotel hier in der Nähe.«

»Wer ist gestorben?« Die Frage war am Reilly'schen Abend-

15

essenstisch nicht ungewöhnlich gewesen. Regans Vater Luke besaß ein großes Bestattungsinstitut, und nachdem ihre Mutter Nora Krimis schrieb, war von Verbrechen und Tod immer relativ viel die Rede gewesen. Es ging wirklich nicht zu wie bei den Waltons. Regan hatte keine Geschwister und war so immer sehr viel mehr in die Gespräche der Erwachsenen einbezogen gewesen als andere Heranwachsende. Aber das war bei Einzelkindern wohl normal, hatte sie irgendwann beschlossen. Jack war eines von sechs Kindern, und sie fand das wunderbar. Sie würden bald das Beste beider Welten vereinen.

»Ernest Nelson. Er war gerade hundert geworden; früher ist er wohl ein bekannter Skiläufer gewesen. Er hat in einer betreuten Wohnanlage in der Stadt gelebt, aber seine Familie ist über die gesamten Staaten verstreut. Seine Frau ist erst letztes Jahr gestorben.«

»Und er war wirklich einhundert Jahre alt?«

»Erst vor zwei Wochen hat er seinen hundertsten Geburtstag ganz groß gefeiert, die Familie hat eine Riesenparty gegeben. Und nun sind sie alle schon wieder da, um ihn zu Grabe zu tragen. Und sie sind richtig viele! Er hatte acht Kinder und jede Menge Enkel. Ich denke, sie werden wohl eine Weile bleiben.«

»Es scheint ja wirklich Leute zu geben, die noch ein bestimmtes Ereignis erreichen wollen und dann beschließen, dass sie genug gelebt haben. Irgendwie passt das Wetter ja auch zu seiner Beerdigung.«

»Das sagen alle, Regan.« Nora machte eine Pause. »Hast du Jack schon erzählt, was du vorhast?«

»Klar. Wir sind natürlich beide traurig, dass ich wegen des Sturms nicht in New York sein kann, aber ich komme ganz bestimmt nächstes Wochenende.«

»Wie lange willst du in Hawaii bleiben?«, fragte Nora und nahm einen Schluck Tee aus dem Becher, den sie in einer Sendung des Frühstücksfernsehens geschenkt bekommen hatte, wo sie vor ein paar Wochen zu Gast gewesen war.

»Nur bis Montag früh.«

»Und habt ihr irgendwelche größeren Pläne, du und Kit?«

Regan ließ einen roten Badeanzug in ihren Koffer fallen. Mit ihrem blassen Teint war sie nicht gerade eine Sonnenanbeterin, aber sie ging gern eine Runde schwimmen und saß dann unter dem Sonnenschirm. Ihr irisches Aussehen hatte sie von ihrem Vater geerbt: rabenschwarzes Haar, blaue Augen und eine sehr helle Haut. Sie war einsachtundsechzig groß. Luke war einsfünfundneunzig, und sein Haar war schon lange zum Silber übergegangen, wie er zu sagen pflegte. Ihre Mutter dagegen war klein, zierlich und blond. »Ach, wir werden am Strand sitzen, vielleicht sehen wir uns irgendetwas an. Ich habe den Eindruck, Kit hat ein Auge auf einen Typen geworfen, der in Waikiki lebt.«

»Schau an!«

»Ja, sie sagte was von ein paar Leuten, die sie dort getroffen hat, die sich früh aus dem Berufsleben zurückgezogen haben oder es dort noch mal neu versucht haben. Einer davon klang ziemlich interessant.«

»Möglicherweise ist Kit gar nicht so traurig, dass sie noch nicht wegkann.«

»Kann schon sein, Mom. Sie hat es halb zugegeben, als ich sie zurückrief, um ihr meine Flugdaten durchzugeben. Aber wie sagte sie so schön: Das Thema Distanzbeziehung bekommt eine ganz neue Bedeutung, wenn man von Connecticut und Hawaii spricht.«

Nora lachte. »Na, ich bin sicher, ihr zwei werdet euren Spaß haben. Sei vorsichtig, wenn du ins Wasser gehst. Die Strömungen dort sind ziemlich stark.«

Sie hat doch so etwas wie den irischen siebten Sinn, wunderte sich Regan. Oder war es der mütterliche Instinkt? Sie würde nicht erwähnen, dass direkt bei Kits Hotel vor nicht allzu langer Zeit eine Wasserleiche angeschwemmt worden war, aber irgendwie hatte ihre Mutter ein gutes Gespür für Gefahr. Als Regan Kit zurückgerufen hatte, war diese schon unten am Strand gewesen. Die Tote hieß Dorinda Dawes, eine Frau in den Vierzigern, die in dem Hotel gearbeitet hatte. Sie hatte vor drei Monaten angefangen und war Hotelfotografin und Reporterin in einer Person, verantwortlich für die Hauszeitung. Kit hatte sie einmal an einer der Bars getroffen, wo sie einige Gäste fotografiert hatte.

Als sie angeschwemmt wurde, trug Dorinda keinen Badeanzug, sondern ein Kleid mit Hawaiimuster und eine Muschelkette um den Hals. Also war es sicher kein Badeunfall gewesen.

Nein, dachte Regan, sie würde ihrer Mutter nichts davon erzählen. Es war ihr lieber, Nora rechnete mit einem entspannenden Wochenende in einem friedlichen hawaiianischen Ferienhotel. Und wer konnte schon wissen, ob es nicht genau darauf hinauslief?

Aber wie sie ihre Freundin Kit kannte, bezweifelte sie das gründlich. Kit hätte selbst bei einem Kirchensommerfest noch irgendeine Gefahr aufgespürt, und es sah ganz so aus, als wäre ihr das auf Hawaii auch wieder einmal gelungen. Manchmal dachte Regan, dass sie genau deshalb so gute Freundinnen waren. Jede auf ihre ganz spezielle Weise, hatten sie eine angeborene Neigung zum Risiko.

»Wir sind vorsichtig«, versicherte Regan ihrer Mutter.

»Bleibt zusammen, vor allem wenn ihr ins Wasser geht.« – »Auf jeden Fall.« Regan beendete das Gespräch, schloss ihren Koffer und warf einen Blick auf das Foto von Jack und ihr, das auf der Kommode stand. Es war ein paar Augenblicke nach ihrer Verlobung in dem Heißluftballon aufgenommen worden. Regan konnte ihr Glück immer noch nicht fassen, dass sie einen solchen Seelengefährten gefunden hatte. Sie hatten sich kennengelernt, als Regans Vater entführt worden war und Jack die Ermittlungen leitete. Jetzt machte Luke immer Witze darüber, dass er ein so guter Heiratsvermittler war, schließlich hatten die beiden sich getroffen, während er gemeinsam mit seiner Fahrerin gefesselt und geknebelt auf einem Boot saß.

Sie passten wirklich wunderbar zusammen und hatten viele Gemeinsamkeiten, vor allem, was ihren Humor anging. Auch ihre beruflichen Gemeinsamkeiten machten viel aus, und oft besprachen sie ihre jeweiligen Fälle miteinander. »Mr Feedback«, nannte sie ihn oft. Und am Ende jedes Gesprächs sagte er ihr, dass er sie liebte und dass sie bitte, bitte auf sich aufpassen sollte.

»Das tue ich, Jack«, sagte sie jetzt zu dem Foto. »Ich will ja schließlich mein Hochzeitskleid noch tragen.« Aber irgendwie hatte sie einen Kloß im Hals, als sie sprach. Dann schüttelte sie das seltsame Gefühl ab, das sie überkommen hatte, zog den Koffer vom Bett und ging zur Tür. Mein letztes Junggesellinnenwochenende, dachte sie. Was kann daran schon verkehrt sein?

3

Während Regans Flugzeug zur Landung in Honolulu ansetzte, blickte sie aus dem Fenster und lächelte über den Anblick der roten Neonbuchstaben über dem Flughafengebäude: A – L – O – H – A.

»Ja, Aloha«, murmelte sie.

Als sie aus dem Flugzeug stieg, traf sie ein Schwall warmer, duftender Luft. Sofort zog sie ihr Telefon aus der Tasche und rief Jack an. In New York war es jetzt spät am Abend.

»Aloha, mein Schatz«, sagte Jack zur Begrüßung.

Regan lächelte wieder. »Aloha, ich bin soeben gelandet, der Himmel ist strahlend blau, ich kann Palmen sehen, die sich in der sanften Brise wiegen, eine Pagode in einem der Gärten, und ich wünschte wirklich, du wärst mit mir hier.«

»Ja, das wünschte ich mir auch.«

»Wie sieht es in New York aus?«

»Es schneit wild und heftig. Ich war mit den Jungs nach der Arbeit noch etwas trinken; viele Leute sind draußen und genießen den Schnee, machen Schneeballschlachten und ziehen ihre Kinder mit Schlitten durch die Straßen. Vor meinem Bürogebäude hat schon jemand einen Schneemann gebaut, der steht jetzt da und hält Wache. Aber er hat nicht viel zu tun, selbst die Gauner halten sich bei diesem Wetter zurück.«

Regan spürte, wie ihr Herz für einen Schlag aussetzte. »Es ist wirklich nicht zu glauben, dass ich all das verpasse«, sagte sie mit ehrlichem Bedauern.

»Ja, ich kann es auch kaum glauben.«

Regan stellte sich Jacks geräumige, gemütliche Wohnung vor, die so gut zu ihm passte mit ihren schönen Ledersofas und den wunderbaren Orientteppichen. Er hatte Regan erklärt, dass er eine Wohnung gewollt hatte, die mehr war als nur die Höhle eines Junggesellen. Schließlich konnte er nicht wissen, wann er die Richtige traf. »Und ich hatte schon befürchtet, es würde nie mehr passieren«, gab er zu. »Aber mit dir ist es endlich so, wie ich es mir immer gewünscht habe.«

»Vielleicht gibt es ja nächstes Wochenende noch einen Schneesturm«, scherzte Regan. »Ich muss nur zusehen, dass ich vorher ankomme.«

»Ach, jetzt mach dir einfach ein paar schöne Tage mit Kit. Es wird noch viele Schneestürme geben, das verspreche ich dir. Und glaub mir, es gibt genug Menschen in dieser Stadt, die gern mit dir tauschen würden. Nicht alle finden das hier besonders lustig.«

Inzwischen war Regan an der Gepäckausgabe angekommen, wo Menschen in Shorts und kurzärmeligen Hemden standen und warteten. Es war spät am Nachmittag, und die Atmosphäre war entspannt und friedlich.

»Ja, ich lasse es mir gut gehen«, sagte sie. »Kit hat irgendwelche Leute hier kennengelernt, denen werden wir uns anschließen. Es ist wohl sogar ein Mann dabei, den sie ganz gut findet.«

»Schau an.«

»Ja, das hat meine Mutter auch gesagt. Aber diesmal klingt es wirklich ganz vielversprechend. Er hat an der Wall Street gearbeitet und sich im Alter von fünfunddreißig Jahren nach Hawaii zurückgezogen.«

»Vielleicht sollte ich den Kerl mal durchchecken«, schlug Jack vor. Er lachte, aber seine Stimme klang doch einigermaßen ernst. »Das klingt für mich zu gut, um wahr zu sein.« Jack mochte Kit gern und wollte sie ein bisschen beschützen. Einige Typen, mit denen Kit sich abgegeben hatte, seit Jack die Ereignisse verfolgte, waren wirklich absolute Versager gewesen. Er wollte einfach sicher gehen, dass sie keinen bösen Reinfall erlebte.

»Es wird sicher nicht lange dauern, bis ich seinen Namen erfahre und jedes Detail aus seinem Leben, das Kit bereits kennt. Ich halte dich auf dem Laufenden, und wenn du etwas über ihn herausfindest, das nicht so richtig gut klingt, dann ist Kit die Letzte, die so etwas nicht wissen will. Ich denke, sie hat aus ihrem letzten Fehler gelernt.«

»Na, das hoffe ich doch«, stimmte Jack ihr zu.

Sie bezogen sich beide auf einen Typen, mit dem Kit ein paar Mal ausgegangen war und der leider ganz vergessen hatte zu erwähnen, dass er demnächst heiraten und nach Hongkong ziehen würde.

»Übrigens, Regan«, fuhr Jack fort. »Ich habe einen Kumpel bei der Polizei in Honolulu. Ich werde ihn anrufen und ihm sagen, dass du dort bist, vielleicht hat er ein paar Ideen, was ihr anstellen könnt oder welche Lokale sich gerade lohnen.«

»Gute Idee, wie heißt er?«, fragte Regan, während sie ihren Koffer vom Transportband zog. Sie staunte immer wieder darüber, wie viele Leute Jack kannte. Und an welchen Orten! Jede Menge Leute, und alle mochten und respektierten ihn.

»Er heißt Mike Darnell. Ich habe ihn kennengelernt, als ich mit ein paar von den Jungs dort meinen Urlaub verbracht habe.«

»Ich werde mir jetzt ein Taxi nehmen und zum Hotel fahren«, sagte Regan und zog ihren Koffer hinter sich her aus dem Flughafengebäude.

»Genieß die Zeit nicht zu sehr!«

»Wie sollte ich? Du bist ja nicht dabei.«

»Ich liebe dich, Regan.«

»Ich liebe dich auch, Jack.«

»Pass auf dich auf.«

»Das mache ich, ganz bestimmt.«

Der Taxifahrer warf Regans Gepäck in den Kofferraum, Regan stieg ein, und los ging die Fahrt zum Waikiki Waters. So viel zum Thema aufpassen, dachte Regan, während der Taxifahrer im dichten Verkehr auf dem verstopften Highway ständig die Spur wechselte. Seltsam, dass die Straße Interstate H1 hieß. Wo wohl die anderen Staaten waren?

Sechstausend Meilen von ihr entfernt legte Jack den Hörer auf und sah sich in seiner Wohnung um. »Es ist einsam hier ohne sie«, sagte er laut. Aber dann munterte er sich damit auf, dass sie nächste Woche hier bei ihm sein würde. Warum hatte er nur dieses seltsame Gefühl im Bauch? Er versuchte, es abzuschütteln, sagte sich, dass er sich einfach zu viel Sorgen um Regan machte. Aber diesmal wusste er auch, dass er gute Gründe dafür hatte, denn sie war mit Kit unterwegs, und mit Kit konnten einem die seltsamsten Dinge passieren.

Er stand auf und ging zum Fenster. Schnee, nichts als Schnee. Er ging zu seinem Schreibtisch, nahm sein Adressbuch heraus und rief seinen Freund bei der Polizei in Honolulu an. Aber das Gespräch mit ihm machte seine Sorgen nur noch schlimmer. Regan hatte ihm nichts davon erzählt, dass eine Angestellte ihres Hotels ertrunken war. Das musste Kit ihr doch längst erzählt haben! Sie kennt mich gut, viel zu gut, dachte er.

23

»Mike, würdest du mir einen Gefallen tun und Regan anrufen?«

»Aber sicher, Jack. Ich muss jetzt bloß schnell in eine Besprechung; lass uns später weiterreden.«

Jack stand am Fenster und sah dem Schnee zu, der auf die dunkle Straße fiel. Es wird mir wirklich besser gehen, wenn sie erst einmal meine Frau ist, dachte er. Dann drehte er sich um, ging ins Schlafzimmer und legte sich aufs Bett.

Auf der anderen Seite der Welt, im Waikiki Beach, würde der Tod von Dorinda Dawes jetzt das wichtigste Gesprächsthema sein.

4

Kit kam aus der Dusche und wickelte sich in ein Handtuch.
Es war halb sechs, und sie war gerade von einem Spätnachmit-
tagsbad in einem der vielen Swimmingpools des Hotels
zurückgekommen. Nach der morgendlichen Aufregung
fürchteten sich viele Hotelgäste davor, im Meer zu baden, und
Kit bildete darin keine Ausnahme. Im Pool hatte es nur so
gewimmelt von Schwimmern.

Regan sollte eigentlich bald ankommen, dachte Kit fröhlich. Es kam einem Wunder gleich, dass ihre Freundin noch
einen Flug erwischt hatte, und tatsächlich war es einer der letzten Plätze gewesen, die es in dem Nachmittagsflieger von Los
Angeles nach Honolulu noch gab. Hunderte von Kaliforniern
hatten sich dazu entschlossen, nach Hawaii zu fliegen, wenn
die Reise Richtung Osten nicht möglich war.

Im Waikiki Waters hatte die Sache mit Dorinda Dawes
ziemlich viel Staub aufgewirbelt. Es schien, als hätte die Frau in
den drei Monaten, die sie hier arbeitete, einiges in Bewegung
gebracht. Die Weihnachtsausgabe der Hauszeitung war mit
mehr Klatsch und Tratsch gespickt, als manchen Leuten lieb
war, und Dorinda war überall herumgelaufen und hatte Leute
fotografiert, die ihr Bild nicht unbedingt in einer Zeitung
sehen wollten. »Man konnte sie nur lieben oder hassen, dazwischen gab es nichts«, hatte Kit jetzt schon mehrfach gehört.

Sie beugte sich nach vorn und rubbelte ihre schulterlangen blonden Haare trocken. Dann richtete sie sich wieder auf, fuhr sich mit dem Kamm durchs Haar und schaltete den kleinen Fernseher ein, der neben dem Waschbecken angebracht war. ›Das hätte ich zu Hause auch gern, Fernsehen im Badezimmer‹, dachte sie, während sie eine Handvoll Stylingschaum in ihre goldenen Locken knetete.

Die Lokalnachrichten begannen; eine Reporterin stand am Strand direkt vor Kits Hotelzimmer.

»Heute Morgen wurde die Leiche der achtundvierzigjährigen Dorinda Dawes beim Waikiki Waters angeschwemmt. Die Frau arbeitete seit drei Monaten hier im Hotel. Die Polizei glaubt an einen Unfall. Dorinda Dawes wurde zuletzt gesehen, als sie gestern Abend gegen elf Uhr eine Party verließ. Sie war allein, und ihre Kollegen sagen aus, dass sie gern am Strand entlang zurück zu ihrem Apartmenthaus ging, das etwa eine Meile entfernt liegt. Oft soll sie auch an der Mole haltgemacht haben, um in Ruhe ein wenig dort zu sitzen. Die Polizei vermutet, dass sie ausrutschte und ins Wasser fiel; die Strömungen hier können sehr stark sein, und gerade gestern Abend war die Unterströmung besonders tückisch.

Was die Ermittler erstaunt, ist die Muschelkette, die die Tote trug. Sie ist aus alten Muschelschalen gefertigt, die wertvoller sind als viele Perlen. Aus gut unterrichteten Kreisen hört man, es handle sich um eine alte Kette, die vor mehr als dreißig Jahren aus dem Seashell Museum gestohlen wurde und zu der Kette passt, die Prinzessin Kaiulani gehört hat, einem Mitglied der hawaiianischen Königsfamilie, das 1899 mit nur dreiundzwanzig Jahren auf tragische Weise ums Leben kam. Prinzessin Kaiulani geriet bei einem Reitausflug auf Big Island in ein Gewitter und zog sich eine Erkältung zu, an der sie schließlich starb. Ihre Kette soll auf dem Prinzessinnenball am Samstagabend hier im Hotel versteigert werden. Die Kette, die Dorinda Dawes trug, gehörte einer Tante der Prinzessin, Königin Liliuokalani, die allerdings nur zwei Jahre regierte, bevor die Monarchie endete und sie gezwungen wurde abzudanken. Niemand im Hotel kann sich erinnern, Dorinda jemals mit der königlichen Kette gesehen zu haben, und alle, mit denen wir gesprochen haben, sagen, sie habe sie gestern Abend im Hotel noch nicht getragen. Abkömmlinge der königlichen Familie haben beide Ketten dem Seashell Museum zur Eröffnung geschenkt. Beide Ketten wurden seinerzeit geraubt, aber die Kette der Prinzessin tauchte bald wieder auf. Es stellt sich also die Frage: Wie konnte Dorinda Dawes, die doch erst seit Oktober auf Hawaii lebte, in den Besitz einer königlichen Kette kommen, die seit mehr als dreißig Jahren verschwunden war?«

Das wird Regan interessieren, dachte Kit.

In diesem Augenblick klingelte das Telefon an der Wand. Auch so etwas, was ich gern zu Hause hätte, dachte Kit, ein Telefon im Badezimmer. Mit einem Seufzer nahm sie den Hörer ab. »Kit?«

»Ja.« Kits Herz schlug schneller, als sie die Männerstimme hörte. Konnte das möglich sein?

»Hier ist Steve.«

Kits Augen leuchteten auf. Steve Yardley war so ziemlich das begehrenswerteste Exemplar der Gattung Mann, das ihr jemals begegnet war. Ein gut aussehender Mann von fünfunddreißig Jahren, der seine Karriere an der Wall Street beendet hatte und nach Hawaii gezogen war, weil er den Großstadtwahnsinn leid war. Er versuchte nicht, hier noch einmal beruflich Fuß zu fassen, wie so viele andere. Vielleicht würde er sich ein bisschen als Berater versuchen, aber er hatte genug Geld und genoss einfach diese ruhige Zeit in seinem Leben. Seit sechs Monaten war er nun auf Hawaii, lange genug, um sich ein Haus in einer exklusiven Gegend in den Hügeln östlich von Waikiki zu kaufen, mit einem atemberaubenden Blick auf den Ozean. Kit lächelte und flötete ins Telefon: »Hallo, Steve! Was gibt's?«

»Ich sitze hier und genieße von meiner Terrasse aus den Blick auf Diamond Head und dachte gerade, mit dir zusammen wäre es noch schöner.«

Gleich falle ich wirklich und wahrhaftig in Ohnmacht, dachte Kit und warf einen schnellen Blick in den Spiegel. Die leichte Sonnenbräune, die sie sich gegönnt hatte, machte sich nicht schlecht. Und sie dankte Gott lautlos für den Schneesturm, der es ihr unmöglich gemacht hatte, die Ostküste der Vereinigten Staaten zu erreichen. »So, dachtest du das?«, fragte sie zurück und wünschte sich im gleichen Augenblick, ihr würde etwas Schlagfertigeres einfallen.

»Ja, das dachte ich. Und ich bin wirklich froh, dass du übers Wochenende noch bleibst. Warum wolltest du überhaupt so schnell wieder nach Hause?«

»Meine Großmutter feiert ihren fünfundachtzigsten Geburtstag, und es gibt am Samstag eine Riesenparty«, antwortete Kit und dachte gleichzeitig, dass er ihr die gleiche Frage schon gestern gestellt hatte, als sie sich in einer der Hotelbars getroffen hatten. Dort waren jede Menge Leute zusammengekommen, die ihren Heimflug verschieben mussten, und es war eine richtig gute Partystimmung aufgekommen, mit vielen Drinks und viel Spaß.

»Meine Großmutter ist auch fünfundachtzig«, sagte Steve mit dem Brustton ungläubigen Staunens. »Da kannst du sehen, wie viel wir gemeinsam haben.«

Ist er nicht einfach wunderbar?, dachte Kit.

»Und sie wünscht sich nichts mehr, als dass ich endlich sesshaft werde«, lachte er.

»Das haben wir allerdings wirklich gemeinsam«, bestätigte Kit trocken. »Und nun heiratet auch noch meine beste Freundin, das macht meine Großmutter ganz wahnsinnig. Übrigens sollte sie jede Minute hier auftauchen.«

»Wer, deine Großmutter?«

»Nein, meine Freundin«, lachte Kit. »Sie heißt Regan Reilly und ist Privatdetektivin in Los Angeles. Ich denke, die Ereignisse hier im ›Waikiki Beach‹ werden sie interessieren. Hast du gehört, dass die Frau, die letzte Nacht in der Bar fotografiert hat, direkt vor dem Hotel ertrunken ist und dass sie eine gestohlene Muschelkette trug? Regan wird sich sofort in den Fall hineinknien, da bin ich sicher. Sie kann gar nicht anders.«

»Ich habe gerade in den Nachrichten davon gehört.« Steve hustete. »Entschuldigung.« – »Geht es dir gut?«

»Ja, ja, alles in Ordnung. Wie auch immer, hättest du Lust, mit deiner Freundin Regan Reilly zu einem kleinen Gläschen zum Sonnenuntergang zu kommen? Ich komme rüber und hole euch ab, und später führe ich euch zum Abendessen aus.«

Kit zögerte einen Augenblick, aber nicht mehr. Sie und Regan hatten geplant, sich heute Abend erst einmal so richtig auszuquatschen, aber sie hatten ja noch jede Menge Zeit, und Regan würde verstehen, dass sie sich eine solche Einladung nicht entgehen lassen konnte. Verdammt, Regan war ja schließlich schon verlobt! Die Chance zu verpassen, Steve näher kennenzulernen, diesen gut aussehenden, anziehenden und reichen Mann, das konnte sich Kit unmöglich leisten. Sie dachte an ihre Großmutter und sagte: »Ja, dann komm doch in einer Stunde und hol uns ab.«

»Geht in Ordnung«, antwortete er und legte den Hörer auf.

5

Will Brown, der Manager des Waikiki Waters, schwitzte heftig. Sein Job bestand darin, den reibungslosen Betrieb des Hotels zu gewährleisten und die Gäste zufriedenzustellen. Nun, nach der Renovierung, sollte er sich außerdem ein paar neue, spannende Dinge einfallen lassen, die einem Ferienhotel der gehobenen Klasse gut zu Gesicht standen. Die Einstellung von Dorinda Dawes war seine Idee gewesen; er hatte sich davon eine Belebung des Hotelalltags versprochen. Das war ihr offensichtlich gelungen, dachte er, während er in seinem Büro saß, nur ein paar Schritte vom turbulenten Treiben an der Rezeption entfernt. Er hätte ein großes Büro in einer Suite mit Meerblick haben können, aber das war nichts für ihn. Er wollte den Finger am Puls des Geschehens haben, und der richtige Platz für ihn war dort, wo die Gäste ein- und auscheckten. Die meisten waren derzeit absolut zufrieden, aber er musste sein Ohr nicht an die Wand legen, um die gelegentlichen Beschwerden zu hören – manche gerechtfertigt, manche purer Blödsinn.

»Ich habe Schimmel unter meinem Bett gefunden. Es sieht aus wie eines der Experimente meiner Kinder im Biologieunterricht«, hatte eine Frau behauptet. »Ich verlange einen Abschlag auf den Zimmerpreis.«

Was machte die Frau unter dem Bett, fragte sich Will.

»Ich habe jetzt zwei Tage hintereinander ein weich gekochtes Ei zum Frühstück bestellt, und beide Male habe ich ein hart gekochtes bekommen«, rief eine andere. »Ich mache hier Urlaub, um mich wohlzufühlen! Ich hasse schon den Geruch von hart gekochten Eiern! Warum passiert so etwas immer mir?«

Will war fünfunddreißig Jahre alt und in einer Kleinstadt im Mittleren Westen aufgewachsen. Als er im Kindergarten-alter gewesen war, hatten seine Eltern eine Reise nach Hawaii unternommen, und wenn er sich an die Gespräche und die Planungen erinnerte, hatte er immer noch das Gefühl, es musste eine Reise ins Schlaraffenland gewesen sein. Sie hatten ihm eine Badehose mit Hawaiimuster mitge-bracht, die er hütete wie seinen Augapfel und sogar einmal mit in die Schule genommen hatte, als jedes Kind seinen liebsten Gegenstand mitbringen und eine Geschichte dazu erzählen durfte. Er hatte die Badehose jahrelang getragen, bis eines Tages bei einer Poolparty die Nähte gerissen waren. Gleichwohl – seit jener Zeit hatte Will davon geträumt, Hawaii zu besuchen, und nachdem er seinen Eltern jahre-lang mit diesem Wunsch in den Ohren gelegen hatte, fuhren sie endlich anlässlich seines Schulabschlusses mit ihm und seiner Schwester ins Paradies. Der warme Wind vom Meer, die duftenden Blumen, die Palmen, die sich sanft im Wind wiegten, die wunderbaren Sandstrände – Will war für immer verloren. Als er das College hinter sich hatte, zog er nach Waikiki, nahm im Waikiki Waters einen Job als Gepäckträger an und arbeitete sich hoch, bis er irgendwann zum Manager des Hotels befördert wurde.

Er wollte nie mehr irgendwo anders leben.

Aber jetzt war sein Job möglicherweise in Gefahr. Er hatte

die Renovierung befürwortet, die teuer gewesen war und deren Kosten das Hotel noch jahrelang belasten würden. Er hatte Dorinda Dawes eingestellt, und sie hatte sich ziemlich schnell als Problem erwiesen. Und nun war sie unmittelbar vor dem Hotel ertrunken. Keine gute PR, so etwas. Er musste diese Scharte schnellstens auswetzen, aber wie?

Der Prinzessinnenball am Samstagabend musste unbedingt ein Erfolg werden. Die Gala würde eine Menge Aufmerksamkeit auf das Hotel lenken, und es musste die richtige Art von Aufmerksamkeit sein. Seit der Renovierung war dieser Ball die erste offizielle Veranstaltung des Hotels, man rechnete mit fünfhundert Gästen, und man würde sich mit dem Essen, mit Blumen und Dekoration mächtig ins Zeug legen. Dass es ihm gelungen war, dem Seashell Museum die königliche Muschelkette zur Versteigerung abzuschwatzen, war eine heroische Leistung. Wenn diese Veranstaltung in die Hose ging, konnte er vermutlich seine Sachen packen.

Ungemütlich rutschte er in seinem Schreibtischsessel hin und her. Er sah ganz anständig aus, mit rötlichem Haar, das in letzter Zeit leider etwas dünner geworden war, und blassblauen Augen. Eigentlich lächelte er immer, wenn es auch manchmal so aussah, als müsste er sich dazu zwingen. Wenn man so viele Jahre in der Dienstleistungsbranche arbeitete, blieb das wohl nicht aus. Man musste einfach immer lächeln, egal, wie viel sich die Leute beschwerten.

Die Kaffeetasse auf seinem Schreibtisch war noch halb voll. Er nahm einen Schluck und schüttelte sich. Der Kaffee war kalt. Er hatte den ganzen Tag an dieser einen Tasse herumgenuckelt; ständig hatten irgendwelche Gästeanfragen ihn aufgestört, die Nachrichtenreporter hatten angerufen, und er hatte sich mit der Polizei herumärgern müssen. Er hatte noch nicht einen Bissen gegessen. Alle fragten ihn nach der gestohlenen königlichen Kette, die Dorinda um den Hals getragen hatte und die früher einmal der letzten Königin von Hawaii gehört hatte. Er trank noch einen Schluck von dem bitteren Gebräu, aber das machte alles nur noch schlimmer.

Will war schon erleichtert, dass die Polizei von einem Unfall ausging. Er selbst glaubte allerdings nicht daran; Dorinda Dawes war zu vielen Leuten auf die Zehen getreten. Aber was konnte er tun? War es nicht vielleicht besser, auf Tauchstation zu gehen und zu hoffen, dass sich die ganze Aufregung schnell wieder legte?

Nein, unmöglich. Irgendetwas war in diesem Hotel im Gange, es hatte in letzter Zeit eine ganze Reihe von Problemen gegeben. Gepäck war verloren gegangen, Handtaschen verschwanden, Toiletten liefen über. Einige Gäste hatten sich nach einem Abendessen krankgemeldet, allerdings nicht so viele, dass man eine Untersuchung des Büffets angeordnet hätte. Und jetzt der Tod von Dorinda Dawes. Will spürte, wie sich sein Magen zusammenzog.

Er wollte den Dingen auf den Grund gehen, wusste aber noch nicht so recht, wie er das anstellen sollte. Das Hotel bezahlte Berater, die Zimmer reservierten, eincheckten und die Freundlichkeit und Schnelligkeit der Angestellten beurteilten. Auf diese Weise wurde auch der gesamte Service von einer Beratungsfirma immer wieder überprüft. Es gab natürlich auch Sicherheitsleute, aber Will hatte eindeutig das Gefühl, hier wäre ein Privatdetektiv vonnöten, jemand, der überall herumschnüffeln und den Dreck in den Ecken aufspüren konnte, ohne dass jemand etwas davon merkte. Den Dreck in den Ecken der Zimmer – natürlich nicht in Wills Büro. Will griff nach der Kaffeetasse und trank sie leer.

Er stand auf und streckte sich. Was er jetzt brauchte, war ein bisschen Bewegung. Er ging hinüber zu der gläsernen Schiebetür, die auf den kleinen, abgeschlossenen Grasflecken vor seinem Büro hinausführte. Dann drehte er sich um, verließ sein Büro, ging am Schreibtisch seiner Sekretärin vorbei und hinaus in den Empfangsbereich, wo er das hübsche blonde Mädchen erkannte, dem er gestern behilflich gewesen war. Hieß sie nicht Kit? Sie hätte eigentlich abreisen sollen, aber ihr Flug war wegen des Schneesturms an der Ostküste abgesagt worden. Eigentlich waren alle Zimmer ausgebucht gewesen, aber er hatte ein bisschen herumgetüftelt und -geschoben und es auf diese Weise möglich gemacht, dass sie ihr Zimmer noch behalten konnte. Sie war nett und freundlich, genau die Art Gast, wie man sie im Waikiki Waters gern hatte. Der Angestellte an der Rezeption gab ihr gerade ihren Zimmerschlüssel.

»Will!«, rief sie ihm zu. Er setzte sein schönstes Lächeln auf und ging zu ihr hinüber. Die offene Halle wimmelte von Menschen, die ein- und auscheckten, Taxitüren wurden zugeschlagen, Gepäckträger beluden ihre Wägelchen. Überall herrschte eine Atmosphäre von freudiger Erwartung.

Kit stand neben einer attraktiven dunkelhaarigen Frau, die einen Koffer neben sich abgestellt hatte.

»Regan«, sagte Kit, »das ist Will, der Manager dieses Hotels. Er war gestern so unheimlich nett zu mir und hat es möglich gemacht, dass ich mein Zimmer behalten konnte, obwohl eigentlich alles ausgebucht war. Warte nur, bis du es mit eigenen Augen siehst, es ist nämlich wirklich wunderbar.«

Will streckte die Hand aus. »Will Brown, sehr erfreut.«

»Regan Reilly. Danke, dass Sie sich so rührend um meine Freundin gekümmert haben«, sagte sie lächelnd.

»Wir tun unser Bestes.« Fast automatisch kam ihm die nächste Frage über die Lippen. »Und woher kommen Sie, Regan?«

»Sie kommt aus Los Angeles und ist Privatdetektivin«, platzte Kit voller Stolz heraus.

»Kit!«, protestierte Regan.

»Ich weiß doch, dass dich die Geschichte mit dieser Muschelkette interessieren wird, die Dorinda Dawes bei ihrem Tod trug.«

Will spürte, wie er rot wurde. »Darf ich die beiden Damen zu einem Drink einladen?«, bot er an.

»Oh, vielen Dank, aber wir werden in ein paar Minuten von einem Freund abgeholt. Können wir später auf das Angebot zurückkommen?«, fragte Kit.

»Aber selbstverständlich«, antwortete er. »Vielleicht morgen?«

»Wir sind hier«, lächelte Kit. »Jetzt werden wir nur schnell Regans Koffer im Zimmer abstellen.«

Während sie sich entfernten, konnte er hören, wie Regan Reilly ihre Freundin fragte: »Was ist das für eine Geschichte mit der Kette?«

Will eilte mit klopfendem Herzen in sein Büro zurück. Als Computerfreak, der er angesichts der vielen Aufgaben im Hotel zwangsläufig geworden war, suchte er Regan Reilly im Internet und wurde schnell fündig.

Sie war tatsächlich Privatdetektivin, mit einem ausgesprochen guten Ruf übrigens, und sie war die Tochter der Krimiautorin Nora Regan Reilly. Er hatte immer wieder Gäste gesehen, die ihre Bücher am Swimmingpool lasen.

Vielleicht könnte er Regan dazu überreden, für ihn zu arbeiten. Glück für ihn, dass er nett zu Kit gewesen war. Es zeigte sich doch immer wieder, dass es sich auszahlte, freundlich zu den Leuten zu sein. Eine Hand wäscht die andere, und so weiter.

Will überlegte kurz, ob er nicht nach Hause fahren sollte, entschied sich dann aber zu bleiben. Was würde er in seinem leeren Haus tun? Die Fernsehberichte über Dorinda Dawes ansehen? Nein, wirklich nicht. Er würde im Hotel bleiben, bis die beiden Frauen zurückkamen, was hoffentlich nicht allzu spät der Fall sein würde. Dann würde er ihnen einen Drink spendieren und versuchen, Regan Reilly für seinen Fall zu interessieren.

6

Und sie trug wirklich eine alte Muschelkette der königlichen Familie, die einmal der Königin gehört hat und vor dreißig Jahren gestohlen wurde? Das klingt ja wie im Märchen!«, sagte Regan zu Kit, während sie ihren Koffer in das Zimmer rollte, in dem zwei große Betten mit blassgrünen, zartgemusterten Steppdecken standen. Das Zimmer vermittelte einem sofort den Eindruck, als hätte man eine Zone absoluter Ruhe und Entspannung betreten, und die sandfarbenen Teppiche und Möbel trugen ebenso dazu bei wie die große gläserne Schiebetür, die auf den Balkon mit Meerblick hinausführte. Es sah wirklich aus wie im Werbeprospekt.

Instinktiv ging Regan zur Tür und öffnete sie, trat hinaus, lehnte sich an die Balkonbrüstung und starrte verzückt auf den riesigen, türkisfarbenen Ozean. Eine warme tropische Brise umspielte sie, die Sonne neigte sich nach Westen und überzog den Himmel bereits mit einem wunderbaren rosigen Schimmer. Es sah alles so friedlich aus. Am Strand gingen einige Leute spazieren, unter den Balkons wiegten sich die Palmwipfel, und die Reporter, die über Dorinda Dawes' Tod berichtet hatten, waren endlich verschwunden.

Kit stellte sich neben ihre Freundin. »Genau der richtige Zeitpunkt für eine Piña Colada.«

Regan lächelte. »Da könntest du recht haben.«

»Steve wird in ein paar Minuten hier sein, ich hoffe, es macht dir nichts aus.«

»Aber nein. Ich bin ein bisschen müde von dem Flug, da ist es ganz gut, in Bewegung zu bleiben. Und ich bin doch sehr gespannt auf ihn.«

»Er findet, wir haben viele Gemeinsamkeiten.«

»Zum Beispiel?«

»Wir haben beide eine Großmutter, die fünfundachtzig ist.«

»Na, immerhin.«

»Irgendwo muss man ja anfangen«, lachte Kit.

»Wohl wahr.« Regan drehte sich um und blickte auf den Strand hinunter. »Schwer zu glauben, dass Dorinda Dawes letzte Nacht dort unten entlanggegangen ist. Wann hast du sie kennengelernt?«

»Am Montagabend in der Bar. Ein paar Leute von meiner Firma hatten sich dort nach der letzten Seminareinheit getroffen, und sie machte ein paar Fotos. Dann setzte sie sich für ein paar Minuten zu uns, stellte jede Menge Fragen und ging zum nächsten Tisch. Man merkte irgendwie gleich, dass sie die Sorte Reporterin war, die versuchte, Leute zu unbedachten Äußerungen zu verführen.«

»Wirklich?«

»Na ja, aus unserer Gruppe ist jedenfalls niemand auf ihre Tricks hereingefallen. Sie war übrigens zu Männern sehr viel netter als zu Frauen.«

»Ach, die Sorte.«

Kit lächelte. »Ja, genau die Sorte.«

»Hat sie sich irgendetwas notiert?«

»Nein, sie benahm sich eigentlich nur so, als wäre sie die Seele der ganzen Party. Und sie bat jeden, seinen Namen in die Kamera zu sagen, nachdem sie die Fotos gemacht hatte.«

»Hat sie bei dieser Gelegenheit die Kette schon getragen?« –
»Nein, aber sie trug eine große Orchidee im Haar.«

»Woher also hat sie die Muschelkette bekommen, die sie bei ihrem Tod trug? Und wer hat diese Kette vor dreißig Jahren gestohlen?«

Kit sah ihre beste Freundin kopfschüttelnd an. »Ich wusste, dass du anbeißen würdest, Reilly.«

»Natürlich! Weißt du, wenn jemand ertrinkt, sind die Todesumstände besonders schwierig festzustellen. Es kann ebensogut Mord sein wie Selbstmord oder ein Unfall.«

»Die Polizei glaubt an einen Unfall. Dorinda ging wohl jeden Abend hier am Strand entlang nach Hause. Na, jetzt wird Steve wohl gleich kommen«, unterbrach Kit sich, um Regan wieder in Bewegung zu bringen.

»Ich brauche nur eine Viertelstunde«, versprach Regan. Sie wusste, wie begeistert Kit von diesem Steve war und dass sie ihn nicht warten lassen wollte. Wenn die Großmütter schon gleich alt sind, na, dann ist doch wohl alles möglich, dachte sie lächelnd.

Zwanzig Minuten später standen sie in der offenen Empfangshalle, als Steve mit seinem großen, teuren Land Cruiser vorfuhr. Kit winkte begeistert und lief vor, um die Beifahrertür zu öffnen. Regan sprang hinten hinein und atmete den Duft von neuem Auto ein. Steve drehte sich um und streckte die Hand aus.

»Hallo, Regan Reilly.«

»Hallo, Steve«, sagte Regan, die keine Ahnung hatte, wie er mit Familiennamen heißen mochte. Wirklich nicht übel, dachte sie spontan. Diese Sorte, die an der Wall Street herumspringt und immer so aussieht, als hätten sie es einfach verdient, reich zu sein. Er trug eine Baseballkappe, Khakishorts und ein Hemd mit kurzen Ärmeln. Er war sonnengebräunt, hatte braune Haare und braune Augen. Kit, die auf dem Beifahrersitz saß, strahlte vor lauter Begeisterung. Die beiden sollte man fotografieren, das gäbe eine gute Werbung für irgendetwas, was glücklich macht, dachte Regan.

»Willkommen auf Hawaii«, sagte er und drehte sich wieder nach vorn. Dann fuhr er stilvoll aus der Auffahrt und auf die Straße, die mitten durch Waikiki führte, Hotels, Läden und jede Menge Menschen an beiden Seiten. Er drehte den CD-Spieler auf, ein bisschen zu laut für Regans Geschmack, gerade so, dass ein Gespräch nicht mehr möglich war. So blickte sie zum Fenster hinaus, sah den Menschen zu, die Shorts und bunte Flip-Flops trugen und sich Blumenketten um den Hals gehängt hatten. Es war ein wunderbarer Abend. Bald kamen sie an einem großen Park vorbei, wo die Einheimischen grillten und Musik auf ihren Gitarren und Ukuleles machten und wo das Meer gleich hinter den Picknicktischen glitzerte. Sie kamen an weiteren Hotels und am Diamond Head vorbei, dem berühmten Vulkankrater, wo Santana einmal ein Konzert gegeben hatte.

Steves Handy klingelte, ein lauter, schriller Ton, der so eingestellt war, dass man ihn trotz der Stereoanlage hörte. Er warf einen Blick auf das Display. »Soll auf die Mailbox sprechen«, sagte er kurz.

Interessant, dachte Regan.

In Steves Haus in einer exklusiven Wohngegend in den Hügeln unweit Diamond Head warteten bereits einige Gäste auf sie. »Ein paar Freunde sind vorbeigekommen«, sagte er, während sie ins Haus gingen, wo ebenfalls schon laute Musik zu hören war. »Ich dachte mir, eine Party kann nicht schaden.«

7

Die Gruppe mit den bunten Reisetaschen kam aus einer kleinen Stadt im pazifischen Nordwesten, wo es während der letzten hundert Jahre an neunundachtzig Prozent der Tage geregnet hatte. Die Stadt hieß Hudville, wurde aber von ihren Einwohnern Mudville genannt, was an den Schlamm erinnerte, der ihr täglicher Begleiter war. Manchmal konnte das Leben in dieser Stadt ein wenig deprimierend sein. Und so hatte sich vor zwanzig Jahren ein Club gegründet, der sich »Club der Regenfreunde« nannte. Zweimal im Monat trafen sich die Mitglieder dieses Clubs, sangen und tanzten und tauchten in Eimern voller Regenwasser nach schwimmenden Äpfeln. Sie sangen Lieder über den Regen und über Regentropfen und Regenbogen, und wenn sie Lust dazu hatten, führten sie Regentänze auf. Es war eine angenehme Abwechslung von den feuchten Kellern, schlammigen Rasenflächen und durchweichten Schuhen, mit denen sie sich täglich herumschlagen mussten.

»In jedem Leben gibt es ein paar Regentropfen«, war das Motto dieses Clubs. In manch einem Leben waren es eben ein paar mehr.

»Aber wir haben die beste Haut der Welt«, riefen die Frauen sich gelegentlich zu.

Mit anderen Worten: Sie taten ihr Bestes, um mit dem Wetter zurechtzukommen. Dann allerdings war vor drei Jahren ein älteres Mitglied des Clubs, Sal Hawkins, aufgestanden und hatte verkündet, dass seine Tage gezählt waren und dass er dem Club einen Schatz hinterlassen werde. All jubelten ihm zu. Sal hatte der Gruppe Geld vermacht, das ausschließlich zu dem Zweck verwendet werden durfte, alle drei Monate eine Reise nach Hawaii zu machen. »Und diejenigen, die nach Hawaii fahren, müssen in ihren Herzen den anderen den Sonnenschein mitbringen«, sagte er. »Ich will, dass mithilfe meines Geldes die Menschen in Hudville das Lächeln wieder lernen.«

Alle drei Monate wurden also fünf Leute ausgelost, und sie wurden von Gert und Ev Thompson angeführt, zwei Schwestern um die sechzig, eineiigen Zwillingen, die den Lebensmittelladen in der Stadt führten und durch den Verkauf von Regenschirmen zu bescheidenem Wohlstand gekommen waren. Die beiden hatten das Glück gehabt, Sals Nachbarinnen zu sein und ihn immer zu den Treffen des Clubs im Auto mitzunehmen. Außerdem waren sie so nett gewesen, ihm gelegentlich einen Auflauf oder einen Kuchen herüberzubringen. So bestimmte er die beiden Zwillingsschwestern zu Anführerinnen der Reisegruppe, und sobald Sal den Regenschirm für immer geschlossen hatte, arrangierten sie die erste Reise nach Hawaii. Er war kaum unter der Erde, als sie auch schon ihre Taschen packten und sich auf den Weg machten. Auf dieser ersten Reise tauften Gert und Ev die Gruppe die »Glücklichen Sieben«.

Acht derartige Reisen hatten bereits stattgefunden. Die Mitgliederzahl des Clubs der Regenfreunde hatte sich inzwischen verzehnfacht, worüber alle froh waren, denn auf diese Weise wurden die Treffen viel lebendiger, und der Club war ein wichtiger Teil des gesellschaftlichen Lebens in der kleinen

42

Stadt geworden. Bei den Verlosungen waren alle immer voller Erwartung – man hätte meinen können, es würden Fahrkarten in den Himmel verschenkt.

Gert und Ev genossen es sehr, die Glücklichen Sieben anzuführen. Sie waren inzwischen die entspanntesten, glücklichsten Bürgerinnen von Hudville. Einige Neider murmelten freilich hinter vorgehaltener Hand, dass es kein Wunder war, wenn man ein glückliches Gesicht machte, solange man alle drei Monate eine Reise ins Paradies geschenkt bekam.

Von Anfang an war die Gruppe regelmäßig im Waikiki Waters abgestiegen. Alle drei Monate buchten die Zwillinge vier Zimmer für eine Woche. Manchmal unternahm die Gruppe etwas gemeinsam, manchmal machten sich einzelne Mitglieder selbstständig. Diejenigen, die früh aufstanden, machten morgens einen gemeinsamen Strandspaziergang, und so war es auch an dem Morgen gewesen, als Dorinda Dawes am Strand angeschwemmt worden war. Was für eine Aufregung! Gert und Ev hatten ihre Schäfchen schnellstens zum Frühstücksbüffet geführt, damit sich alle wieder besser fühlten. »Vergesst nicht«, hatte Gert ihnen eingeschärft, »wir müssen positiv denken. Wir müssen den Sonnenschein nach Hudville bringen.«

Nun saßen die Glücklichen Sieben an einem der Pools unter einem Baum, wie sie es abends meistens taten. Sie hatten Cocktailgläser in den Händen und blickten auf den Tag zurück, während die Sonne langsam sank und der Himmel sich mit Streifen von Rot, Blau und Gold füllte. Die Gruppe bestand diesmal aus einem Paar und drei Einzelpersonen im Alter zwischen zwanzig und sechzig. Es wäre maßlos untertrieben gewesen, von einer bunt gemischten Truppe zu sprechen.

Gert in ihrem geblümten Lieblings-Muumuu hob ihren Mai
Tai, auf dem ein buntes Schirmchen fröhlich zwischen den
Eiswürfeln schwamm. »Zuerst wollen wir unseren abendli-
chen Trinkspruch auf unseren verstorbenen Wohltäter Mr Sal
Hawkins ausbringen.«

»Auf Sal«, stimmten alle zu und stießen mit den Gläsern an.

Ned, der Ausflugsleiter und Sportanimateur des Hotels, hatte sich ihnen für einen Cocktail angeschlossen. Er arbeitete seit
drei Monaten in diesem Haus und verbrachte die Tage damit,
zu schwimmen, zu surfen, zu joggen und im Gymnastikraum
Liegestütze zu machen, wenn irgendjemand Lust hatte, sich
ihm anzuschließen. Sein Chef Will Brown hatte ihn unter der
Bedingung angestellt, dass er immer dort nächtigte, wo noch
ein Bett frei war. Und er hatte ihm die Glücklichen Sieben
besonders ans Herz gelegt, denn sie waren Stammgäste und
deshalb sehr wichtig. So sorgte man auch dafür, dass sie etwas
Geld sparen konnten, indem man Ned bei dem einzigen
alleinstehenden Mann der Gruppe einquartierte. Auf diese
Weise mussten sie nur das halbe Zimmer bezahlen.

»Wie sollte ich nicht ganz besonders auf diese Gruppe achten?«, hatte Ned Will gegenüber gewitzelt. »Der Kerl schläft
einen Meter entfernt von mir!«

Ned war um die vierzig, fit und attraktiv, hatte eine Glatze
und dunkelbraune Augen. Schon beim Mittagessen hatte er
wieder Bartstoppeln im Gesicht, und sein dickes, dunkles Haar
kräuselte sich zu unzähligen Löckchen, wenn er es wachsen
ließ. Als er sich ein Jahr zuvor von seiner Frau getrennt hatte,
hatte er deshalb beschlossen, sich kahl zu scheren und sein
neues Leben mit einem neuen Aussehen zu beginnen. Bis jetzt
hatte er noch keine Frau gefunden, die ihm gefiel, aber er war
eigentlich immer auf der Pirsch. Es wäre gut, jemanden zu

haben, der mich ein bisschen ruhiger macht, dachte er. Das brauche ich eigentlich. Aber sportlich muss sie sein. Er nippte an seinem Scotch und wandte sich Gert zu. »Wollen wir nicht morgen eine Fahrt zu den Surferstränden machen? Ich könnte einen der Hotelbusse organisieren, und Surfbretter können wir uns dort leihen.«

Die Strände oben im Norden auf der Insel Oahu gehörten zu den besten Surferstränden der Welt. In den Wintermonaten waren die Wellen mehr als sieben Meter hoch, und die Szenerie war einfach großartig. Die Berge im Hintergrund bildeten einen wunderbaren Anblick für die Surfer, die auf ihren Brettern Richtung Strand rasten.

Ev schnaubte. »Bist du verrückt geworden?« Sie und Gert waren beide ziemlich kräftig gebaut und trennten sich nur dann von ihren Muumuus, wenn sie kurz mal im Pool untertauchten. Sie liebten es, kurz unterzutauchen, und fühlten sich dann wunderbar erfrischt. Gelegentlich gingen sie am Abend sogar bis an den Flutsaum, warfen blitzschnell ihre Muumuus ab und tauchten kurz im Ozean unter. Sie waren klug genug, nicht am helllichten Tag im Badeanzug am Strand entlangzulaufen.

Ev hatte sich neuerdings für blondes Haar entschieden, Gert bevorzugte Rot. Ansonsten sahen ihre runden, freundlichen Gesichter mit den riesigen Brillen erstaunlich gleich aus.

»Wir könnten ein Picknick für den Mittag mitnehmen. Ich bin sicher, einige von euch würden es gern einmal mit dem Surfen probieren, oder?« Ned ließ den Blick hoffnungsvoll über die Gruppe schweifen.

Artie, der neununddreißigjährige Masseur, der fest an die heilenden Kräfte seiner Hände glaubte und das Zimmer gezwungenermaßen mit Ned teilte, erwiderte: »Ich habe gerade so gedacht, dass ich gern mal mit den Delfinen schwimmen würde. Auf Big Island soll es eine Stelle geben, wo sie wirklich mit den Menschen in Kontakt kommen.« Artie war hellhäutig und blond und normalerweise sehr schweigsam. Er war aus dem sonnigen Arizona nach Hudville gezogen, weil er sich gedacht hatte, es müsste eigentlich eine Menge verspannte Rücken in der Stadt geben, die eine Massage nötig hätten. Er behauptete nämlich von sich, er könne geschwollene Füße zum Abschwellen bringen, nur indem er seine Hände darüberhielt und die negativen Energien ableitete. Bislang hatten die meisten Bürger von Hudville ihre geschwollenen Füße allerdings weiterhin so gepflegt, dass sie sie auf einen Hocker legten, während sie vor dem Fernseher saßen. Das war bei Weitem die billigere Variante.

»Ich würde es absolut lieben, zu surfen, wirklich!«, rief Francie aus. Sie war eine etwas anstrengende Frau um die fünfzig, hatte keinerlei Gefühl für ihr Alter und hielt sich für die begabteste, großartigste, klügste Frau auf Erden. An Selbstbewusstsein fehlte es ihr wirklich nicht. Sie hatte lockige schwarze Haare, ein recht hübsches Gesicht, und nach einer größtenteils erfolglosen Karriere als Schauspielerin war sie nach Hudville gezogen, um an der dortigen Highschool Schauspiel zu unterrichten. Sie trug stets Schuhe mit hohen Absätzen, selbst am Strand, und jede Menge Schmuck. Hier, auf Hawaii, zog sie jeden Tag los, um sich eine neue Muschelkette zu kaufen.

»Francie, ich kann mir dich überhaupt nicht auf einem Surfbrett vorstellen«, sagte Gert praktisch, angelte nach der Orangenscheibe in ihrem Drink und biss hinein.

Francie legte eine Hand auf die Brust und lächelte. »Und ich sage dir, als ich sechzehn war, bin ich zu Hause in San Diego gesurft. Ich bin auf das Brett gestiegen und war einfach glücklich!« Sie warf die Arme in die Luft, sodass ihre Armbänder klingelten und hinaufrutschten, bis sie von den Ellenbogen gebremst wurden.

»Also, das wäre schon mal eine Teilnehmerin«, sagte Ned. Er blickte hinüber zu den Wiltons, einem Ehepaar Ende fünfzig, das dabei war, ein Kapitel für ein Buch über die Freuden einer aufregenden Partnerschaft zu schreiben. Das wäre auch kein Problem gewesen – aber die beiden waren so langweilig wie Spülwasser. Wie schafften sie es nur, nicht an einer Schreibblockade zugrunde zu gehen?, fragte sich Ned. »Bob und Betsy, was meint ihr? Wollt ihr mit zum Surferstrand fahren?«

Sie starrten ihn an. Beide Wiltons waren dünn und ausdruckslos, alles an ihnen war einfach nichtssagend. Wenn man sie verließ, wusste man nach kürzester Zeit nicht mehr, wie sie aussahen. Sie mischten sich irgendwie in die Menge.

»Tut mir leid, Ned, aber wir arbeiten an unserem Kapitel und müssen allein sein«, informierte Bob ihn.

Gert und Ev verdrehten die Augen. Die Wiltons waren ganz eindeutig nicht geeignet, auch nur die geringste Menge Sonnenschein zurück nach Hudville zu bringen. Sie waren im Grunde tropfnass wie ein Regenschirm.

Das letzte Mitglied der Gruppe, Joy, war erst einundzwanzig Jahre alt und hatte nicht das geringste Interesse daran, mit der Gruppe herumzuhängen. Joy hatte sich gefreut, dass sie die Reise gewonnen hatte, aber sie wollte losziehen und Leute ihres Alters treffen. Surfen war schon in Ordnung, aber doch wohl eher mit den Rettungsschwimmern, die sie inzwischen kennengelernt hatte. Es war schon schlimm genug für sie, das Zimmer mit Francie zu teilen. »Ich habe sozusagen schon Plä-

47

ne für morgen«, sagte sie leise und leckte an dem Salzrand ihres Margaritaglases.

Ned sah sie entsetzt an. Er war ein höchst athletischer Reiseleiter, und er wollte, dass seine Leute etwas in der Gruppe unternahmen.

»Und was wird aus unserem Gruppengefühl?«, fragte er in die Runde.

Gert setzte sich aufrecht hin.

»Ned, wir wissen es wirklich zu schätzen, dass Sie uns so viel Zeit opfern, aber die Glücklichen Sieben haben die Freiheit, zu tun, was sie wollen. Wir treffen uns morgens und abends, und gelegentlich unternehmen wir auch etwas zusammen. Aber das ist dann auch schon alles. Wir wollen einander nicht auf die Nerven gehen.«

»Ned, ich fahre mit dir!«, brach Francie noch einmal aus.

»Will niemand mit nach Big Island fahren, um mit den Delfinen zu schwimmen?«, fragte Artie klagend.

»Unser Budget reicht für Ausflüge nach Big Island nicht aus«, bemerkte Ev ziemlich streng. »Und Gert und ich können morgen sowieso nicht mitfahren, weder zum Surfen noch zu den Delfinen.«

»Warum nicht?«, fragte Betsy, wobei ihr Gesicht kein Anzeichen von wirklicher Neugier zeigte.

»Wir wollen uns ganz inkognito ein paar andere Hotels und Dienstleister hier im näheren Umkreis ansehen. Vielleicht finden wir etwas, was unsere Reisen noch attraktiver macht. Vielleicht können wir auch ein bisschen Geld sparen.«

»Das machen Sie nur, um Will Angst einzujagen«, bemerkte Ned halb im Spaß. »Sie wissen, dass Sie nirgendwo ein besseres Preis-Leistungs-Verhältnis bekommen als hier.«

Ev zuckte mit den Schultern und schenkte ihm ein rätselhaftes Mona-Lisa-Lächeln. Dann saugte sie wieder ein bisschen an ihrem Strohhalm.

»Also, Artie, willst du dich uns nicht doch noch anschließen?«, fragte Ned. »Wir können ja am Samstag hier in Oahu mit den Delfinen schwimmen.«

Artie bewegte seine Hände langsam ineinander. »Gut, Ned. Aber wir sollten unbedingt Schwimmwesten tragen, ich habe gehört, dass die Brandung da draußen sehr gefährlich ist. Und eine zweite Wasserleiche in dieser Woche könnte ich wirklich nicht verkraften.«

Francie lachte als Einzige.

8

Regan stand auf der Terrasse vor Steves Haus und war fasziniert. Oahus berühmtestes Wahrzeichen, der atemberaubende Krater des Diamond Head, war in der Ferne zu sehen. Im Flugzeug hatte Regan gelesen, dass dieser Vulkan sich vor einer halben Million Jahren aus dem Meer erhoben hatte und seinen Namen erhalten hatte, weil britische Seeleute seine Bergkristalle irrtümlich für Diamanten hielten. Arme Kerle, dachte Regan. Sich so zu täuschen, nachdem man monatelang auf See gewesen ist. Aber Diamanten oder nicht, der Vulkankrater war ein imposanter Anblick. Stolz und majestätisch überragte er Waikiki und das endlose Meer, während das Licht der sinkenden Sonne auf den Wellen tanzte.

Wie auf einer Postkarte, dachte Regan und nahm auf einem der bequem gepolsterten Terrassenstühle Platz. Die Musik dröhnte, aber es waren doch nicht so viele Leute da, wie sie erst gedacht hatte, als sie das funkelnagelneue Haus betreten hatte, das mit hellen Holzböden und raumhohen Fenstern einfach großartig wirkte. Die Wände waren weiß gestrichen, und sämtliche Möbel waren aus sehr hellem Holz – schlicht, aber teuer. Die hochmoderne Küche war zum Wohn- und Esszimmer hin offen, und die Terrasse zog sich an der gesamten Längsseite des Raums entlang.

Fünf von Steves Freunden saßen auf der Terrasse: ein Maler

und seine Frau, die hawaiianische Puppen anfertigte, zwei Typen aus Steves Collegeverbindung, die ihn gerade besuchten, und eine Frau, die auf Big Island als Haushälterin eines Geschäftsmannes aus Chicago arbeitete, der fast nie dort war. Regan hatte sofort das Gefühl, dass sie eine Hochstaplerin war.

»Ich liebe Partys«, rief sie aus und warf ihre schmutzig blonde Mähne zurück. »Aber es ist so cool, dieses Haus in der Wildnis ganz für mich allein zu haben. Ich finde es einfach wunderbar, dort halbe Nächte lang zu sitzen und alle Klassiker noch einmal zu lesen.«

»Entschuldigung«, sagte Regan, »ich habe Ihren Namen vorhin nicht verstanden.«

»Jasmine.«

Ja, klar, dachte Regan. Es konnte kein normaler Name sein. Innerlich musste sie lächeln, weil ihr ihr katholisches Mädchengymnasium einfiel, wo fast alle Schülerinnen nach irgendwelchen Heiligen benannt gewesen waren. Menschen mit ungewöhnlichen Namen waren ihr eigentlich erst auf dem College begegnet. »Wie sind Sie an den Job gekommen?«, fragte sie Jasmine.

»Ich habe jahrelang als Firmenjustiziarin in der City von New York gearbeitet und hielt den Druck einfach nicht mehr aus. Also habe ich irgendwann einmal auf Hawaii Urlaub gemacht, und bei der Gelegenheit habe ich meinen heutigen Chef getroffen. Als ich mich über meine Arbeit beklagte, hat er mir den Job angeboten. Erst habe ich gesagt, nein, das kann ich nicht machen, aber dann habe ich gesagt, doch, das kann ich wohl. Und ich habe hier so viele wunderbare, interessante Menschen kennengelernt. Manchmal ist es ein bisschen einsam drüben auf Big Island. Die Insel ist so riesengroß, und es gibt nicht viele Menschen dort. Also komme ich immer mal wieder hierher nach Oahu. Steve ist ein solcher Schatz! Er lässt mich in seinem Gästezimmer übernachten, wann immer mir danach zumute ist.«

Aus dem Augenwinkel konnte Regan Kit beobachten, die alles andere als begeistert aussah.

»Ich habe Jazzy kennengelernt, als ich gerade hier angekommen war«, fiel Steve schnell ein. »Sie ist ganz wunderbar darin, einen überall vorzustellen, und sie hat sich als wahre Freundin erwiesen.«

Ach, die Sorte, dachte Regan. Es gibt wirklich nichts Fürchterlicheres für eine Frau, die sich für einen Mann interessiert, als seine sogenannte beste Freundin.

»Jazzy« warf wieder ihre Haare über die Schulter und lachte anerkennend, während sie ihre sonnengebräunten Beine unterschlug. »Bevor du dreimal hinsiehst, kennst du jeden hier in der Stadt, Steve.«

Regan wagte es nicht, Kit anzusehen.

»Denn es ist wirklich schon fast eine kleine Stadt. Fast jeder auf Hawaii lebt auf Oahu. Hier findet eigentlich alles statt, und es ist wirklich ein Treffpunkt für alle, es wird immer aufregender, hier zu sein. Und wenn man ein Weilchen hier ist, hört man natürlich auch den ganzen Tratsch, dagegen bist du machtlos.« Sie lachte wieder und zwinkerte Steve zu. »Mein Chef will jetzt tatsächlich ein Haus hier kaufen. Ich kann dir sagen, das würde mir gut gefallen.«

Und wer liest dann all die Klassiker endlich mal wieder?, fragte sich Regan. »Jasmine …«, fing sie an – sie konnte es einfach nicht über sich bringen, sie Jazzy zu nennen – »kannten Sie die Frau, die gestern vor dem Hotel Waikiki Waters ertrunken ist? Dorinda Dawes? Sie hat wohl die Hauszeitung des Hotels geschrieben.«

Die frühere Firmenjustiziarin zog ihre Stupsnase kraus, als sie Regan ansah. Jazzy war zierlich, sonnengebräunt und ausgesprochen attraktiv. Sie trug nur sehr wenig Make-up und sah aus, als könnte sie jeden Moment nach ihrem Tennisschläger greifen oder mal eben zwanzig Bahnen schwimmen. Sie war einfach der Typ für das Leben in einem Country Club. »Sagen wir es einmal so: Wer kannte Dorinda Dawes nicht? Sie hat sich in alles eingemischt und ist vielen Leuten schrecklich auf die Nerven gegangen.«

Und möge sie in Frieden ruhen, dachte Regan. »Ach wirklich? Wie das?«

»Die Hauszeitung war gar nicht so schlimm; sie musste sie schließlich der Hotelleitung zum Absegnen vorlegen. Aber in der letzten Nummer ging es um die Weihnachtspartys, und da hat sie die hässlichsten Fotos der Frauen veröffentlicht, die man sich nur denken kann. Und sie hatte die Absicht, ein eigenes Klatschblatt herauszugeben, mit dem Titel ›Oh! Oh! Oahu!‹ Darauf haben alle hier natürlich nur gewartet. Es heißt, dass Will, der Manager des Hotels, ihr die erste Nummer der Hauszeitung komplett zurückgegeben hat. Spätere Nummern hat er dann gründlich überarbeitet. Aber sie hat die ursprünglichen Versionen wohl für ihr eigenes Blättchen aufbewahrt, und es gab eine Menge Leute, die Angst hatten, sie würde sie darin wie Idioten darstellen. Trotzdem war sie irgendwie auf jeder Party, die hier stattfand. Sie wollte die Königin der Klatschreporter auf Hawaii werden. Und nun ist sie selbst in aller Munde. Was zum Teufel hat sie mit der Muschelkette von Liliuokalani zu schaffen gehabt? Haben Sie schon gehört, dass diese Kette genau zu der passt, die auf dem Prinzessinnenball versteigert werden soll und die Prinzessin Kaiulani gehört hat?«

»Ja, Kit hat mir davon erzählt«, antwortete Regan. »Ich habe die Geschenktaschen für den Ball zusammengestellt. Niemand im Organisationskomitee kann sich vorstellen, wie diese Frau es geschafft hat, nach drei Monaten hier an die gestohlene Kette zu kommen. Aber so war Dorinda. Schnell war sie, das muss man sagen. Auf die eine oder andere Weise wollte sie sich einen Namen machen, und ich vermute, sie war wirklich verzweifelt, denn sie hatte es wohl schon seit Jahren versucht.«

»Woher wissen Sie das?«

»Ich habe sie ein paar Mal in New York City getroffen.«

»Ehrlich?«

»Ja. Dorinda war dort in der Szene ziemlich bekannt. Sie machte die verschiedensten Jobs und versuchte es dann mit einer Klatschkolumne im Internet. Aber die Sache funktionierte nicht. Dann bekam sie eine Stelle als Kolumnistin einer Zeitung auf der Upper East Side, aber die ging pleite. Und letzten Sommer muss sie dann die Kleinanzeige einer Frau gelesen haben, die auf Hawaii lebte und für ein halbes Jahr eine Wohnung in New York brauchte. Da haben sie die Wohnungen getauscht. Dorinda wollte hierbleiben. Die paar Male, die ich mit ihr gesprochen habe, war klar, dass sie das Gefühl hatte, hier wäre ihre letzte Chance, berühmt zu werden. Das hat sie natürlich nicht laut gesagt. Immerhin, man muss ihr lassen, dass sie ziemlich bald diesen Job im Waikiki Waters bekam. Er war nicht besonders gut bezahlt, aber er kostete sie andererseits auch nicht allzu viel Zeit, und sie lernte auf diese Weise jede Menge Leute kennen und kam auf alle Partys.«

Kit setzte ihr Glas ab. »Jedenfalls war Dorinda gestern Nacht in der Hotelbar ausgesprochen gut in Form. Ich glaube, sie versuchte vor allem, Männer kennenzulernen. Und ich glaube, sie hatte einiges getrunken.«

»Sie hatte nie etwas gegen ein Gläschen Wein«, untertrieb Jazzy absichtlich. »Vielleicht ist sie deshalb ertrunken.«

»Möchte noch jemand einen Schluck?«, fragte Steve, der ganz offensichtlich das Thema wechseln wollte.

»Ja, ich«, sagte Jazzy. »Und bitte mit ganz viel Soda. Beeil dich, sonst verpasst du den Sonnenuntergang.«

Regan nippte an ihrem Glas. Egal, wohin man kam, es entwickelte sich sofort zu einem Wochenmarkt aus Klatsch und Tratsch, und Menschen wie Jazzy traf man überall. Man konnte ihnen einfach nicht entkommen.

Steves zwei Freunde, Paul und Mark, gingen hinein, um sich frisches Bier zu holen. Sie machten einen netten Eindruck, dachte Regan, und das galt auch für Steve. Ob er eine gute Partie für Kit war, stand auf einem anderen Blatt, und sie würde nicht viel Zeit haben, das herauszufinden.

Sie beobachteten gemeinsam den Sonnenuntergang, riefen Ooooh und Aaaah, während der Himmel ständig die Farben wechselte. Alle bestätigten Steve, wie viel Glück er habe, an einem so wunderbaren Ort zu leben. Als das letzte bisschen Rot und Orange hinter dem Horizont verschwunden war, standen der Maler und seine Frau auf. »Danke, Steve«, sagte er. »Wir machen uns jetzt auf den Weg. Wir müssen morgen früh aufstehen, um nach Maui auf den Kunsthandwerkermarkt zu fliegen. Mit etwas Glück können wir da einige Bilder und Puppen verkaufen.« Die Frau des Malers stammte von Hawaii; er bezeichnete sich selbst als alternden Hippie, der vor fünfundzwanzig Jahren hierhergekommen war, um sich selbst zu finden. Er trug seine blonden Haare als Pferdeschwanz, während sie ihr glänzend schwarzes Haar lang und offen trug.

Die restlichen sechs zwängten sich in Steves Auto und fuhren in die Stadt in *Duke's Restaurant and Barefoot Bar*, das Restaurant, das nach Duke Kahanamoku benannt war, Hawaiis berühmtestem Einwohner und dem Vater der internationalen Surfbewegung. Duke war als Schwimmer weltberühmt geworden, hatte in achtundzwanzig Hollywoodfilmen mitgespielt und war später Hawaiis Botschafter der Gastfreundschaft und des Aloha geworden. Noch Jahrzehnte nach seinem Tod galt er als der größte Sportler in der Geschichte der Inseln. Er hatte nie in seinem Leben Schnee gesehen, und man zitierte ihn mit dem Satz: »Ich bin nur glücklich, wenn ich schwimmen kann wie ein Fisch.« Am Waikiki Beach hatte man ein riesiges Standbild von ihm errichtet, die Arme weit ausgebreitet, als sagte er gerade »Aloha!«. Jeden Tag wurden ihm von bewundernden Touristen Dutzende von Muschel- und Blumenketten um den Hals gelegt. Steve hatte ihnen die bunt geschmückte Statue gezeigt, als sie zu seinem Haus gefahren waren.

Die Bar war randvoll mit Menschen, aber es gelang ihnen, doch noch einen Tisch im Außenbereich zu bekommen. Jasmine schien jede Menge Leute zu kennen, was Regan kein bisschen wunderte. Eine Frau an der Bar hielt Steve auf, indem sie ihm eine Hand auf den Arm legte, und begann ein Gespräch mit ihm, aber Regan hatte den Eindruck, dass er verärgert und ungeduldig aussah. Tatsächlich dauerte es nicht lange, bis er sich von ihr losmachte und sich zu der Gruppe setzte, und sie bestellten Hamburger und Getränke. Regan merkte allmählich, wie müde sie war. Es war Donnerstagabend kurz nach neun. In Los Angeles war es jetzt elf Uhr abends, in New York zwei Uhr nachts. Auf dem Fernsehschirm über der Bar konnte man Bilder vom Schneesturm im Osten der USA sehen. Nächste Woche bin ich dort und bei Jack, dachte Regan sehnsüchtig. Sie war froh, dass Kit so glücklich aussah, hatte aber überhaupt keine Lust, das ganze Wochenende mit diesen Leuten zu verbringen. Und irgendwie hatte sie das Gefühl, dass es genau darauf hinauslief. Schon war von einem Abendessen bei Steve morgen Abend die Rede.

Regan warf einen Blick auf Paul und Mark, die ungeniert die Mädchen an der Bar abcheckten. Ich sollte mich wohl nicht allzu beleidigt fühlen, dachte sie. Natürlich sehen sie den Ring an meiner linken Hand. Jasmine lehnte sich nach hinten und sprach mit irgendwelchen Leuten am Nebentisch, und Steve flüsterte Kit etwas ins Ohr.

Es war so laut um sie herum, dass sie erst nach einer Weile merkte, dass ihr Handy klingelte. Regan angelte in ihrer Handtasche danach. Wer ruft mich um diese Zeit an?, dachte sie nervös. Zu Hause sollten doch jetzt eigentlich alle längst im Bett liegen.

»Hallo«, antwortete sie, als sie das Handy endlich aus der Tasche gefischt hatte.

»Regan?«

»Ja.«

»Hier spricht Jacks Freund Mike Darnell. Ich bin Detective bei der Polizei in Honolulu, und er hat mich gebeten, Sie anzurufen.«

»Oh, hallo, Mike«, antwortete Regan lächelnd. »Das ist aber nett von Ihnen.«

»Ich musste ziemlich lange arbeiten, aber ich dachte, vielleicht können wir uns noch treffen. Es gibt da ein Lokal namens *Duke's*. Vielleicht haben Sie Lust, mit Ihrer Freundin dorthin zu kommen.«

»Ich bin schon dort.«

»Wollen Sie mich auf den Arm nehmen?«

»Das würde ich nie tun.«

57

»Na, ich weiß nicht. Sie sind mit Jack Reilly verlobt, das heißt, Sie sind zu allem fähig.«

Regan lachte. »Wir sind mit ein paar Leuten hier. Kommen Sie doch einfach dazu. Wir sitzen draußen, links von der Bar. Wir sind sechs, aber es könnte sein, dass wir noch mehr werden, bis Sie hier sind.«

»Es dauert nur ein paar Minuten.«

Regan beendete das Gespräch, und Jasmine fragte: »Wer war das denn?«

»Ein Freund meines Verlobten, der bei der Polizei in Honolulu als Detective arbeitet. Er kommt auf einen Drink hierher.«

»Oh«, sagte Jasmine mit einer nichtssagenden Handbewegung.

Fange ich an zu spinnen, fragte sich Regan, oder sieht das Mädchen tatsächlich irgendwie nervös aus?

9

Nora Regan Reilly stand sozusagen senkrecht im Bett.
Draußen heulte der Wind, und sie hörte, wie etwas gegen die
Außenmauer krachte. Der Wecker auf ihrem Nachttisch zeig-
te 2:15. Luke lag friedlich neben ihr und schlief. Dieser Mann
schläft einfach immer und überall, dachte sie mit leisem
Lächeln.

Wieder war das Krachen zu hören.

Nora stand auf und griff nach dem Morgenmantel, der auf
der gepolsterten Bank am Fußende ihres Bettes lag. Sie und
Luke schliefen gern kalt, und in dieser Nacht war das problem-
los zu bewerkstelligen. Sie wickelte sich in den Morgenmantel, ging zu dem großen Panoramafenster und zog den Vorhang
zurück, gerade als ein riesiger Ast von einem der Bäume in
ihrem Garten herunterbrach und auf den gefrorenen Boden
krachte. Eisbrocken spritzten auseinander und blieben verstreut auf der Schneefläche liegen. Das war Regans Lieblingsbaum, als sie ein kleines Mädchen war, erinnerte sich Nora.

Vom Bett her konnte sie Luke leise atmen hören. Es bringt
nichts, ihn zu wecken, dachte sie und spähte noch einmal in
den Garten. Im Augenblick konnte er ohnehin nichts ausrichten. Und morgen wurde ein harter Tag. Bei diesem Wetter war
an die Beerdigung nicht zu denken, die Straßen waren unpassierbar. Die Verwandten dieses alten Skiläufers saßen im Hotel

fest, und Luke würde ihnen so einige Fragen über den Sturm beantworten müssen. Als ob er an dem Wetter etwas ändern konnte.

Nora krabbelte wieder ins Bett und hörte dem Wind zu, der ums Haus pfiff. Hoffentlich ist es in Hawaii ruhiger als hier, dachte sie, in ihre Bettdecke eingemummelt, während ihre Gedanken von einem Thema zum nächsten sprangen. Sie hätte Regan an diesem Wochenende gern in New York gehabt. Es hätte so viel Spaß gemacht, die Band für die Hochzeit zu hören und gemeinsam mit ihr und Jack zu beurteilen, ob die Musiker wirklich so gut waren, wie alle sagten. Hoffentlich können wir das nächstes Wochenende nachholen, dachte sie. Nach einigem Hin und Her schlief sie endlich wieder ein.

Dann begann sie zu träumen. Sie träumte, sie sei auf Regans und Jacks Hochzeit, und die Band spielte, aber die Musik war schrecklich laut und falsch, schrill und ohne rechte Melodie. Nora sagte den Musikern immer wieder, sie sollten aufhören zu spielen, aber niemand hörte auf sie. Als sie endlich aufwachte und erkannte, dass sie nur schlecht geträumt hatte, war sie ungeheuer dankbar. Wahrscheinlich hatte sich das Heulen und Pfeifen des Windes in ihren Traum eingeschlichen.

Was ist denn los mit mir?, fragte sie sich. Nun, zum einen hatte Regan sie nicht angerufen, nachdem sie in Hawaii gelandet war. Sie ist eine erwachsene Frau, ermahnte sich Nora, sie muss nicht dauernd zu Hause anrufen. Allerdings tat sie das normalerweise, wenn sie auf Reisen war. Nora war nervös, und die Tatsache, dass der Ast gerade von Regans Lieblingsbaum abgebrochen war, machte sie ein wenig traurig. Sie stand wieder auf, griff nach ihrem Morgenmantel und schlüpfte in ihre Hausschuhe. Lautlos öffnete sie die Schlafzimmertür und tappte den Flur entlang.

Unten angekommen, setzte sie Wasser auf und ging zum Telefon. So spät ist es noch nicht in Hawaii, dachte sie. Ich rufe Regan kurz auf dem Handy an.

Als Mike Darnell ankam, saßen sie immer noch zu sechst um den Tisch in der Bar bei *Duke's*. Allerdings verzog sich Jasmine kurz darauf an die Bar, um dort mit einigen Leuten zu reden. Mike hatte sich gerade ein Bier bestellt, als Regans Handy wieder klingelte.

»Mom!«, sagte sie erschrocken, als sie die Stimme ihrer Mutter hörte. »Wieso bist du denn um diese Zeit wach? Ist alles in Ordnung bei euch?« Regan bedeckte ihr freies Ohr mit einer Hand, um den Krach in der Bar etwas auszublenden.

»Ich konnte nicht schlafen«, erwiderte Nora. »Und ich wollte nur wissen, ob du gut angekommen bist. Bei dem Wetter hier kann man sich schlecht vorstellen, dass es irgendwo anders in der Welt warm und schön sein soll.«

»Wir sitzen im Garten eines Restaurants mit Blick aufs Meer und auf die Palmen. Es ist ein wunderbarer Abend«, versicherte Regan. »Gerade ist ein Freund von Jack zu uns gestoßen. Er ist Detective bei der Polizei in Honolulu.«

Auf irgendeine Weise beruhigte diese Auskunft Nora sehr. Warum mache ich mir bloß so viel Sorgen?, dachte sie. Der Wasserkessel begann zu pfeifen, ein Ton, von dem Luke behauptete, dass er Tote aufwecken könnte.

»Machst du dir einen Tee?«, fragte Regan.

»Kräutertee.«

»Kaum zu glauben, dass man einen Teekessel über eine Entfernung von sechstausend Meilen so deutlich hören kann.«

»Und dein Vater würde sagen, dass man dafür nicht einmal ein Telefon braucht.«

Regan lachte. »Na, mir geht es jedenfalls gut, und Kit auch. Willst du nicht lieber noch ein bisschen schlafen? Morgen bist du sicher den ganzen Tag todmüde.«

»Das macht nichts, man kann ja sowieso nicht vor die Tür.«

»Und lass bloß nicht zu, dass Dad wieder die Auffahrt freischaufelt.«

»Auf keinen Fall. Greg Driscoll war heute schon drei Mal mit seinem Schneepflug hier, und er kommt morgen früh wieder. Aber eigentlich bringt es nichts, der Schnee türmt sich nur immer höher.« Nora goss ihren Tee auf, wandte sich vom Herd ab und rief dann erschrocken: »Luke!«

»Ist Dad jetzt endlich auch wach?«

»Als ich aufgestanden bin, war er eigentlich in einer Art Koma.«

»Du weißt doch, er merkt immer, wenn du aufstehst.«

»Was machst du hier?«, flüsterte Luke seiner Frau zu und rieb sich die Augen.

»Ich bin von einem lauten Geräusch aufgewacht, und dann ist ein Ast von dem großen Baum im Garten abgebrochen«, erklärte Nora, während Regan auf Hawaii zuhörte.

»Von dem großen Baum?«, fragten Luke und Regan gleichzeitig. »Genau«, bestätigte Nora.

»Mein Lieblingsbaum!«, bemerkte Regan wehmütig. »Mom, erinnerst du dich an die Geschichte, die du geschrieben hast, über den Baum, der auf das Haus stürzte, und die Familie, die von da an nur noch Unglück hatte?«

»Hab ich ganz vergessen. Das ist aber auch sehr lange her. Aber vielen Dank, dass du mich gerade jetzt daran erinnerst.«

»Na, nun mach dir mal keine Sorgen. Der Baum ist ja nicht auf euer Haus gestürzt. Also, ich muss jetzt aufhören. Hier ist es so laut, ich kann dich kaum verstehen.«

»Ruf mich doch im Lauf des Wochenendes noch mal an.« –
»Geht in Ordnung.«

Regan beendete das Gespräch und griff nach ihrem Weinglas. »Tut mir leid, Mike«, entschuldigte sie sich bei dem großen, attraktiven Mann mit dem braunen Haar und der dunklen Haut, der neben ihr saß.

»Ihre Mutter?«, erkundigte er sich.

»Ja, da drüben im Osten herrscht ja im Moment ein ziemlicher Sturm.«

»Jack sagte schon so was. Übrigens hat er mich zur Hochzeit eingeladen. Vorsicht, es könnte tatsächlich passieren, dass ich dort auftauche.«

Regan lächelte. »Das würde uns sehr freuen.«

»Ich sollte Ihnen vielleicht beichten, dass ich mich verplappert habe, als Jack mich anrief. Ich habe ihm erzählt, dass gerade eben vor Ihrem Hotel jemand ertrunken war.«

Regan verzog das Gesicht. »Musste das sein?«

»Na ja, er klang jedenfalls ziemlich überrascht.«

»Ich habe ihm absichtlich nichts davon erzählt«, gab Regan zu. »Was ist dran an der Geschichte?«

»Wir gehen davon aus, dass es sich um einen Unfall handelt.«

»Wirklich? Warum?«

Mike zog die Schultern hoch. »Es gibt keine Kampfspuren. Sie hatte keine Feinde, jedenfalls soweit wir wissen. Ihr Leumund ist vollkommen in Ordnung. Sie hatte nicht viel Geld, aber ihre Rechnungen hat sie immer bezahlt. Wir haben gehört, dass sie gern am Strand entlang nach Hause ging und gelegentlich an der Mole haltmachte, um ein wenig dort zu sitzen und aufs Meer zu schauen. Jetzt haben sie alle möglichen Bluttests gemacht, aber alle Zeugen sagen ohnehin schon aus,

63

dass sie einiges getrunken hatte. Vermutlich ist sie einfach ausgerutscht und ins Wasser gefallen. Die Steine dort können entsetzlich glitschig sein, und da draußen gibt es eine verteufelte Strömung.«

»Wie sieht es mit ihrer Familie aus?«, fragte Regan.

»Es gibt nur einen nahen Verwandten, einen Cousin. Das Hotel hatte seine Nummer, und wir haben ihn erreicht. Er war natürlich sehr aufgeregt, sagte dann aber, sie standen sich nicht besonders nahe. Ich vermute, Sie haben schon von der gestohlenen Muschelkette gehört, die sie um den Hals trug. Das ist die einzige wirkliche Frage: Woher hatte sie diese Kette?«

»Ja, ich habe davon gehört. Wie konnte die Kette so schnell identifiziert werden?«

»Sie hat eine sehr ungewöhnliche Anordnung der Muscheln und verschiedener Schattierungen von Korallen, daran kann man sie leicht erkennen. Einer der Männer, die die Tote an Land gezogen haben, war letztes Wochenende mit ein paar Freunden vom Festland im Seashell Museum. Er hatte die andere königliche Kette dort gesehen und wusste, dass diese gestohlen worden war. Dann hat er eigentlich nur noch zwei und zwei zusammengezählt.«

»Was werden Sie mit der Kette machen?«

»Wir haben sie zunächst einmal dem Besitzer des Museums zurückgegeben. Er ist ganz außer sich vor Freude. Die eine Kette wird ja am kommenden Wochenende auf dem Ball im Waikiki Waters versteigert, um Geld für das Museum aufzubringen.«

»Ja, ich habe davon gehört. Ich frage mich, ob er die zweite Kette nun auch versteigern lässt.«

»Keine Ahnung.«

»Auf jeden Fall ist das Kettenpaar jetzt nach dreißig Jahren der Trennung wieder vereint.«

»Richtig. Fünfzig Jahre lang haben sie zusammen im Museum gehangen, dann waren sie dreißig Jahre lang getrennt, und nun sind sie wieder zusammen. Das ist schon so eine Geschichte.«

»Aber Dorinda Dawes ist erst vor drei Monaten nach Hawaii gekommen. Hat irgendjemand eine Vorstellung, woher sie die Kette hatte?«

»Vermutlich wusste sie nicht einmal, was sie da vor sich hatte. Und es gibt keinen Anhaltspunkt dafür, dass sie sie gestohlen hat. Nach eigenen Angaben war sie vorher nie auf Hawaii, und die Kette wurde gestohlen, als Dorinda noch ein Teenager war.«

»Die Frau da drüben«, sagte Regan und deutete auf Jasmine, die sich an der Bar räkelte, »kannte Dorinda Dawes, als sie noch in New York lebte.«

»Die ist mir hier schon öfter aufgefallen«, sagte Mike. »Ziemlicher Feger.«

10

Im Hotel war Will Brown den ganzen Abend mit irgendwelchen Papieren beschäftigt. Er rief ein paar Mal in Kits und Regans Zimmer an, um festzustellen, ob sie schon zurück waren, aber er hatte kein Glück. Als er ungefähr zum zwölften Mal in die Empfangshalle spaziert war, sah er, wie sie aus einem Land Cruiser stiegen.

»Hallo«, rief er und lief ihnen entgegen, um sie zu begrüßen.

»Hallo, Will«, rief Kit. »Sie sind aber eine echte Nachteule.«

»Es gibt keine Ruhe für die Mühseligen und Beladenen«, scherzte er etwas mühsam. »Und Sie können sich ja denken, dass wir einen ziemlich wilden Tag hier hatten. Jetzt würde ich Sie beide gern auf einen Drink einladen.«

»Ehrlich gesagt, bin ich ziemlich müde«, sagte Regan.

Will senkte die Stimme. »Ich müsste Sie geschäftlich sprechen.«

Regan, die bemerkt hatte, wie besorgt Will aussah, willigte ein. »Na gut, einen schnellen Drink«, sagte sie und blickte Kit an, die zustimmend nickte.

»Brave Mädchen«, rief Will eine Spur zu fröhlich.

Es geht ihm wirklich nicht gut, dachte Regan.

Will führte sie in die luftige, geräumige Freiluftbar zwischen den zwei Hoteltürmen. Aus den Lautsprechern in den Palmen und Hibiskussträuchern drang leise hawaiianische Musik und

66

umschmeichelte die locker verteilten Tische und Stühle. Offenbar sind inzwischen alle doch ziemlich müde nach dem langen Tag am Strand, dachte Regan mit einem Blick durch den nahezu leeren Raum.

»Hierher bitte«, sagte Will und zeigte auf einen Tisch, der ein wenig abseits unter einer riesigen Palme stand, die mit kleinen weißen Lichtern geschmückt war. Ein Kellner eilte herbei, als er den Chef sah.

Regan und Kit bestellten Wein, während Will sich für einen Wodka mit Tonic entschied.

»Kommt sofort«, verkündete der Kellner fröhlich und eilte davon.

»Vielen Dank für Ihre Gesellschaft.« Will blickte sich vorsichtig um, als wollte er sicher sein, dass ihn niemand hörte.

Kit sah Regan mit hochgezogenen Augenbrauen fragend an. Regan zog die Schultern hoch.

Nachdem er sich vergewissert hatte, dass es keine ungebetenen Zuhörer gab, räusperte Will sich und fuhr sich mit den Fingern durchs Haar, was seine Nervosität nur noch schlimmer machte. Irgendwie fühlt sich mein Haar noch dünner an als vor einer Stunde, dachte er. Vielleicht raufe ich mir hier die Haare aus.

»Regan, Kit«, begann er, »dieses Hotel, mit vollem Namen das Waikiki Waters Playground and Resort, ist ein sehr angesehenes Hotel. Wir haben soeben eine aufwendige, sehr kostspielige Renovierung hinter uns. Wir haben sehr viele Stammgäste, die jedes Jahr wiederkommen. Wir sind stolz auf unseren Service und die Qualität unserer Unterkünfte …«

»Was ist los?«, fragte Regan schnell. Er könnte allmählich wirklich auf den Punkt kommen, dachte sie.

»Ja, nun.« Will nickte, sodass die Schweißperlen über seine

Stirn rollten. Dann räusperte er sich wieder. »Ich habe das Gefühl, hier gibt es ein paar Leute, die darauf aus sind, den guten Namen unseres Hotels in den Schmutz zu ziehen. In der letzten Zeit sind sehr viele Kleinigkeiten vorgekommen. Vielleicht steckt einer der Angestellten dahinter, keine Ahnung. Und dann der Tod von Dorinda Dawes … Ich glaube ehrlich gesagt nicht an einen Unfall.«

Regan beugte sich vor. »Wie kommen Sie dazu?«

»Ich habe sie gesehen, bevor sie ging, und sie sagte, sie würde jetzt sofort nach Hause gehen.«

»Haben Sie das auch der Polizei gesagt?«

»Ja. Aber sie wussten, dass sie oft am Strand entlang nach Hause ging. Sie meinen, sie könnte vielleicht doch noch Lust gehabt haben, die Füße ein wenig ins Wasser zu strecken. Schließlich war es gestern Abend sehr warm.«

»Aber Sie glauben nicht daran?«

»Nein. Regan«, fuhr er fort, »ich weiß, Sie sind eine sehr angesehene Detektivin.«

»Das wissen Sie?«

»Ja, ich habe mich im Internet über Sie informiert.«

»Oh.«

»Ich würde Sie gern für die nächsten Tage engagieren, damit Sie ein wenig mit den Leuten reden, die sich hier aufhalten. Vielleicht finden Sie irgendetwas Ungewöhnliches. Wir hatten in letzter Zeit ziemlich viele kleine Diebstähle. Ein paar Mal landeten Flaschen mit Sonnenmilch in den öffentlichen Toiletten und verursachten dort Überschwemmungen. Einigen Gästen ist unsere Salatbar überhaupt nicht bekommen, was sehr seltsam ist, da wir auf unsere Restaurants besonders viel Sorgfalt verwenden und wirklich stolz auf die Qualität unserer Verpflegung sind. Und jetzt der Tod von Dorinda Dawes.

Morgen wird es in allen Zeitungen stehen. Ich habe schon ein paar Anrufe von überregionalen Zeitungen bekommen, und das alles wegen dieser wertvollen Muschelkette, die sie um den Hals trug, und dem seltsamen Zufall, dass ausgerechnet diese Kette zu der Kette passt, die am Samstag auf unserem Ball versteigert werden soll. Und dieser Ball muss ein Erfolg werden!« Er nahm sein Glas und trank einen großen Schluck.

Regan wartete geduldig. Sie wusste, er hatte noch viel mehr zu erzählen.

»Ich habe Dorinda hier eingestellt. Ich weiß, dass sie den Leuten auf die Nerven ging, und jetzt fühle ich mich irgendwie verantwortlich für ihren Tod. Wenn sie nicht hier gearbeitet hätte, wäre sie gestern Abend irgendwo anders gewesen. Und wenn es einen Mörder hier im Waikiki Waters gibt, wer sagt uns denn, dass er oder sie nicht noch einmal zuschlägt? Irgendetwas geht hier vor, und ich wäre Ihnen wirklich dankbar, wenn Sie mir helfen könnten, es herauszufinden. Vielleicht sitzt der Mörder irgendwo in einem dieser Zimmer!« Er winkte mit der Hand hinüber zu den Hoteltürmen.

Wahnsinn, dachte Regan, es kann ja sein, dass er übertreibt, aber man weiß es ja wirklich nicht.

»Ich verstehe Ihre Sorge«, versicherte sie ihm leise, als der Kellner sich näherte, um den Wein zu servieren.

»Noch einen Wunsch, Mr Brown?«

»Nein, danke.«

Der Kellner trommelte einen kurzen Wirbel mit den Fingern auf seinem Tablett und zog sich an die Bar zurück.

Regan nahm einen Schluck Wein. »Wenn tatsächlich irgendjemand verantwortlich für den Tod von Dorinda Dawes ist, dann muss derjenige nicht unbedingt persönlich etwas mit ihr zu tun gehabt haben. Es könnte einfach ein zufälliger

69

Gewaltakt gewesen sein. Es könnte etwas mit der Muschelkette zu tun haben. Ich würde Ihnen wirklich gern helfen, Will, aber ich bin nur bis Montag hier.«

»Das ist schon in Ordnung. Ich würde mir nur wünschen, dass Sie ein bisschen die Augen und Ohren offenhalten. Und Sie werden auf dem Ball sein, wer weiß, was da alles passiert? Wir haben zwar Sicherheitsleute hier, aber ich hätte gern jemanden dort, der nicht so offensichtlich zum Hotel gehört. Vielleicht war Dorindas Tod wirklich ein Unfall, ich weiß es nicht. Aber hatten Sie nicht auch schon einmal das Gefühl, dass irgendetwas nicht stimmt, auch wenn Sie nicht genau sagen konnten, was?«

»Sicher«, gab Regan zurück.

»Manchmal erzählen einem die Leute nicht alles, gerade weil man der Chef ist. Ich wette, Sie bringen die Leute zum Reden. Ich weiß einfach nicht mehr, wem ich noch trauen kann.« Will nahm noch einen großen Schluck. »Ich will ganz offen sprechen, Regan. Ich habe auch ganz einfach Angst um meinen Job. Das alles ist unter meiner Verantwortung passiert, und die großen Jungs sehen so was gar nicht gern. Dorinda Dawes war inzwischen in der ganzen Stadt bekannt, aber nicht unbedingt im positiven Sinne, und die großen Jungs haben das Gefühl, ihr Leben und ihr Tod werfen ein schlechtes Licht auf das Hotel. Und vor allem auf mich, denn ich habe die Frau ja schließlich eingestellt.«

Kit sah Regan wieder mit hochgezogenen Augenbrauen an.

Er weiß viel mehr, als er mir erzählt, dachte Regan. »Leben Sie im Hotel?«, fragte sie ihn.

»Nein. Meine Frau Kim und ich haben ein kleines Haus oben an der Küste, etwa eine Dreiviertelstunde von hier entfernt.«

»Ihre Frau?« Regan versuchte, die Überraschung aus ihrer
Stimme zu halten. Er trug keinen Trauring und machte überhaupt nicht den Eindruck eines verheirateten Mannes. Was
immer das auch sein mochte.

»Ja. Wir sind seit zwei Jahren verheiratet. Wir haben über die
Weihnachtsfeiertage ihre Mutter in Nordkalifornien besucht,
und sie ist noch ein paar Wochen mit unserem Sohn dortge-
blieben. Morgen Abend kommen die beiden zurück.«

Ist ja interessant, dachte Regan. Vielleicht hatte der Mann
ein persönliches Interesse an Dorinda Dawes? Vielleicht hat er
einfach nur Angst, dass sein Name im Zusammenhang mit den
Ermittlungen ins Spiel gebracht wird, und jetzt will er mich
anheuern, damit das nicht passiert.

Kit hatte konzentriert zugehört. Regan hatte bemerkt, dass
auch Kit erstaunt war, zu hören, dass Will verheiratet war. Aber
er schien wirklich sehr besorgt zu sein. Er hat eine Frau und
ein Kind zu ernähren, und hier hat er einen guten Job, dachte
Regan. Wenn er den verliert, ist es mit seiner Glückssträhne
schnell vorbei. Sie wusste, einen Job wie diesen fand man auch
auf Hawaii nicht an jeder Ecke. Zu viele Leute standen bereit,
die gern im »Paradies« leben wollten.

Sie hatte durchaus Interesse, den Fall weiterzuverfolgen,
aber sie war hierhergekommen, um Kit zu treffen. Als könnte
sie ihre Gedanken lesen, sagte Kit im gleichen Augenblick:
»Regan, ich weiß, du willst diesen Auftrag. Mir macht das
nichts aus, solange wir ein wenig Zeit miteinander verbringen
können.«

»Ist Liebe nicht etwas Wunderbares?«, fragte Regan. Kit
lachte. »Ja, aber es hilft natürlich auch ein wenig, dass Steve uns
morgen am Strand treffen will.«

»Was haben wir doch beide für ein Glück.« Regan wandte

71

sich wieder Will zu. »Also, in Ordnung. Ich werde versuchen, Ihnen zu helfen. Aber jetzt brauche ich erst mal ein wenig Schlaf. Ich bin innerlich noch nicht ganz aus der Zeitzone von Los Angeles heraus. Soll ich Sie morgen früh in Ihrem Büro besuchen?«

Will sah aus, als hätte sich eine Zentnerlast von seinen Schultern gehoben. »Danke, Regan. Ich zahle jeden Preis. Und ihre nächste Reise nach Hawaii geht auf meine Kosten.«

»Geht in Ordnung«, stimmte Regan schnell zu, bevor er es sich anders überlegen konnte. »Morgen um neun?«

»Perfekt. Sagen Sie einfach an der Rezeption, Sie hätten eine Verabredung mit mir. Dann gibt es keine großen Fragen.«

»In Ordnung, ich bin um neun Uhr da.«

Will zog ein Taschentuch aus seiner Hosentasche und wischte sich das Gesicht, während ein neues hawaiianisches Lied durch die laue Nachtluft schwebte.

11

Du nimmst mich immer an so schön sichere Orte mit«, neckte Regan ihre Freundin Kit, als die beiden sich zu ihrem Zimmer begaben.

»Ja, das kann ich gut«, murmelte Kit. »Aber findest du nicht auch, dass es ein bisschen unheimlich ist, wenn man sich vorstellt, dass der Mörder von Dorinda Dawes hier im Hotel sein könnte?«

»Lass uns noch einen kleinen Spaziergang an den Strand machen«, schlug Regan vor.

»Ich dachte, du wärest müde.«

»Bin ich auch, aber jetzt denke ich noch über diesen Fall nach, und ich möchte sehen, wie es bei Nacht da draußen aussieht.«

Sie gingen am großen Swimmingpool vorbei, an dem abends gelegentlich eine Hula-Show lief, und traten auf den Strand hinaus, wo der ganze große Pazifische Ozean vor ihnen lag. Die Wellen liefen sanft auf dem Strand aus, und in der Brise wiegten sich ein paar Palmen. Mondlicht glitzerte auf dem Wasser, und die Lichter des Waikiki Waters und der anderen Hotels an diesem Küstenstreifen sorgten dafür, dass der Strand nicht allzu dunkel war.

Kit folgte Regan bis zur Flutlinie, wo Regan ihre Schuhe auszog und ins Wasser ging, bis es ihr über die Knöchel reich-

73

te. Dann wandte sie sich nach links und ging dicht am Ufer weiter. Kit tat es ihr gleich. Der Strand beschrieb eine geschwungene Linie und traf dann auf eine dunkle Bucht, die man vom Hotel aus nicht sehen konnte. Unmittelbar dahinter lag die Mole, wo Dorinda wohl oft haltgemacht und noch ein Weilchen gesessen hatte, wenn sie nach Hause ging.

Ein schmusendes Pärchen saß auf den Felsen der kleinen Bucht. Als die beiden Regan und Kit bemerkten, rückten sie ein bisschen auseinander.

Kit sah staunend zu, während Regan sich den beiden näherte und fragte: »Entschuldigung, kann ich Sie kurz sprechen?«

»Ich habe meiner Freundin gerade eben einen Heiratsantrag gemacht, müssen Sie uns gerade jetzt unterbrechen?«, fragte der junge Mann Regan fassungslos.

»Ich vermute, Sie waren gestern Abend nicht hier?«, bohrte Regan ungerührt weiter.

»Gestern Abend war es zu bewölkt. Ich hatte mir immer eine mondhelle Nacht vorgestellt, also habe ich noch einen Tag gewartet, und tatsächlich, heute scheint der Mond, deshalb kam mein Heiratsantrag heute.«

»Und ich vermute, sie hat Ja gesagt«, lächelte Regan.

»Aber sicher!«, rief die junge Frau. Sie hielt Regan ihre Hand hin und führte ihr den Diamantring an ihrem Finger vor.

Regan trat einen Schritt vor und beugte sich nach vorn. »Oh, ist der schön«, sagte sie mit Nachdruck. »Ich bin auch seit Kurzem verlobt.«

»Darf ich Ihren Ring mal sehen?«, fragte das Mädchen.

Regan hielt ihr die linke Hand hin.

»Der ist aber auch nicht von schlechten Eltern!«

»Danke«, schmunzelte Regan.

»Wo hat Ihr Freund Ihnen seinen Antrag gemacht?«, fragte der junge Mann. Allmählich schien er aufzutauen.

»In einem Heißluftballon.«

»Das klingt ja toll«, rief das Mädchen. »In einem Heißluftballon!«

Der junge Mann verzog das Gesicht. »Darauf hätte ich auch kommen können.«

»Nein, mein Schatz, ein mondheller Strand ist doch der perfekte Ort dafür.« Sie lehnte sich an ihn und gab ihm einen Kuss, den er zweifach erwiderte.

»Waren Sie gestern Abend überhaupt nicht hier draußen?«, fragte Regan noch einmal.

»Nein. Ich bin hier gewesen, um nachzusehen, ob der Rahmen passte, aber es war eben viel zu bewölkt, also sind wir tanzen gegangen.«

»Wann war das etwa?«

»Kurz nach zehn.«

»Und haben Sie irgendwelche Leute am Strand bemerkt?«

»Nicht viele. Manchmal kommen noch ein paar hier vorbei, aber der Pool schließt um zehn. Die Freiluftbar ist allerdings länger geöffnet. Wir waren dort und haben etwas getrunken, und da waren schon ein paar Leute, die noch an den Strand spazierten, um einen kurzen Blick aufs Meer zu werfen, bevor sie schlafen gingen. Aber die meisten Gäste sind ja den ganzen Tag am Strand, da müssen sie nicht auch noch am späten Abend dort sein, verstehen Sie?«

»Haben Sie jemanden im Wasser gesehen? Schwimmer?«

Er schüttelte den Kopf. »Nein. Bei Nacht schwimmt hier doch niemand, das ist doch viel zu gefährlich. Es gibt Strudel und starke Strömungen hier draußen, und wenn man weggezogen wird und niemand da ist, der einen sieht und helfen könnte, dann ist man verloren. Wir haben hier vorn nur mal die Füße ins Wasser gehalten, da kann man die Strömung gleich spüren.«

»Ja, das habe ich auch getan«, sagte Regan.

»Versuchen Sie herauszufinden, wie diese Frau ertrunken ist?« Bevor Regan antworten konnte, sprach er schon weiter. »Ich habe den Eindruck, viele Menschen machen einen Strandspaziergang, wenn sie aufgeregt sind und sich beruhigen wollen.«

»Jason!«, protestierte seine Verlobte.

»Stimmt doch, Carla.« Er wandte sich Regan wieder zu. »Ich bin heute Nacht um drei aufgewacht, und da war sie fort. Ich war außer mir vor Schreck. Wo ist sie?, dachte ich natürlich. Ich habe mich angezogen, aber da kam sie schon wieder herein, sagte mir, sie hätte nicht schlafen können und deshalb einen Strandspaziergang gemacht. Nachts um drei! Ich habe ihr gesagt, es wäre schon nett, wenn sie mir wenigstens einen Zettel hinlegen könnte. Und jetzt sagt sie mir, sie war so fertig, weil sie ganz sicher gedacht hatte, ich würde ihr gestern Abend einen Heiratsantrag machen. Und nichts war's. Dabei war gestern unser Jahrestag. Verstehen Sie, der Tag, an dem wir uns kennengelernt haben. Vor zehn Jahren.«

Zehn Jahre, dachte Regan. Nur gut, dass Jack nicht so lange gebraucht hat, um sich zu entschließen.

»Sie kam Mitte der siebten Klasse zu uns in die Schule.«

»Wir sind immer viel umgezogen, weil mein Vater beruflich sehr mobil sein musste«, erklärte Carla. »Aber was den Spaziergang heute Nacht angeht, so bin ich gar nicht sehr weit gegangen, denn es war mir doch ganz schön unheimlich. Ich habe mir dann gedacht, wenn er mir keinen Antrag macht, dann muss es wohl so sein. Andere Mütter haben auch schöne Söhne.«

»Oh, vielen Dank, mein Schatz.« Sie gab ihm einen Klaps auf den Arm.

»Du weißt schon, wie ich das meine.«

»Haben Sie irgendjemanden hier draußen gesehen?«, fragte Regan.

»Keine Menschenseele, deshalb habe ich mich ja so gefürchtet. Am Ende bin ich wirklich zurückgerannt. Und ein paar Stunden später wurde ja dann diese Tote angeschwemmt. Das muss man sich mal vorstellen, du lieber Himmel!«

Ihr Verlobter zog sie dicht an sich. »Du darfst mich nie mehr so allein lassen.«

»Das werde ich auch nicht tun.«

Sie küssten sich wieder.

»Wir lassen Sie zwei jetzt allein«, sagte Regan schnell. »Aber wenn Ihnen noch etwas einfällt, irgendetwas, was Ihnen seltsam vorkommt, dann wäre es nett, wenn Sie mich informieren würden. Egal was, auch wenn es Ihnen noch so unbedeutend erscheint. Es könnte sehr wichtig sein. Das Hotel möchte schließlich, dass seine Gäste sich sicher fühlen können. Und man kann nie vorsichtig genug sein.«

Sie sagte ihnen ihren Namen, ihre Zimmernummer und ihre Telefonnummer.

»Sicher«, sagte das Mädchen. »Im Moment kann ich nur einfach nicht so richtig klar denken, dafür bin ich viel zu aufgeregt. Aber wenn mir noch etwas einfällt, rufe ich Sie an. Ich heiße Carla. Wir wohnen im Coconut Tower.«

»Danke, Carla.«

Regan und Kit gingen nun tatsächlich zurück zu ihrem Zimmer.

Kit ließ sich aufs Bett fallen.

»Du bist wirklich erstaunlich. Niemand sonst könnte unge-

77

straft ein Pärchen stören, das sich gerade verlobt hat, und auch noch als so eine Art beste Freundin enden.«

»Ich weiß nicht so recht, ob ich ihre beste Freundin bin«, erwiderte Regan. »Aber wenn sie mich noch mal anrufen und irgendetwas haben, was den Tod von Dorinda Dawes aufklären hilft, dann sind sie meine besten Freunde, so viel ist sicher. Und ich habe das unbestimmte Gefühl, Carla wird das dringende Bedürfnis haben, zu reden, sobald die Aufregung wegen der Verlobung sich ein bisschen gelegt hat. Glaub mir, wir hören noch von ihr.«

12

Ned und Artie saßen in ihrem Zimmer. Es war eigentlich nicht so klein, aber für zwei Erwachsene, vor allem für zwei Erwachsene, die tagsüber möglichst nicht allzu viel Zeit miteinander verbringen wollten, war es eindeutig *zu* klein. Und was die Nächte anging … Artie liebte es, CDs mit meditativer Musik hören, während er einschlief. Ned wurde halb wahnsinnig dabei, und er bestand darauf, den Sportkanal im Fernsehen laufen zu lassen, was Artie fürchterlich fand.

Keine Zimmervermittlung hätte die zwei zusammengespannt, aber die Zwillinge hatten die Gelegenheit beim Schopf ergriffen, etwas Geld zu sparen, also hatte Artie keine andere Wahl. Er konnte sich nicht gut beschweren, nachdem er für die Reise nichts bezahlen musste, und wie Gert und Ev immer wieder betonten, schliefen schließlich alle in Doppelzimmern, und wenn man an einem so wunderbaren Ort wie Hawaii ist, sollte man das Zimmer sowieso nur zum Schlafen nutzen.

Ned liebte seinen Job im Waikiki Waters wirklich. Er wohnte im Hotel und war deshalb irgendwie immer in Rufbereitschaft, aber das machte ihm nichts aus. Er stand ohnehin ständig unter Strom. Manche Kollegen bezeichneten ihn als intensiv. Manche hielten ihn schlicht für durchgeknallt.

Wie auch immer – inzwischen war es jedenfalls Mitternacht, und Ned trainierte immer noch. Einhundert Sit-ups, vorher würde er sich nicht ins Bett legen. Artie hingegen lag bereits in den Federn, den Kopfhörer seines CD-Spielers auf den Ohren und die Augen vor dem hellen Deckenlicht fest geschlossen. Er hatte sich sogar die Bettdecke übers Gesicht gezogen. Schließlich nahm er den Kopfhörer ab.

»Ned, könnten wir *bitte* das Licht ausmachen? Ich brauche wirklich meinen Schlaf.«

»Ich muss erst meine Sit-ups fertig machen«, keuchte Ned.

»Ich dachte, es sei gar nicht gut, unmittelbar vor dem Schlafen noch zu trainieren«, klagte Artie.

»Ich finde das sehr entspannend.«

»Gestern bist du schwimmen gegangen. Warum tust du das heute nicht wieder?«

»Mach doch einfach noch deinen Strandspaziergang, Artie. Du hast bisher jeden Abend einen Strandspaziergang gemacht, nur heute nicht, und dabei habe ich das Gefühl, du könntest ihn gut gebrauchen.«

»Ich schließe normalerweise gern den Tag in Gedanken ab, wenn ich am Strand entlanggehe. Aber heute bin ich zu müde.«

»Worüber denkst du nach?«, fragte Ned, der dabei unermüdlich weiter seine Sit-ups zählte.

»Na, zum Beispiel, ob ich nicht aus Hudville wegziehen sollte.«

»Warum?«

»Ach, weißt du, es regnet so viel, und es gibt nicht sehr viele Leute, die bereit sind, Geld für eine Massage auszugeben. Ich habe schon überlegt, ob ich nicht nach Schweden ziehen soll. Angeblich sollen Massagen dort sehr populär sein.«

Ned verdrehte die Augen. »Da gibt es bestimmt Massen von Masseuren. Vielleicht solltest du hierher nach Hawaii kommen, so wie ich. Ich bin letztes Jahr hierhergezogen, als ich mich von meiner Frau getrennt hatte, und mir geht es jetzt viel besser.«

»Na, ich weiß nicht«, sagte Artie und rang die Hände über der Bettdecke. »Ich bin so unruhig. Ich habe das Gefühl, da draußen gibt es noch sehr viele Dinge, die ich ausprobieren sollte.«

»Diese Entspannungs-CDs scheinen ja nicht besonders gut zu wirken«, bemerkte Ned.

»Mach dich nicht über meine CDs lustig.«

»Nein, mache ich ja gar nicht. Wollen wir noch eine Runde laufen?«

»Jetzt?«

»Warum denn nicht? Du bist dermaßen angespannt! Beim Laufen kannst du Stress abbauen, und danach schläfst du wie ein Murmeltier.«

»Ich würde jetzt schon wie ein Murmeltier schlafen, wenn wir hier endlich mal das Licht ausmachen könnten.«

»Achtundneunzig, neunundneunzig, einhundert. Fertig.« Ned sprang auf. »Ich gehe nur noch schnell duschen, und dann machen wir sofort das Licht aus.«

Ich ertrage es keinen Tag länger, dachte Artie. Keinen Tag länger.

Ein Stück weiter den Korridor hinunter lagen die Wiltons nebeneinander im Bett und diskutierten über ihr Kapitel aus dem Buch über aufregende Zweierbeziehungen.

Bob war der Ansicht, Betsy sei gelegentlich ein bisschen arg eifersüchtig. Er machte halt gern seine Späße mit den Damen, ganz harmlos natürlich, aber Betsy verstand da keinen Spaß. Das brachte durchaus ein wenig Aufregung in ihre Zweierbeziehung, aber es war nicht die richtige Sorte Aufregung. Manche Paare stritten gern, um sich dann umso leidenschaftlicher versöhnen zu können. Nicht so Betsy Wilton.

»Also, zum Beispiel«, begann Bob und faltete die Hände über der Brust, »als diese Frau, die inzwischen ertrunken ist, uns gestern Abend fotografiert hat und ich zu ihr gesagt habe, dass sie wunderbar duftet, hast du mich schon wieder schief angesehen. Dann bist du abgerauscht und aufs Zimmer gegangen.«

»Und weißt du auch, warum? Du konntest nur feststellen, wie sie duftete, indem du ihr den Arm um die Taille gelegt hast und sie an dich gedrückt hast. Und alles nur, weil sie uns fotografiert hat? War das denn nötig?«

Bob dachte einen Augenblick darüber nach. »Das ist doch jetzt vollkommen gleichgültig.«

»Nein, das finde ich nicht.«

»Aber sie ist tot!«

»Allerdings.«

»Als ich in unser Zimmer kam, hast du fest geschlafen.«

»Ich habe eine Schlaftablette genommen.«

»Na, dann war es ja kein Wunder, dass du vollkommen weg warst.« Bill lächelte boshaft. »Verstehst du, Dorinda Dawes trug eine Muschelkette, als sie starb. Ich finde Muschelketten sehr sexy. Mal sehen, ob ich dir morgen eine kaufen kann. Schlaf gut, Liebling.«

»Gute Nacht«, sagte Betsy und starrte an die Decke. Seit er an diesem Kapitel schreibt, wird es immer schlimmer mit ihm, dachte sie. Es wird allmählich richtig unheimlich.

Zwei Frauen in einem Doppelzimmer sind eine Herausforderung. Zwei Frauen mit einem Altersunterschied von dreißig

Jahren in einem Doppelzimmer sind die Hölle. Aber zum Glück waren Francie und Joy wenigstens beide ziemlich unordentlich. In dieser Hinsicht passten sie zusammen, als hätte der Himmel seine Finger im Spiel gehabt. Die Ablage im Bad war voll mit Flaschen und Dosen mit Make-up, Cremes, Sonnenmilch und Haarpflegeprodukten aller Art. Handtücher und Kleider lagen an mehreren Stellen in großen Haufen herum.

Wäre Joy ein klein wenig älter gewesen, hätten die beiden womöglich gute Freundinnen werden können. Aber Joy war noch kräftig dabei, sich die Hörner abzustoßen, und hatte keinerlei Interesse an Menschen jenseits der fünfundzwanzig. Als sie auf Zehenspitzen das Zimmer betrat, war es drei Uhr in der Nacht. Sie hatte sich einer Gruppe von jungen Leuten angeschlossen, die im Hotel arbeiteten, sie waren zu *Duke's* gegangen und hatten dann noch ein Weilchen am Strand vor dem Restaurant gefeiert. Zeke, der Rettungsschwimmer, in den sie sich verknallt hatte, war auch dabei gewesen, und sie hatten sich den ganzen Abend unterhalten. Er hatte sie nicht zu ihrer Zimmertür gebracht, weil das den Angestellten verboten war, aber er hatte sich mit ihr für den nächsten Abend an der Bar des Sheraton Moana verabredet. Joy war restlos begeistert. Diese Aussicht würde ihr den Tag mit der Reisegruppe einigermaßen versüßen.

Sie versuchte, leise zu sein, als sie ins Bad schlüpfte und sich dort auszog. Sie nahm ihr Schlaf-T-Shirt vom Boden und zog es sich über. Zum Abschminken war sie zu müde, ein kurzes Zähneputzen – ein ganz kurzes Zähneputzen – ließ sich aber nicht vermeiden.

Mit angehaltenem Atem schaltete sie das Badezimmerlicht aus und öffnete im Zeitlupentempo die Tür. Fünf Sekunden später lag sie unter ihrer Bettdecke. Wunderbar, dachte sie und entspannte sich. Da hörte sie von der anderen Seite des Nachttischs Francies Stimme. »Wie war der Abend? Ich will alles wissen.«

O Gott, dachte Joy. Das halte ich nicht aus.

Gert und Ev hatten eine Suite mit einem Wohnzimmer und einem Schlafzimmer, das für sich genommen schon größer war als die Zimmer der anderen Reisegefährten. Aber das war logisch, schließlich leiteten sie die Gruppe. Sie versuchten, bei jeder Reise dieselben Zimmer zu buchen, aber das war natürlich nicht immer möglich.

Immerhin gelang es ihnen immer, Zimmer nebeneinander zu bekommen, mit verbundenen Balkons und mit Meerblick. Manchmal standen die Glücklichen Sieben nebeneinander auf ihren Balkons und plauderten. Man konnte der Gruppe einfach nicht entgehen.

Gert und Ev, die ihr ganzes Leben lang zusammengelebt hatten, waren so aufeinander eingestellt, wie zwei Menschen es nur sein können. Sie trugen immer noch dieselben Kleider, benutzten dieselbe Kosmetik, und inzwischen teilten sie auch das ein oder andere Zipperlein.

Ev war ein wenig strenger als Gert, sie mochte die Leute aus der Reisegruppe nicht immer.

»Diese Wiltons sind wirklich Nervensägen«, rief sie Gert aus dem Bad zu, während sie ihre Zähne mit einem Stück Zahnseide bearbeitete.

»Du hast recht, mit dem Sonnenschein ist es bei denen nicht weit her«, stimmte Gert ihr zu.

»Ich bin froh, dass wir morgen einen freien Tag haben. Das wird Spaß machen!«

»Ich kann es kaum erwarten.«

Ev warf die Zahnseide in den Mülleimer, wusch sich noch einmal die Hände, spülte sich den Mund aus und kam aus dem Bad. Schwungvoll ließ sie sich auf ihr Bett fallen. »Meinst du, wir können morgen ein paar gute Geschäfte machen?«

Gert warf ihrer Zwillingsschwester ein breites Lächeln zu. »Aber sicher. Morgen werden wir richtig gute Geschäfte machen, Schwesterherz.«

Dann schüttelten sie sich verschwörerisch die Hände, sprachen ein Nachtgebet für ihre verstorbenen Eltern und ein Extragebet für Sal Hawkins, und schliefen ein.

13

Freitag, 14. Januar

Regan, die mit dem Kopf noch halb in der Zeitzone von Los Angeles steckte, war früh wach geworden, hatte sich angezogen und Kit eine Nachricht hinterlassen. Die Freundin schlief noch fest. Um sieben Uhr machte Regan schon einen ausgedehnten Strandspaziergang. Da sie sich mit dem großen Büffet im Hauptrestaurant nicht belasten wollte, ging sie zum Frühstücken in eines der kleineren Cafés.

Es tat gut, so früh auf zu sein. Die Luft war noch kühl, der Strand ruhig und still. Immer wenn Regan es wieder einmal geschafft hatte, mit den Hühnern aufzustehen, sagte sie sich, dass sie das öfter tun sollte. Aber irgendwie wurde nie etwas daraus. Es klappte nur, wenn sie früh schlafen ging oder wenn sie innerlich noch in einer anderen Zeitzone war.

Im Ananas-Café setzte sie sich an die Bar. Das Waikiki Waters versuchte, für verschiedene Zielgruppen etwas zu bieten, also gab es auch alle möglichen Arten von Restaurants. Dieses Café hier machte den Eindruck eines Coffeeshops in New York, wenn man einmal davon absah, dass die Tapeten Ananasfelder zeigten. Regan griff nach dem Stapel lokaler Tageszeitungen, die den Gästen zur Verfügung standen. Sie zog die oberste Tageszeitung zu sich heran, als die Bedienung zu ihr kam.

»Kaffee?«, fragte sie und begann einzuschenken, bevor Regan noch geantwortet hatte. Vermutlich bekommt sie nicht

86

sehr viele ablehnende Antworten, dachte Regan. »Ja, bitte«,
sagte sie unnötigerweise, während sie die Titelseite der Zeitung anstarrte. Dort war das Foto einer lächelnden, attraktiven
Frau zu sehen, die eine große Orchidee im Haar trug: Dorinda Dawes, das tragische Opfer eines Unfalls am Strand vor dem
Waikiki Waters.

»Schlimm, nicht wahr?«, bemerkte die Bedienung.

Regan sah die Frau an, die wohl Ende sechzig war, ein ganzes Stück älter als die meisten anderen Angestellten des Hotels.
Sie trug das Haar in einem glatten Pagenschnitt, war dunkel
gebräunt und hatte ein trockenes Lächeln. Ein Namensschild
in Form einer Ananas verriet, dass sie Winnie hieß, und dane-
ben trug sie etwa ein Dutzend Buttons mit allerlei Lebens-
weisheiten auf ihrer pinkfarbenen Jacke. Einer davon besagte:
»Lebe jeden Tag, als wäre es dein letzter. Eines Tages wirst du
recht behalten.« Wie passend, dachte Regan und fragte dann:
»Kannten Sie Dorinda Dawes?«

»Ich habe sie ab und zu mal gesehen. Aber wissen Sie, ich
arbeite hier ja nur, wenn die jungen Leute sich krank melden.
Wenn eine gute Brandung steht, kann man ziemlich sicher
sein, dass sie alle urplötzlich eine böse, böse Erkältung bekommen. Und dann rennen sie mit ihren Surfbrettern los. Wer will
es ihnen verdenken, deshalb sind sie ja hier. Also hat das
Management es sich zur Gewohnheit gemacht, ein paar ältere,
verlässliche Leute in der Hinterhand zu behalten, die man in
solchen Fällen einsetzen kann.« Sie hob die Augenbrauen. »So
komme ich ab und zu mal raus. Und ich muss sagen, es macht
mir Spaß. Ich kann ja jederzeit Nein sagen, wenn ich keine
Lust habe, und manchmal tue ich das auch.«

»Gut, wenn man sich das leisten kann«, bemerkte Regan
und blickte wieder auf die Zeitung. »Soweit ich gehört habe,

fragt sich jeder, wie sie eigentlich an diese alte Muschelkette gekommen ist.«

»Ich weiß, ich weiß«, unterbrach die Bedienung. Sie senkte die Stimme. »Es heißt, sie lief den ganzen Abend herum und hat Leute fotografiert und wieder mal zu viele Fragen gestellt. Und allmählich hatten die Leute wohl genug davon. Dann hat sie gesagt, sie müsste jetzt nach Hause und ihre Hauszeitung fertig machen. Und das Nächste, was man von ihr gesehen hat, war ihre Leiche, die am Strand angeschwemmt wurde und diese Muschelkette um den Hals trug, die man vorher nie bei ihr gesehen hatte.«

»Hatte sie getrunken?«, fragte Regan.

»Keine Ahnung, ich war ja nicht die ganze Zeit dabei. Aber ich habe sie gesehen, mit einem Weinglas in der einen Hand und der Kamera in der anderen. Meine Freundin Tess arbeitet hier, und wir haben gestern Abend noch telefoniert. Dorinda war der Mittelpunkt jeder Cocktailparty. Sie fotografierte, fragte die Leute alles Mögliche. Reichlich lästig, würde ich sagen.« Winnie sprach wieder leiser. »Wenn Sie meine Meinung hören wollen, dann würde ich sagen, sie war schwer auf Männerjagd. Und warum auch nicht? Sie war ein hübsches Ding. Und manche Kerle, die hier so zu Tagungen unterkommen, sehen schon ziemlich gut aus. Das Problem ist nur, die meisten sind verheiratet. Aber ich kann ihnen sagen, flirten konnte sie.« Winnie nickte heftig, um ihren Worten Nachdruck zu verleihen. »Wissen Sie, was Tess und ich über sie gedacht haben? Sie war eine von den Frauen, die Männer über alles lieben, aber Frauen vollkommen links liegen lassen. Haben Sie so eine schon mal getroffen?«

O ja, dachte Regan. Und sie ist noch am Leben und heißt Jazzy.

14

Um eine Minute nach neun saß Regan in dem Sessel vor Wills Schreibtisch. Er machte einen ziemlich erschöpften Eindruck, fand sie. Dieser Mann hatte wirklich einiges um die Ohren. Sein leuchtend blau und weiß gemustertes Hawaiihemd konnte über seine graue Gesichtsfarbe nicht hinwegtäuschen.

»Gut geschlafen?«, fragte er sie.

»Ein paar Stunden, ja, aber ich bin früh wach geworden. Und selbst?«

»Ging so. Aber es liegt auch daran, dass ich daran gewöhnt bin, meine Frau und meinen Sohn in der Nähe zu haben, wenn ich schlafe. Ich bin froh, wenn sie heute Abend endlich wieder hier sind. Und es wird mir noch besser gehen, wenn dieser Prinzessinnenball erst vorbei ist.«

Regan nickte und zog die Zeitung aus ihrer Tasche. »Haben Sie das hier gesehen?«, fragte sie mit einem Blick auf die erste Seite und den Artikel über Dorinda Dawes.

»Heute früh um halb sieben.«

»Ich fand es interessant, zu lesen, dass Dorinda Dawes eine Artikelserie über Hawaii für ein neues Reisemagazin schrieb. Sie hat darin wohl über Leute geschrieben, die ihren Beruf aufgegeben haben und nach Hawaii gezogen sind.«

»In den paar Monaten, die sie hier war, hat sie unheimlich

viele Leute kennengelernt. Irgendwie war sie einfach überall. Am Anfang hat mir das nichts ausgemacht, schließlich konnte sie von dem, was wir ihr für die Hauszeitung bezahlten, nicht leben. Aber sie plante auch, eine eigene Klatschpostille über Waikiki und Honolulu herauszugeben. Und zu mir hat sie einmal gesagt, sie sei auf der Suche nach den richtig großen Enthüllungsgeschichten. Das hat mich dann doch einigermaßen nervös gemacht. Ich habe darauf bestanden, dass unsere Hauszeitung ihren freundlichen Ton behält, und es war nicht leicht, ihr das immer wieder klarzumachen. Sagen wir, sie hatte kein besonderes Talent dafür, nett zu sein. Aber wer mietet sich denn in einem Hotel ein, in dem er in der Hauszeitung gehässige Kommentare über sich findet? Die erste Nummer, die sie schrieb, handelte von all den Promis, die hier absteigen, und das konnte man so einfach nicht drucken.«

»Ich habe davon gehört.«

»Ehrlich?«

»Ja, von einem Mädchen namens Jazzy.«

Will verdrehte die Augen. »Auch so eine. Sie versucht, sich überall dazwischenzudrängeln. Für den Ball organisiert sie die Geschenktaschen.«

»Das hat sie mir auch schon erzählt. Sie scheinen sie nicht besonders zu mögen.«

»Jazzy hat nur ein Interesse, und das ist sie selbst. Na ja, und ihr Chef. Er unterstützt den Ball, weil er versucht, eine eigene Modelinie zu lancieren. Für die Geschenktaschen hat er Hawaiihemden und Muumuus gestiftet.«

»Davon hat sie nichts erzählt. Haben Sie die Kleider gesehen?«

»Nein, aber soweit ich weiß, sind Muschelketten als Muster darauf. Das passt ja ganz gut zum Thema des Balls.«

»Ich habe den Eindruck, der Ball ist für das Hotel wirklich sehr wichtig.«

Will nickte. »Unser erstes Großereignis seit der Renovierung. Und es ist ein sehr wichtiger Ball für die Organisationen, die von dem Erlös profitieren.«

»Welche Organisationen sind das?«

»Das Seashell Museum und eine Gruppe namens Aloha Artists. Künstler. Eigentlich eher eine Gruppe von Leuten, die sich zusammengetan haben, um ein Studio für junge Künstler und Bildhauer und Kunsthandwerker zu bauen, für junge Leute, die echte hawaiianische Kunst machen. Die Künstler können das Studio benutzen, um zu arbeiten und sich zu treffen. Manchmal sind Gastkünstler da, und sie versuchen auch, richtige formelle Kurse zu geben. Deshalb ist die Versteigerung dieser königlichen Kette eine so große Sache. Sie zeigt, wie wichtig die einheimische Kunst ist und wie gut Kunst von einer Generation zur anderen weitergegeben werden kann. Und nachdem jetzt die Kette von Liliuokalani auch noch gefunden wurde, ist der Vorstand von Aloha Artists natürlich vollkommen aus dem Häuschen. Sie wollen jetzt beide Ketten versteigern, wenn das irgendwie möglich ist, ohne pietätlos zu sein. Schließlich wurde ja eine der Ketten bei einer Toten gefunden. Und natürlich müssen sie noch den Besitzer des Seashell Museums überzeugen, dass er die Kette für die Versteigerung rausrückt.«

Regan hob die Augenbrauen. »Ich hatte mir vorgenommen, das Museum heute Vormittag zu besuchen und zu sehen, ob ich mit jemandem darüber sprechen kann, wann die Kette gestohlen wurde. Vielleicht komme ich auf diese Weise ein bisschen weiter. Ich kann mir nicht helfen, ich habe einfach das Gefühl, die Kette hat etwas mit Dorinda Dawes' Tod zu tun.

Und wenn ich herausfinden kann, woher sie die Kette hatte, dann hilft mir das vielleicht herauszufinden, warum sie sterben musste.«

»Klingt vernünftig«, stimmte Will mit kaum noch hörbarer Stimme zu.

»Inzwischen könnten Sie mir vielleicht alle Hauszeitungen heraussuchen, die Dorinda Dawes geschrieben hat. Ich würde sie mir gern ansehen.« Regan blickte noch einmal auf die Tageszeitung. »Und dann hätte ich auch gern die Nummern von diesem Reisemagazin. Hier steht, es heißt *Paradise.*« Regan sah Will wieder an. »Wissen Sie, wen sie für diese Artikel interviewt hat?«

Will zog die Schultern hoch. »Es ist ein Magazin, das monatlich erscheint. Bisher ist nur ein Artikel erschienen, diesen Monat. Sie arbeitete an einem zweiten, das weiß ich. Irgendwas hat sie gesagt, dass sie hinüber nach Big Island müsste, um mit jemandem zu sprechen. Ein Interview. Ich muss zugeben, ich habe diese Zeitschrift nie gelesen. Dorinda hat so schrecklich viel geredet, ich habe die Ohren meistens auf Durchzug gestellt. Aber ich sehe zu, dass ich den Artikel für Sie auftreibe, wir legen das Magazin für unsere Gäste im Wellnessbereich und in der Schönheitsfarm aus.«

»Danke. Was ich noch fragen wollte – hatte Dorinda ein Schließfach hier?«

»Nein, so etwas haben nur die Angestellten, die Uniform tragen.«

»Wann haben Sie Dorinda am Mittwochabend zuletzt gesehen?«

»Gegen halb zwölf. Wir haben beide lange gearbeitet, sie hatte ein paar Fotos gemacht und war wie immer durch die Bars und Restaurants gezogen, um zu sehen, ob sich irgendwer fotografieren lassen wollte. Irgendwann steckte sie den Kopf herein und verabschiedete sich. Die Kamera hatte sie noch in der Hand, und ich glaube, sie trug eine Tasche über der Schulter.«

»Ich nehme an, sie trug *nicht* die Muschelkette.«

»Nein.«

»Und ihre Tasche ist bisher nicht aufgetaucht.«

»Nein.«

Regan schob den Sessel zurück und stand auf. »Ich werde mit dem Taxi zum Museum fahren. Sie sind vermutlich hier, wenn ich zurückkomme, oder?«

Will sah sie mit weit aufgerissenen Augen und besorgtem Blick an. »Wohin sollte ich wohl gehen?«

15

Das Seashell Museum lag etwa zwanzig Autominuten vom Hotel entfernt. Regan blickte aus dem Fenster, während das Taxi die Hauptstraße von Waikiki entlangfuhr, immer Richtung Diamond Head. Es war ein wunderbarer Freitagmorgen, überall wurde eingekauft, die ersten Schwimmer gingen über die Straße zum Strand, Surfbretter und Boogie Boards unter dem Arm. Das Wasser sah blau und einladend aus, es war angenehm warm, und die Sonne strahlte von einem wolkenlosen Himmel. Hawaii wie aus dem Reiseprospekt.

Regan dachte an Dorinda Dawes. Sie hörte sehr unterschiedliche Dinge über die Frau, offenbar war es so, dass man sie entweder liebte oder hasste. Sie würde noch mit vielen Menschen über Dorinda sprechen müssen, aber zuerst wollte sie sich die Hotelzeitung und dieses Reisemagazin ansehen.

Vor dem Museum, das auf einem Hügel oberhalb des Strandes lag, bezahlte Regan den Taxifahrer und stieg aus. Das Museum war wunderschön, etwas einsam gelegen. Eine Handvoll Autos parkte davor, der Eingang war auf der Rückseite des Hauses. Regan folgte dem Fußweg zur Eingangstür, trat ein und hörte von dem jungen Mädchen hinter der Kasse, dass erst um zehn Uhr geöffnet wurde. Das Mädchen hatte glänzend schwarzes langes Haar, das mit einer Orchidee geschmückt war.

»Eigentlich«, erklärte Regan und reichte dem Mädchen ihre Visitenkarte, »würde ich nur gern mit jemandem sprechen, der mir etwas zu der Muschelkette sagen kann, die gestern bei der Toten gefunden wurde. Soweit ich weiß, wurde die Kette an das Museum zurückgegeben.«

Das Mädchen warf Regan einen schrägen Blick zu. »Da müssen Sie mit Jimmy reden. Er ist Conchologe, und ihm gehört das Museum.«

»Conchologe?«

»Einer, der alles über Muscheln und all dieses Zeug weiß. Er ist unten am Strand, Sie können ruhig hingehen.«

»Vielleicht sollte ich lieber hier warten …«

Das Mädchen winkte Regan mit der Hand zu. »Ach was, gehen Sie ruhig runter.«

»Gut, danke schön. Wie sieht er aus?«

»Er ist groß, ziemlich alt, fast kahl, und er wird im Schneidersitz am Strand sitzen.«

Regan lächelte. »Woher wissen Sie das mit dem Schneidersitz?«

»Weil er immer seine Füße ansieht. Er geht so viel am Strand entlang, dass er dauernd irgendwelche Schnittwunden von den Muscheln hat. Und die Narben faszinieren ihn.«

»Höchst interessant«, murmelte Regan mehr zu sich selbst, ging wieder hinaus und blieb kurz stehen. Der Blick auf den Pazifik war atemberaubend. Sie atmete tief die frische, duftende Luft ein und ging dann über die Steinstufen an der Seite des Museums hinunter zum Strand.

Es war kein Problem, Jimmy zu finden.

Er war wirklich sehr groß, und er saß im Schneidersitz im Sand. Die Augen hatte er geschlossen, und er trug etwas, was fast wie eine Toga aussah. Regan erinnerte sich an Verbindungspartys auf dem College, wo solche Kleidungsstücke getragen worden waren. Da war es ziemlich wild zugegangen, aber auf dieser Party hier war Jimmy der Einzige, und es war eher ruhig. Niemand sonst war zu sehen. Er sah aus wie eine Art Guru. Seine braune Haut war tief gebräunt, und die schwache Brise bewegte die wenigen Haare, die er noch auf dem Kopf hatte. Die Augen hielt er immer noch geschlossen.

Regan, die vermutete, dass er meditierte, blieb ein paar Schritte hinter dem einsamen Strandgast stehen. Sie überlegte, was sie tun sollte, als er auch schon die Augen aufschlug und sich zu ihr umwandte.

»Sei gegrüßt. Du suchst Jimmy?« – »Ja.«

»Jimmy ist hier.«

»Hallo, Jimmy«, antwortete Regan, die sich fragte, warum er in der dritten Person von sich sprach. Am liebsten hätte sie geantwortet: »Regan Reilly ist auch hier.«

»Gefällt dir der Strand?«, fragte Jimmy mit fast ein wenig anklagendem Ton.

»O ja.« Regan machte eine Handbewegung zum Meer hin. »Leider kann ich mit meiner hellen Haut die Sonne nicht so gut vertragen.«

Jimmy sah sie streng an.

Er hält mich für bescheuert, dachte Regan. Aber was soll's? »Ich wohne im Waikiki Waters, da kann ich mir einen Sonnenschirm ausleihen, damit ich die Brandung und den Sand genießen kann.«

Endlich zeigte Jimmys Blick so etwas wie Interesse. »Im Waikiki Waters. Da ist gestern eine Frau ertrunken. Sie hat eine ganz besondere Kette getragen, die hier aus dem Museum gestohlen worden war.« Er deutete mit der Faust zu dem Haus. »Was hat sie bloß mit meiner Kette gemacht?«

»Ich weiß es nicht, Jimmy«, antwortete Regan. »Aber ich habe erfahren, dass Sie mir einiges über die Geschichte der Kette erzählen können.« Sie holte ihren Ausweis aus der Tasche. »Das Hotel hat mich beauftragt, den Tod der Frau zu untersuchen. Die Polizei glaubt an einen Unfall, aber der Hotelmanager ist sich da nicht so sicher. Und die Sache mit der Muschelkette macht die Sache noch komplizierter.«

»Magst du Ananassaft?«

»Ich muss sagen, ich trinke ihn nicht sehr oft, aber gelegentlich genieße ich ein Glas, ja.«

»Gut. Wir gehen jetzt ins Museum. Dann zeige ich dir die Kette, und wir können reden. Ich arbeite seit fünfzig Jahren hier. Jetzt gehört mir das Museum. Es ist nicht sehr groß, aber wir haben sehr wertvolle Muscheln hier.« Er stützte sich mit den Händen im Sand ab und kam etwas mühsam zum Stehen hoch. Er war über einsachtzig groß und hatte einen riesigen Bauch, aber seine Arme sahen muskulös und stark aus.

Regan folgte dem hawaiianischen Riesen die Steinstufen hinauf und ins Museum. Es war ein altes Haus, das nach Sand und Meer roch. Muscheln in allen Formen und Größen hingen an den Wänden, und an der Kasse gab es einen kleinen Stand mit Schmuck. Ohrringe, Ketten, Armbänder und Ringe waren dort ausgestellt. Das Mädchen an der Kasse nickte ihnen zu, als sie vorbeigingen. Regan folgte Jimmy durch die Eingangshalle. Er deutete mit der Hand auf seine Bürotür. »Setz dich da rein«, befahl er. »Jimmy ist gleich wieder da.«

Regan tat, wie er gesagt hatte. So ist das also: Hawaii, der spaßigste Ort der Welt. Aber eigentlich ging es ihr gut. Ein neuer Fall war immer eine aufregende Sache, und dieser hier ließ sich besonders spannend an. Letzten Endes gefiel es ihr besser, sich mit einem Conchologen zu unterhalten, als den lieben langen Tag am Strand zu sitzen. Vermutlich hat mir der liebe Gott deshalb eine so empfindliche Haut geschenkt, dachte sie, als sie in Jimmys kleinem Büro Platz nahm. Ein großes Plakat mit einer Muschel darauf hing an der Wand hinter dem Schreibtisch. Es erinnerte Regan an das riesenhaft vergrößerte Bild einer Hausstaubmilbe, das ihr Allergologe hinter seinem Schreibtisch hängen hatte. Jeder ist auf seine eigene Art albern.

Jimmy betrat das Büro, zwei Gläser mit Ananassaft in den Händen und eine Muschelkette um den Hals. Ob es tatsächlich die Kette war, die Dorinda Dawes gestern früh um den Hals gehabt hatte? Regan nahm ihr Glas und stieß mit Jimmy an. »Aloha«, sagte er.

Der frische Saft war säuerlich und ganz köstlich. Regan konnte den Fruchtzucker förmlich durch ihr Blut rasen fühlen. Sie beobachtete Jimmy, der um den Schreibtisch herumging und sich in seinen Sessel sinken ließ.

»Jimmy liebt Muscheln«, begann er. »Ich bin hier aufgewachsen und habe viele Stunden am Strand verbracht, um sie zu sammeln. Als Kind hatte ich schlimme Rückenprobleme, also konnte ich nicht wellenreiten, aber ich war so gern am Strand, da ging es mir gut. Die Muscheln haben mir die Fußsohlen zerschnitten, aber das machte mir nichts aus. Quallen, die stören mich, weil sie brennen. Muscheln tun niemandem etwas. Jetzt gehört mir das Seashell Museum. Jimmy ist sehr stolz darauf.« Mit großer Ehrfurcht nahm er die Muschelkette von seinem Hals. »Vor dreißig Jahren ist sie hier gestohlen worden. Ich habe nicht zu träumen gewagt, dass ich sie jemals wiedersehen würde. Hier, sieh sie dir an«, bot er Regan an. »Die Polizei hat sie mir gestern zurückgebracht. Ich habe sie so sehr vermisst!«

Regan stellte ihr leeres Glas ab und nahm die Kette in die Hand. Sie war wirklich wunderschön. Die Muscheln waren sorgfältig ausgewählt und von besonderer Schönheit, und die Farbschattierungen verliefen von Korallenrot über Beige bis Weiß. Einige waren ein bisschen abgestoßen, aber die Kette war viel schöner als manche teuren Halsketten, die sie gesehen hatte.

»Jimmy weiß, was du denkst«, sagte er. »Diese Kette ist wie ein wertvoller Schmuck. Die königlichen Damen mochten sie lieber als Perlenketten.«

»Ich habe gehört, diese hier wurde für Königin Liliuokalani angefertigt und die andere für ihre Nichte Prinzessin Kaiulani.«

»Sie haben diese Ketten geliebt!«, sagte Jimmy mit Nachdruck. »Sie haben sie immer getragen, wenn sie sich in der Öffentlichkeit zeigten. Die Ketten kamen als Geschenk in dieses Museum, als es in den Zwanzigerjahren gegründet wurde. Bis zu dem Einbruch hingen sie nebeneinander in einer Glasvitrine.«

Regan strich mit der Hand über die Muscheln. »Kaum zu glauben, dass sie schon so alt ist.«

»Und dass eine tote Frau sie getragen hat.«

Regan seufzte. »Und dann auch noch eine Frau, die erst seit drei Monaten hier war. Ich kann mir überhaupt nicht vorstellen, wie sie an diese Kette gekommen sein soll. Können Sie mir sagen, was geschehen ist, als die Kette gestohlen wurde?«

Jimmy lehnte sich zurück und blickte an die Decke. Regan bemerkte, dass alle Bleistifte in dem Becher auf seinem Schreibtisch Radiergummis in Form von Muscheln hatten. »Wir hatten damals noch keine Alarmanlage. Jetzt haben wir eine«, sagte er mit plötzlicher Heftigkeit, wurde aber gleich wieder ruhig. »Jemand ist eingebrochen und hat die Glasvitrinen mit den wertvollen Muschelketten zerschlagen. Er hat auch eine Menge unserer wertvollen Muscheln mitgenommen und alles in eine Reisetasche geworfen. Ein Polizist auf Nachtstreife sah das Licht im Museum und ging nachsehen. Der Dieb sprang in ein gestohlenes Auto und raste in die Stadt, die Polizei immer dicht hinter ihm her. In einer Sackgasse unten in der Stadt haben sie ihn gestellt, aber er ist ihnen entkommen. Die Tasche hat er fallen lassen, als er über einen Zaun kletterte. Und man glaubt es nicht, sie haben ihn nie gefunden. Die Beute wurde allerdings vollständig wiedergefunden, bis auf diese eine Kette, die Kette, die unserer letzten Königin gehört hat.«

»Da sind Sie absolut sicher?«

Wieder sah er Regan mit diesem strengen Blick an. »Jimmy ist gleich wieder da.«

Manchmal beginnt er seine Sätze mit »Ich« und manchmal mit »Jimmy«, dachte sich Regan. Ich frage mich, wie er entscheidet, wann er von sich selbst in der dritten Person spricht. Sie sah die wertvolle Kette in ihrer Hand noch einmal genau an. Wo war Dorinda Dawes gewesen, als sie sich diese Kette um den Hals gelegt hatte? Muschelketten wurden verschenkt, und zwar normalerweise als Zeichen von Gastfreundschaft, Liebe und Frieden. Regan hatte irgendwo einmal gelesen, dass die Erinnerung an das Umlegen der Kette ein Leben lang im Gedächtnis bleiben sollte. Für Dorinda war das nicht sehr lange gewesen. Sie musste die Kette umgelegt – oder umgelegt bekommen – haben, kurz bevor sie starb. Niemand hatte sie an dem besagten Abend mit der Kette gesehen. War es möglich, dass derjenige, der die Kette vor so vielen Jahren gestohlen hatte, Dorinda gekannt und sie ihr geschenkt hatte?

100

Jimmy betrat wieder das Büro. Er reichte Regan eine zweite Muschelkette. Es war geradezu unheimlich: Die beiden Ketten glichen sich Muschel für Muschel, sie passten perfekt zusammen, wenn man davon absah, dass Liliuokalanis Kette eine einzelne kleine schwarze Lavaperle enthielt.

»Glaubst du Jimmy jetzt?«, fragte er.

Regan nickte. »Sicher.«

Er nahm ihr beide Ketten wieder ab und hängte sie sich über seinen dicken Zeigefinger. Ein finsterer Ausdruck machte sich in seinem Gesicht breit. »Wenn du den Kerl findest, der diese Kette gestohlen und so viele Jahre versteckt hat, dann schick ihn zu mir.« Er schlug mit der Faust auf den Schreibtisch. »Es macht mich so wütend!«

»Ich glaube, das wird nicht nötig sein«, versuchte Regan ihn zu beruhigen.

Er drehte sich um und starrte Regan an. Sie spürte, wie der Saum seiner Toga ihren Fuß streifte. »Diese Frau, die gestorben ist«, sagte er missbilligend, »ich bin sicher, sie hat ihre Nase zu tief in anderer Leute Angelegenheiten gesteckt.«

»Da könnten Sie recht haben«, bemerkte Regan und bewegte sich unruhig auf ihrem Sessel. »Noch eins. Ich weiß, dass Prinzessin Kaiulanis Kette auf dem Prinzessinnenball morgen Abend versteigert werden soll.«

»Ja. Die eine Hälfte des Geldes geht an Aloha Artists, die andere Hälfte bekommt Jimmys Seashell Museum.«

»Eine tolle Sache. Ist es richtig, dass man Sie gebeten hat, die zweite Kette auch zu versteigern?«

»Jimmy hat sich noch nicht entschieden. Diese wunderbare Kette ist so lange fort gewesen. Vielleicht sollte ich sie erst noch eine Weile hierbehalten. Ich habe sie so sehr vermisst, dass ich dreißig Jahre lang mit gebrochenem Herzen herumgelaufen bin.« Er hielt kurz inne. »Aber wir könnten das Geld gut gebrauchen.«

»Das ist ja immer so. Werden Sie auf dem Ball dabei sein?«

»Natürlich. Jimmy wird an einem besonderen Tisch sitzen. Ich werde beide Ketten um den Hals tragen, sodass die Leute sehen können, wie schön sie sind, bevor die Versteigerung losgeht.«

Ein hübscheres Model wäre vielleicht von Vorteil, dachte Regan, während sie nach ihrer Tasche griff und Anstalten machte zu gehen. »Ich danke Ihnen, Jimmy. Ich bin sicher, wir sehen uns auf dem Ball.«

»Ich glaube, ich werde erst dort entscheiden, ob ich die Kette von Königin Liliuokalani versteigern lasse. Wenn ich sehe, wie viel die erste Kette einbringt.«

»Gute Idee«, murmelte Regan.

»Ruf Jimmy an, wenn du mich brauchst. Ich kann vielleicht helfen.«

Das würde mich nicht wundern, dachte Regan. Das würde mich überhaupt nicht wundern.

16

Die Glücklichen Sieben aus Hudville hatten ihr gemeinsames Frühstück im größten Restaurant des Waikiki Waters beendet. Der Raum war voller Menschen, die zwischen den Rattanmöbeln und tropischen Pflanzen den Morgen genossen. Ein großer Wasserfall strömte an der einen Wand hinunter. Am Büffet standen die Gäste nach Pfannkuchen, gebratenen Eiern und frischen hawaiianischen Früchten an, die natürlich viel besser schmeckten als das Obst zu Hause. Gert und Ev sicherten der Gruppe immer einen großen Tisch in der Nähe der Terrassentüren, die sich zum Meer hin öffneten. Ned war schon ein paar Mal aufgestanden, um seinen Teller neu zu füllen.

»Ich brauche Kraft fürs Surfen«, erklärte er mehr sich selbst als den anderen am Tisch. »Aber jetzt bin ich wirklich voll.« Er nahm den Löffel und schaufelte noch eine Schüssel Haferflocken in sich hinein.

»Ich hoffe, ihr alle habt einen wunderbaren Tag«, sagte Ev. »Wir treffen uns hier zum Sonnenuntergang, um bei einem Cocktail unsere Erfahrungen auszutauschen.«

Betsy zog eine Schnute. »Bob und ich können nicht über die Dinge sprechen, die wir schreiben, und mit Schreiben werden wir heute den Tag verbringen. Es handelt sich um sehr persönliche Dinge.«

Und was wollt ihr machen, wenn das Buch erscheint?, fragte sich Ev. Sind es dann keine persönlichen Dinge mehr? Am liebsten würde ich ihr ein Stück Klebeband über den Mund kleben, sie gehört wirklich in das Regenwetter von Hudville. Aber Ev lächelte nur. »Ist schon in Ordnung. Wir werden es einfach genießen, beieinander zu sein. Ich hoffe, die drei Surfer sind sehr, sehr vorsichtig und kommen gesund heute Abend wieder in den sicheren Hafen des Waikiki Waters zurück.«

»Als ob das hier ein sicherer Hafen wäre«, erklärte Joy, die noch einen Löffel Hüttenkäse zu sich nahm. Sie wollte schließlich in ihrem Badeanzug gut aussehen, wenn sie Zeke traf. Sie hatte eine prima Figur, wünschte sich aber, sie wäre vor der Reise häufiger ins Fitnessstudio gegangen. Aber da hatte ihr die Motivation gefehlt. Jetzt hatte sie die Motivation, aber es war ein bisschen zu spät, denn ein wirklich flacher Bauch lag noch viele Tausend Sit-ups weit entfernt. Sie hatte ihre blonden Locken auf dem Kopf zusammengebunden und trug Shorts und das winzige pinkfarbene Top, das sie in dem einzigen annähernd modernen Laden in Hudville erstanden hatte. Vielleicht gehe ich heute mal ein bisschen shoppen, dachte sie. Ich sollte mir ein neues Outfit für heute Abend suchen. Und anschließend lege ich mich noch ein wenig in die Sonne.

»Was meinst du damit, dass es hier nicht sicher wäre?«, fragte Gert. Sie und Ev schlugen gewohnheitsmäßig einen schulmeisterlichen Ton an, wenn sie einem ihrer Gruppenmitglieder ihr Missfallen kundtun wollten. Ev war darin sogar noch besser als Gert.

Joy sah von ihrem Teller auf und starrte Gert an. Manchmal verwechselte sie die Zwillinge. Sie fand, in diesem Alter waren die aufeinander abgestimmten Kleider ein bisschen übertrieben. Heute trugen sie allerdings überraschenderweise nicht einmal die üblichen Muumuus, sondern Stretchhosen und langärmelige Hemdblusen. Seltsam. Draußen war es eigentlich zu heiß für diesen Aufzug. »Ist euch nicht warm?«, fragte Joy.

»Warm?«

»Warum tragt ihr heute eure Muumuus nicht?«

»Wenn wir Hotels inspizieren wollen, um für zukünftige Reisegruppen den größten Vorteil herauszuschlagen, müssen wir ständig zwischen der Hitze draußen und den klimatisierten Räumen wechseln. Da holt man sich leicht einen Schnupfen«, erklärte Gert.

»Diese Klimaanlagen sind ja alle viel zu kalt eingestellt«, stimmte Ev zu. »Und ich will wirklich nicht mit einer Erkältung nach Hause kommen. Im Flugzeug ist das ganz schrecklich, man hat das Gefühl, als platze einem der Kopf.«

»Wohl wahr«, nickte ihre Schwester und biss in ein Pastetchen. Mit halb vollem Mund erinnerte sie sich daran, dass Joy ihr noch eine Antwort schuldig geblieben war. »Was meinst du damit, es ist hier nicht sicher?«, fragte sie und hielt sich eine Serviette vor den Mund. Sie konnte die Pastete noch nicht schlucken, aber die Frage brannte ihr einfach auf den Nägeln.

»Na ja, was man so hört …«

»Was denn zum Beispiel?«, fragten die Zwillinge wie aus einem Munde.

»Na ja, zum Beispiel, dass die Frau, die gestern ertrunken ist, vielleicht in Wirklichkeit ermordet wurde.«

Gert und Ev atmeten beide scharf ein. »Wer sagt das?«, fragten sie.

Die ganze Gruppe starrte Joy an, selbst Ned sah von seinen Haferflocken auf. Artie, der bisher aufs Meer hinausgeblickt hatte, wurde aufmerksam. Francie, die ihr Make-up kontrol-

105

liert hatte, legte mit dramatischer Geste ihren Lippenstift auf den Tisch. Nun Betsy und Bob ließen in ihren Gesichtern keine Reaktion erkennen. Nun, vielleicht Bob doch ein wenig. Manchmal fragte sich Joy, ob die beiden eigentlich wirklich am Leben waren. Jetzt, da die ganze Gruppe sie ansah, spürte sie zum ersten Mal, dass sie die Aufmerksamkeit genoss. Jetzt halten sie mich nicht mehr für einen Grünschnabel, der keine Ahnung vom Leben hat, dachte sie mit leisem Stolz und antwortete kühl: »Darüber darf ich nicht sprechen.«

»Warum glaubst du, sie ist ermordet worden?«, fragte Ev mit ernster Miene.

»Weil in diesem Hotel alle möglichen seltsamen Dinge vorgehen. Pannen überall. Einige Leute denken, es gibt hier ein Phantom, das Streiche spielt. Es gab Probleme mit dem Essen, und ein paar Leute hatten nach ein paar Drinks einen besonders unangenehmen Kater. Na ja, vielleicht hat das Phantom sich jetzt etwas Neues ausgedacht.«

Gert und Ev sahen sich erschrocken an.

»Aber ich bin gebeten worden, nicht darüber zu sprechen«, fügte Joy noch einmal hinzu.

Artie verdrehte die Augen. Joy ging ihm auf die Nerven, weil sie ihn ganz eindeutig für einen alten Knacker hielt. »Warum tust du's dann? Das ist schlechtes Karma.«

»Lächerlich!«, protestierte Ned. »Dies ist ein wirklich gutes Hotel, und der Manager ist großartig. Dorinda Dawes ist ertrunken, das ist aber auch schon alles, was man dazu sagen kann.«

Gert räusperte sich. »Es scheint doch so zu sein, das Gerüchte und Schwierigkeiten überall entstehen. Überall. Dies ist ein wirklich reizendes Hotel, und wir sollten nicht zulassen, dass Klatsch und Tratsch ihm schaden. Vielleicht hatten die Leute einen Kater, weil sie doch ein bisschen zu viel getrunken hatten. Hat daran vielleicht schon mal jemand gedacht?«

Joy schüttelte den Kopf. »Ich habe von einer Frau gehört, die einen einzigen Cocktail getrunken hatte und sich dann übergeben musste.«

Ned warf einen Blick auf seine Armbanduhr. »Jetzt sollten wir aber los. Ich finde es schade, dass nur zwei von euch mitkommen, aber vielleicht habe ich ja beim nächsten Mal mehr Glück. Gert und Ev, macht euch keine Gedanken um andere Hotels. Wie ihr schon sagtet, dies ist ein wirklich reizendes Haus, und mit der Renovierung ist es sogar noch besser geworden.« Er lachte. »Immerhin haben sie mich eingestellt. Will wäre sicher sehr enttäuscht, wenn er wüsste, dass ihr euch andere Hotels anseht. Ihr solltet eigentlich doch mit uns in den Norden fahren, es ist eine wunderschöne Strecke.«

Gert schüttelte den Kopf. »Wir müssen das Wohl zukünftiger Reisegruppen berücksichtigen. Schließlich sind wir dafür verantwortlich, dass noch viele Bürger von Hudville nach Hawaii reisen können, unser Budget ist ja nicht unbegrenzt. Ev und ich machen uns einfach Sorgen um die Leute, die enttäuscht sein werden, wenn sie nicht irgendwann in ihrem Leben einmal nach Hawaii kommen.«

»Das wird ja dann auch schwierig für euch zwei«, sagte Francie und betrachtete sich in ihrem kleinen Spiegel. »Nachdem ihr jetzt jahrelang diese Reisen gemacht habt, wie kommt ihr damit zurecht, wenn das Geld aufgebraucht ist?«

»Wir haben eine Menge innere Kraft«, antwortete Gert.

»Innere Kraft, die dadurch gespeist wird, dass wir ein paar ältere Gemeindeglieder kennen, die daran denken, einen Teil ihres Vermögens unserem Fond zu vermachen«, ergänzte Ev bedeutungsvoll.

»Ach, das wusste ich ja gar nicht!«, rief Francie aus. »Wer hat denn solche großzügigen Pläne? Denn ehrlich gesagt, in unserem Verein kenne ich niemanden, der so etwas vorhat.«

»Darüber kann ich leider nicht sprechen«, erwiderte Ev ruhig. »Unsere Wohltäter wünschen anonym zu bleiben.«

»Das verstehe ich noch weniger«, bemerkte Francie und entfernte ein bisschen Wimperntusche von ihrem Augenlid. »Ich habe nur noch zwei Fragen, die diese Personen betreffen: Ist einer von ihnen unverheiratet? Und wie alt sind sie?«

Ned lachte. »Francie, du solltest dir wirklich lieber jemanden in deinem Alter suchen.«

Francie klappte ihren Taschenspiegel mit Nachdruck zu. »Die Guten in meinem Alter sind alle schon vergeben.«

Ich will hier raus, dachte Joy. Ich kriege hier Depressionen. Ich bin doch erst einundzwanzig! So etwas habe ich nicht verdient, finde ich.

»Wisst ihr«, fuhr Francie fort, »nachdem ich jetzt diese Reise gemacht habe und an der Lotterie nicht mehr teilnehmen darf, würde ich gern einmal sehen, was andere Hotels so zu bieten haben, denn es gefällt mir gut hier; ich glaube, ich komme wieder. Vielleicht sollte ich euch zwei heute begleiten«, schloss sie mit Blick auf die Zwillinge.

»Francie!«, protestierte Ned. »Wir drei haben doch etwas vor, Artie, du und ich.«

Aber er hätte sich keine Sorgen machen müssen, denn die Zwillinge sahen aus, als hätte man ihnen einen Schlag über den Kopf gegeben. Ev legte ihre Hand auf die von Gert. »Wissen Sie, Francie«, begann sie mit mühsamer Geduld in der Stimme, »heute ist, was wir unseren ›Zwillingstag‹ nennen. Nur wir zwei, ganz allein.«

»Weißt du, es ist, als ob wir eine eigene Sprache sprächen«, fügte Gert hinzu. »Eine Sprache, die niemand außer uns versteht.«

»Das heißt nein«, schloss Francie.

»Richtig.«

»Aber ihr lebt doch zusammen in einem Haus, oder?«, fragte Francie rhetorisch. »Wenn ich das mit meiner Schwester versuchen würde … mein Gott, würden wir uns auf die Nerven gehen! Zusammen im Laden arbeiten, zusammen wohnen, zusammen auf Reisen gehen … das Grauen!«

»Wir haben Gott sei Dank eine ganz besonders enge Bindung aneinander«, sagte Gert, die sich sichtlich bemühte, etwas zu erklären, was ohnehin niemand verstand. »Wir sind nicht einfach nur Schwestern, wir sind auch beste Freundinnen.«

Gleich wird mir übel, dachte Joy.

»Francie, du wirst den Tag mit uns genießen«, sagte Ned. Er sah ein bisschen verletzt aus.

Francie, die sich sehr schnell von dem Schlag erholt hatte, lächelte ihn schelmisch an. »Davon gehe ich aus.«

Sie standen alle gemeinsam auf, Bob und Betsy eilten in ihr Zimmer, ohne sich auch nur zu verabschieden, Joy flitzte zum Strand, und Ned, Artie und Francie gingen hinaus, um nach dem Kleinbus zu sehen, der sie abholen sollte. Gert und Ev verabschiedeten sich, um sich noch die Zähne zu putzen, und winkten den anderen zu.

Im Aufzug zwinkerte Gert ihrer Schwester zu. Als sie vor ihrer Zimmertür standen, nahm Ev den Schlüssel aus ihrer Tasche. »Mein Gott, ich habe schon gedacht, das nimmt überhaupt kein Ende«, seufzte sie.

»Ja, so ging es mir auch. Wir brauchen heute einfach mal ein bisschen Zeit für uns, nicht wahr, Schwesterherz?«, fragte Gert.

»Allerdings.«

Die Tür neben ihnen klappte zu, und sie fuhren herum. Eine blonde Frau, die sie während der vergangenen Tage ein paar Mal gesehen hatten, nickte ihnen grüßend zu. Am Abend zuvor hatten sie sie mit einem neuen Gast gesehen, einer dunkelhaarigen Frau. »Hallo«, grüßten sie freundlich.

»Hallo«, antwortete sie höflich.

Endlich im Zimmer angekommen, sahen sie einander nervös an.

»Ich bin wirklich froh, wenn dieses Spezialprojekt ein Ende hat«, gab Ev zu.

»Wohl wahr. Aber wir sind doch schon auf der Zielgeraden.«

Ev lächelte. »Und nichts wird uns aufhalten.«

17

Das Pärchen, mit dem Regan am Strand gesprochen hatte, war sehr spät ins Bett gekommen. Sie waren irgendwann zurück in ihr Zimmer gegangen, hatten ein Glas Champagner getrunken, und als es dann eine annehmbare Zeit gewesen war, um an der Ostküste anzurufen, hatte sich Carla ans Telefon gehängt. Sie konnte es gar nicht abwarten, all ihren Freundinnen und ihrer Familie die gute Nachricht von ihrer Verlobung mitzuteilen.

Carlas Mutter war sehr erleichtert. »Das wurde aber auch Zeit!«, erklärte sie mit verschlafener Stimme. »Ich hatte ja eigentlich gedacht, er macht dir an eurem Jahrestag einen Antrag, und als du gestern nicht anriefst, habe ich schon den ganzen Tag geweint. Ich fand den Gedanken schrecklich, dass du deine besten Jahre an einen Mann verschwendest, der dich gar nicht heiraten will. Endlich hat er sich eines Besseren besonnen.«

»Danke, Ma«, sagte Carla. »Ich muss jetzt weitermachen.« Dann rief sie ihre Schwestern und ihre zehn besten Freundinnen an. Alle kreischten auf vor Freude. Alle wurden gefragt, ob sie Brautjungfern sein wollten. Alle sagten zu und bemerkten, sie wären auch schwer beleidigt gewesen, wenn sie nicht gefragt worden wären.

Jason lag mit geschlossenen Augen auf dem Bett, während

Carla die Neuigkeit immer und immer wieder ins Telefon quietschte. Als das Telefon endlich frei war, rief er seine Eltern an, aber sie waren nicht zu Hause. Er hinterließ ihnen eine kurze Nachricht auf dem Anrufbeantworter: »Carla und ich haben uns verlobt. Wir telefonieren demnächst, alles Gute.«

»Willst du deine Freunde nicht anrufen?«, fragte Carla fassungslos.

»Warum denn? Ich kann es ihnen doch erzählen, wenn ich wieder zu Hause bin.«

Es war wirklich sehr spät, als sie endlich schlafen gingen.

Als sie ein paar Stunden später aufwachten, bestellten sie sich das Frühstück aufs Zimmer. »Er ist so wunderschön«, gurrte Carla mit einem Blick auf den Ring an ihrem Finger. »Ich liebe dich. Ich liebe uns. Ich bin sooooo glücklich!«

»Ich hoffe, sie bringen uns bald den Kaffee«, brummte Jason und drehte sich auf die Seite. Zwei Nächte hintereinander hatte er auch nicht annähernd den Schlaf bekommen, den er brauchte. Und Schlaf war sehr wichtig für ihn. Er fühlte sich, als wäre er in einer anderen Zeitzone gelandet.

Carla hüllte sich in einen der blau-weißen Bademäntel, die das Hotel seinen Gästen zur Verfügung stellte, und schob die Glastür zum Balkon auf. Sie trat hinaus, ging ans Geländer, wo Jasons Badetuch noch hing, und nahm es ab. Das Hotel bat ausdrücklich darum, nichts an die Balkongeländer zu hängen, damit das Haus nicht so unordentlich aussah. Außerdem wollte man verhindern, dass Badeanzüge und Handtücher weggeweht wurden und anderen Leuten auf dem Kopf landeten. Sie seufzte tief. Manchmal lebte Jason einfach in einer anderen Welt.

Ihr Hotelturm lag ein wenig zurückgesetzt. Von dem Balkon im vierten Stock konnten sie die Leute sehen, die von einem Laden zum anderen gingen. Carla entdeckte die blonde Frau, die mit Regan Reilly am Abend zuvor am Strand gewesen war. Aufgeregt rief sie ihr ein »Hallo!« zu und winkte mit beiden Armen.

Kit kniff die Augen zusammen und blickte hinauf. »Hallo! Wie geht's?«

»Großartig! Ich habe über das nachgedacht, was Ihre Freundin uns gestern Abend gefragt hat. Sie wissen schon, ob mir vorgestern Nacht am Strand vielleicht irgendetwas Seltsames aufgefallen sei.«

»Und ist Ihnen etwas eingefallen?«, fragte Kit.

»Nein. Aber es liegt mir auf der Zunge – oder irgendwo im Hinterkopf oder so. Ich weiß, da war irgendetwas Komisches, aber ich kann mich einfach nicht mehr erinnern, was es war. Sobald es mir wieder einfällt, rufe ich sie an.«

»Ich werde es ihr ausrichten.«

»In Ordnung, einen schönen Tag noch!«

»Ihnen auch.«

Carla ging wieder ins Zimmer, wo Jason ganz allmählich ins Leben zurückkehrte. Er hatte beschlossen, sich mit dem kleinen Wasserkocher im Bad einen Becher Kaffee zu machen, riss den Beutel mit dem Kaffeepulver auf und verteilte den Inhalt gleichmäßig auf dem Badezimmerboden.

»Ach, vergiss es doch«, grummelte er und legte sich wieder ins Bett.

Auf dem Tisch lag eine Nummer des Reisemagazins *Paradise* mit einem Aufkleber: Bitte nicht aus dem Wellnessbereich entfernen. Carla griff nach der Zeitschrift, stopfte sich das Kopfkissen zurecht und machte es sich im Bett bequem. Sie blätterte das Heft schnell durch, hielt dann aber bei einem Artikel inne, der von den speziellen Graffiti auf Big Island handelte: Manche Leute sammelten dort Muscheln am Strand und legten damit Botschaften auf die dunklen Vulkanfelsen zu beiden Seiten des Highways. Viele dieser Botschaften handelten von der Liebe …

»Toll«, sagte sie laut.

»Was?«, fragte Jason.

Carla zeigte auf ein Bild und erklärte es Jason. »Wollen wir nicht einen Ausflug dahin machen?«, fragte sie aufgeregt. »Wir gehen an den Strand, sammeln Muscheln und schreiben dann unsere Namen dorthin. ›Jason und Carla für immer.‹ Und das Datum. Und dann fotografieren wir das Ganze, damit wir es unseren Kindern und Kindeskindern zeigen können, solange wir leben. Am Ende landet das Bild dann in der Collage bei unserer goldenen Hochzeit.«

»Wir sind doch noch nicht einmal verheiratet, wie kannst du denn heute schon an die goldene Hochzeit denken? Ich dachte, du wolltest heute in dem großen Swimmingpool schwimmen, der geformt ist wie ein Delfin.«

»Auf Big Island gibt es wunderbare schwarze Strände. Wir können ja dort schwimmen. Am Sonntag reisen wir ab, eine solche Chance bekommen wir nie wieder.«

»Ach, da gibt es sicher gar keine Flüge mehr«, antwortete Jason mit leiser Hoffnung in der Stimme.

»Wir können ja mal anrufen. Es dauert nicht lange, dorthin zu kommen, jedenfalls steht das so in diesem Artikel. Und wir müssen auch keinen Koffer packen.«

»Wie kommen wir dort dann weiter?«

»Hier steht, man kann am Flugplatz einen Wagen mieten. Warum nicht? Dies ist schließlich ein ganz besonderer Tag in unserem Leben, Jason.«

Es klingelte an der Tür. »Komme schon!«, rief Jason, sprang

auf und eilte zur Tür. Der Zimmerservice brachte einen ganzen Tisch voll Köstlichkeiten zum Frühstück, und während alles aufgebaut wurde, griff Carla nach dem Telefon und rief die Fluggesellschaften an.

»Um halb zwölf?«, fragte sie zurück. »Zwei Plätze? Perfekt!« Sie gab ihre Kreditkartennummer durch und legte auf. »Zwei Plätze, Jason. Das war Vorsehung.«

»Warum sind wir nicht eher darauf gekommen«, fragte Jason, der bereits den ersten Pfannkuchen aufschnitt.

»Weil du so lange gebraucht hast, um deinen Antrag zu machen, darum.«

»Die besten Sachen passieren immer am Ende des Urlaubs«, murmelte Jason. »Irgendwie kommen einem die Dinge noch besser vor, wenn man schon fast keine Zeit mehr hat.«

»Aber hierfür haben wir noch Zeit, also mach, dass du mit frühstücken fertig wirst.«

Carla sprang ins Bad und dachte über das Foto nach, das sie nachher machen würden. Ihre Namen, mit Muscheln ausgelegt. Sie würde es vergrößern lassen und über dem Kamin aufhängen. Das würde ihnen beiden bestimmt für alle Zeiten Glück bringen.

Nie im Leben wäre sie auf den Gedanken gekommen, dass das Ganze eine ausgesprochen schlechte Idee sein könnte. Eine sehr, sehr schlechte Idee.

18

Gert und Ev hatten es sich in ihren Sitzen im vorderen Teil des kleinen Flugzeugs bequem gemacht, das in wenigen Minuten nach Kona auf Big Island starten sollte.

»Von mir aus kann's losgehen«, erklärte Gert, als sie den Sicherheitsgurt festzog.

»Von mir aus auch.« Ev stopfte eine riesige Tasche unter ihren Sitz, die alles enthielt, was sie an diesem Tag brauchen würden, von der Sonnenmilch bis zum Notizbuch und Ersatzakkus für ihr Handy. Sie hatte sogar ein paar Wegwerfkameras mitgenommen.

»Unser Abflug verzögert sich um wenige Augenblicke«, kündigte die Stewardess an. »Wir warten noch auf zwei Passagiere.«

»Und da sind wir schon!«, war die atemlose Stimme einer jungen Frau zu hören. »Geschafft!« Sie stieg ein, einen jungen Mann im Schlepptau. Die Stewardess lächelte, bat die beiden aber, ihre Plätze möglichst schnell einzunehmen.

»Aber sicher«, erwiderte die junge Frau. Als sie sich umdrehte und den Mittelgang entlangging, entdeckte sie Gert und Ev. »Oh, hallo!«, freute sie sich. »Kennen wir uns nicht aus dem Waikiki Waters?«

»Durchaus möglich«, antwortete Ev in einem Ton, der nicht zu weiteren Fragen einlud. Jedenfalls wäre es bei den meisten Menschen so gewesen.

»Ist das nicht ein wunderbares Hotel?« – »Hmmm«, machte Ev.

»Das ist mein Verlobter Jason.«

»Bitte nehmen Sie Platz«, ordnete die Stewardess jetzt an. »Wir wollen uns nicht mehr verspäten als unbedingt nötig.«

»Okay, okay. Bis später dann.«

Während das Pärchen den Mittelgang hinuntereilte, sahen Gert und Ev sich an.

»Keine Sorge«, flüsterte Gert ihrer Schwester zu. »Das kriegen wir schon geregelt.«

Carla und Jason nahmen im hinteren Teil des Flugzeugs Platz und zogen ihre Sicherheitsgurte fest. »Ich habe die beiden gesehen, als sie aus der Boutique im Hotel kamen. Die Verkäuferin hat gesagt, die beiden leiten eine Reisegruppe. Vielleicht können wir sie einholen, wenn wir gelandet sind, und sie fragen, wohin wir gehen sollen, um zu Mittag zu essen. Wenn sie Reisegruppen leiten, müssen sie sowas doch wissen, oder?«

»Sicher. Ich möchte nur auf keinen Fall den Rückflug verpassen. Das hier war ganz schön knapp.«

»Du machst dir immer so viele Gedanken.«

»Und in den meisten Fällen aus gutem Grund.« Jason schloss die Augen und war schon im nächsten Moment eingeschlafen.

19

Auf dem Weg zurück zum Hotel klingelte Regans Handy.
Es war ihre Mutter.

»Wir geht's bei euch?«, fragte Regan.

»Es schneit immer noch. Die Verwandtschaft unseres armen
verblichenen Skiasses sitzt im Hotel und macht den ganzen
Tag nichts als Blödsinn. Allmählich bekommen sie wohl den
Hüttenkoller. Die Straßen sind immer noch zu, also ist die
Beerdigung bis auf Weiteres verschoben. Ich vermute, sie sitzen jetzt alle in der Hotelbar und feiern ein bisschen. Sie sind
überzeugt, der alte Ernest habe dieses Wetter für den Tag seiner Beerdigung bestellt und schicke ihnen damit eine Bot-
schaft: Geht raus zum Skifahren. Aber sie hören nicht auf
ihn.«

»Du solltest die Schneeschuhe nehmen und zum Hotel
gehen, damit du ein paar Notizen machen kannst. Ich bin
sicher, das wäre gutes Material für ein neues Buch.«

»Zweifellos. Es ist ein kleines Hotel, und es geht bereits das
Gerücht, dass der Gin knapp wird.«

»Es geht doch nichts über einen schönen Schneesturm«,
lachte Regan, die durch ihre Sonnenbrille den wolkenlosen
Himmel betrachtete.

»Und im sonnigen Hawaii?«, fragte Nora.

Regan blickte aus dem Fenster des Taxis auf den Strand in

der Ferne. »Nun ja, Mom, ehrlich gesagt arbeite ich schon wieder.«

»Was?«

»Hier ist gestern eine Angestellte des Hotels ertrunken. Ihre Leiche wurde früh am Morgen angeschwemmt. Die Polizei glaubt an einen Unfall, aber der Hotelmanager ist sich da nicht so sicher. Und sie trug eine königliche Muschelkette, die vor mehr als dreißig Jahren aus einem hiesigen Museum gestohlen worden ist. Der Manager hat mich gebeten, der Sache nachzugehen.«

»Ist ja schrecklich! Was hat sie in dem Hotel gemacht?«

»Sie hat für die Hauszeitung geschrieben und fotografiert. Offenbar hat sie nebenbei versucht, eine eigene Klatschkolumne aufzumachen. Sie ist erst vor ein paar Monaten aus New York hierhergezogen, dort hatte sie wohl auch schon für verschiedene Blätter geschrieben.«

»Oh«, sagte Nora, die die Heizung in der Küche hochdrehte. »Wie war noch mal der Name?«

»Dorinda Dawes.«

»Dorinda Dawes!«

»Ja, kanntest du sie etwa?«

»Regan, diese Frau hat mich vor mehr als zwanzig Jahren interviewt. Den Namen werde ich im Leben nicht vergessen, denn an dieser Frau habe ich mir damals gehörig die Finger verbrannt.«

»Was soll das denn heißen?«

»Sie war jung und ziemlich aggressiv und brachte einen dazu, Sachen zu sagen, die man normalerweise nicht gesagt hätte. Ich vermute allerdings, das muss man, wenn man solche Interviews führt. Jedenfalls hatte ich noch nie mit jemandem über die Sache gesprochen, als dein Vater und ich auf Hochzeitsreise waren und ich fast ertrunken wäre. Das war in der Karibik. Ich war schwimmen gegangen und merkte plötzlich, dass ich nach unten gezogen wurde. Ich habe deinem Vater zugewinkt, der am Strand geblieben war. Er winkte fröhlich zurück. Ich winkte noch einmal. Irgendwann hat ein Rettungsschwimmer gemerkt, dass da draußen etwas nicht stimmte, ist ins Wasser gerannt und hat mich rausgezogen. Er hat mir wirklich das Leben gerettet. Dein Vater hat überhaupt nicht begriffen, dass ich Hilfe brauchte.«

»Er hat halt gedacht, du willst ihm ein bisschen zuwinken.«

»Regan!«

»Tut mir leid, Mom.«

»Aus irgendeinem blöden Grund habe ich jedenfalls Dorinda Dawes diese Geschichte erzählt. Es schien mir keine große Sache zu sein. Wir hatten schon ein paar Stunden miteinander gesprochen, und diese Geschichte kam auf, kurz bevor sie ging. Das Ende vom Lied war, dass sie daraus die Überschrift für ihren Artikel machte. Da hieß es dann: ›*Mein Mann hätte mich ertrinken lassen*‹, *klagt die berühmte Krimiautorin Nora Regan Reilly.*«

»Daran erinnere ich mich gar nicht«, sagte Regan.

»Du warst damals ungefähr zehn Jahre alt, und es war irgendwann im Sommer, vermutlich warst du im Ferienlager.«

»War Dad sehr wütend?«

»Nicht so wütend wie ich. Alle seine Freunde machten natürlich Witze darüber, dass er gerade zu wenig Kundschaft im Bestattungsgeschäft hatte. Am Ende war es nicht mehr als eine witzige Geschichte, die unsere Freunde bei ihren Cocktailpartys erzählten, aber im ersten Moment konnten wir gar nicht darüber lachen. Aber dass sie ertrunken sein soll … Das kann ich gar nicht glauben. Sie hat mir damals nämlich erzählt, dass sie so schrecklich wasserscheu ist. So kamen wir überhaupt auf das Thema. Sie sagte, sie sei als Kind kurz vor einem Hurrikan am Strand gewesen und von einer großen Welle erfasst worden. Dabei ist sie wohl beinahe ertrunken. Sie sagte, seit diesem Tag sei sie nie wieder ins Meer gegangen, obwohl sie eigentlich gern schwimmen ging, aber eben nur im Pool.«

»Sie ging nie ins Meer?«, fragte Regan nach.

»So sagte sie damals. Sie sagte auch, dass sie diese Geschichte niemandem erzählte, weil sie sich so schwach und verletzlich dabei vorkam. So kamen wir auf das Thema. Sie meinte, sie hätte eine Szene in einem meiner Bücher gelesen, wo jemand ertrinkt, und es sei so realistisch gewesen, dass sie eine Gänsehaut bekommen habe. Das hat mir natürlich sehr geschmeichelt.«

»Dann könnte Will tatsächlich recht haben, und es war kein Unfall.«

»Schwierig zu sagen. Es könnte natürlich sein, dass sie mir die ganze Geschichte damals nur erzählt hat, um mich dazu zu bringen, etwas Dummes zu sagen, aber sie war wirklich überzeugend. Sei vorsichtig, Regan. Wenn Sie damals nicht hervorragend geschauspielert hat, dann war Dorinda Dawes eine Frau, die niemals auch nur eine Zehenspitze ins Meer gesteckt hätte, weder bei Tag noch bei Nacht. Ich frage mich wirklich, was da passiert ist.«

»Ich arbeite daran.«

»Und was hatte sie mit der gestohlenen Muschelkette zu tun?«

»Auch daran arbeite ich bereits.«

»Was macht Kit unterdessen?«

»Ach, ich vermute, sie ist mit dem neuen Verehrer am Strand.«

121

Nora seufzte. »Ich wünschte, Jack wäre bei dir.« – »Du kannst mir glauben, Mom, das wünschte ich auch. Wir reden später noch mal.« Regan beendete das Gespräch und versuchte zu verdauen, was ihre Mutter ihr erzählt hatte. Eines schien jedenfalls sicher: Vor mehr als zwanzig Jahren hatte Dorinda Dawes auch schon Geschichten geschrieben, mit denen sie andere Leute in peinliche Situationen brachte. Hatte sie es so weit getrieben, dass sich jemand zur Rache aufgerufen fühlte? Regan konnte es kaum erwarten, zurück ins Hotel zu kommen und alles zu lesen, was Dorinda Dawes geschrieben hatte, seit sie vor drei Monaten hier in Hawaii aus dem Flugzeug gestiegen war.

20

Will schloss seine Bürotür hinter sich. Es graute ihm davor, diesen Anruf zu machen, aber er wusste, er hatte keine andere Wahl. Er schenkte sich noch eine Tasse Kaffee ein, eine miese Brühe, die viel zu lange auf der Heizplatte der Kaffeemaschine gestanden hatte und eher wie Schlamm aussah. Aber das war ihm momentan gleichgültig, er konnte ohnehin kaum etwas schmecken.

Er setzte sich an seinen Schreibtisch, zog das Telefon näher zu sich heran und rief seine Sekretärin an. »Janet, jetzt bitte keine Anrufe durchstellen.«

»Geht in Ordnung.«

In Ordnung ist hier gar nichts, dachte er und wählte die Nummer seiner Schwester in Orlando. Seine Eltern waren zu Weihnachten dorthin gefahren und blieben den Januar über dort, um einige Ausflüge zu machen und Freunde zu besuchen, die inzwischen in Rente gegangen und nach Florida gezogen waren. Er atmete tief durch, um sich auf ihre Reaktion vorzubereiten, wenn er jetzt mit ihnen sprach. Das Letzte, was er noch gebrauchen konnte, war ein Streit mit seinen Eltern.

Die Eigentümer des Hotels hatten ihn schon auf dem Kieker. Sie hatten ihn wissen lassen, dass der Prinzessinnenball auf jeden Fall ein Erfolg werden musste, und zwar sowohl finanziell als auch, was die Reaktionen der Öffentlichkeit anging.

Sie waren überhaupt nicht glücklich über die Geschichte mit Dorinda Dawes. »Es geht nur ums Image«, hatten sie ihm erklärt. »Wir wollen, dass das Waikiki Waters sein positives, fröhliches Image behält. Aus der ganzen Welt kommen Menschen hierher, um die Zeit in unserem Luxushotel zu genießen. Sie haben überhaupt kein Interesse an einem Hotel, in dem Skandale passieren und die Toiletten überlaufen.«

Will schluckte schwer, als seine Schwester Tracy sich meldete.

»Tracy, hier ist Will«, begann er und hoffte, dass er einigermaßen fröhlich klang. Er fand es grässlich, dass er seine Eltern anrufen musste, während sie bei ihr zu Gast waren. Sie würde jedes Wort mitbekommen und ihre neugierige Nase in seine Angelegenheiten stecken. Sie würde absolut nichts verpassen, auch wenn ihre drei entsetzlichen Kinder im Hintergrund herumkreischten.

»Hallo, Will«, sagte Tracy. »Wie geht's denn immer so da draußen? Sind wieder ein paar Toiletten übergelaufen?«

»Nein, Tracy«, antwortete er durch zusammengebissene Zähne. »Ich müsste nur mal kurz mit Mom und Dad sprechen.« Ich liebe meine Familie, dachte er.

»Hallo, Will!«, zwitscherte seine Mutter, als sie den Hörer nahm. »Bingsley!«, rief sie seinem Vater zu. »Nimmst du mal den Apparat im Schlafzimmer? Will ist dran. Bist du noch da, Will?«

»Ja, ich bin hier, Mom.« Will hörte seinen Vater schwer atmen und wusste, nun hatte er sie beide in der Leitung.

»Ich bin auch da, Almetta«, stöhnte sein Vater. »Hallo, großer Junge. Was gibt's?«

»Hallo, Dad. Tracy, würde es dir was ausmachen, aus der Leitung zu gehen? Ich müsste mit Mom und Dad etwas Vertrauliches besprechen.« Er wusste, sie würde trotzdem davon hören, aber zunächst mal wollte er sie nicht dabeihaben.

Man hörte es Klicken. Das Kindergeschrei war auch weg.

»So, jetzt ist sie weg«, sagte seine Mutter fröhlich. »Was gibt es denn, mein Lieber?«

»Könnt ihr euch an die Muschelkette erinnern, die ihr mir geschenkt habt, als ich nach Hawaii zog?«

»Meine wunderbare Muschelkette?«, fragte seine Mutter.

»Ja, genau diese. Woher hattet ihr sie?«

»Mein Sohn«, begann sein Vater, »das weißt du doch. Wir haben sie vor dreißig Jahren auf Hawaii gekauft.«

»Das weiß ich, aber wo auf Hawaii?«, fragte Will und versuchte, nicht allzu ungeduldig zu klingen. »Habt ihr sie in einem Laden gekauft oder an einem Verkaufsstand?«

»Ich erinnere mich noch genau an den Tag«, erklärte seine Mutter mit Triumph in der Stimme. »Erinnerst du dich auch, Bingsley? Wir haben Badeanzüge für die Kinder gekauft, und dann haben wir diesen Jungen am Flugplatz getroffen, der uns die Kette verkauft hat. Du wolltest mir ein besonderes Geschenk machen, aber irgendwie hatten wir nichts Richtiges gefunden. Und da sah ich, kurz bevor wir ins Flugzeug stiegen, diese Kette, die der Junge verkaufen wollte. Sie war so schön! Ich habe sie immer sehr geliebt und in Ehren gehalten, und ich weiß, sie hat mir nur Glück gebracht. Deshalb habe ich sie dir geschenkt, Will, ich wollte, dass sie dir auf Hawaii Glück bringt. Wenn du schon so weit wegziehen musstest, wollte ich, dass du etwas bei dir hast, was dich jeden Tag an mich erinnert. Und du hast mir versprochen, dass du sie immer an der Wand in deinem Wohnzimmer hängen lässt.«

O du grundgütiger Gott, dachte Will. Seufzend schüttelte er den Kopf und legte leise die Hand auf den Hörer. Wenn seine

125

Mutter erst einmal in Fahrt geraten war, konnte man sie nicht mehr stoppen.

»Ich erinnere mich auch noch an den Jungen, er war bestimmt noch keine Zwanzig. Er hatte so ein rundes Kindergesicht, einen wilden schwarzen Haarschopf und trug Shorts und Sandalen. Schätzchen, kannst du dich auch noch an ihn erinnern? Er hatte die längsten zweiten Zehen, die ich jemals gesehen habe.«

»Ich habe sie mir nicht so genau angesehen«, antwortete Bingsley. »Ich war zu beschäftigt damit, zweihundert Dollar für die Kette zusammenzukratzen. Das war zu dieser Zeit ein kleines Vermögen, verstehst du?«

»Aber ich habe dir später immer wieder davon erzählt«, fuhr Almetta fort. »Ich war vollkommen fasziniert von diesen Zehen. Sie sahen aus, als hätte sie jemand aus dem Gelenk gezogen, so lang waren sie. Heutzutage gibt es Frauen, die sich die Zehen operieren lassen, damit sie kürzer sind und in diese verrückten Designerschuhe mit den scharfen Spitzen und den irrsinnigen Absätzen passen. Ist das nicht grässlich? Na, jedenfalls kann ich dir sagen, dieser Junge hätte eine solche Operation ganz gut gebrauchen können.«

Will rechnete, während seine Mutter weiterplapperte. Der Junge von damals musste jetzt Ende Vierzig sein. Auf dieser Erde lief also jemand herum, der auf die Fünfzig zuging, und das mit viel zu langen zweiten Zehen. Und dieser Jemand hatte vor dreißig Jahren seinen Eltern eine gestohlene Muschelkette verkauft.

»… kann ich dir sagen, ich glaube nicht, dass solche Ketten heute überhaupt noch gemacht werden«, fuhr seine Mutter fort. »Sie ist absolut wunderbar. Warum fragst du, mein Lieber?«

»Warum in aller Welt rufst du uns in Florida an, um uns nach dieser Kette zu fragen?«, fiel nun auch sein Vater etwas misstrauisch ein.

»Nun … ja … ich habe gerade herausgefunden, dass diese Kette vor dreißig Jahren aus dem Seashell Museum gestohlen wurde. Sie hat Ende des neunzehnten Jahrhunderts einer Frau gehört, die Königin von Hawaii war. Der Junge hat euch damals Diebesgut verkauft.«

»Ich habe immer gesagt, dass ich mich mit dieser Kette wie eine Königin fühlte«, rief seine Mutter aus. »Dann muss sie ja wirklich sehr wertvoll sein. Wie schön, dass wir ein solches wertvolles Stück in unserer Familie haben. Und wir haben sie ja schließlich rechtmäßig erworben.«

»Ich habe sie nicht mehr.«

»Was?«, rief seine Mutter. »Was hast du damit gemacht? Ich habe sie dir geschenkt, damit sie dir Glück bringt.«

Das ist ja auch wunderbar gelungen, dachte Will müde. Er räusperte sich. »Ich habe die Kette einer Frau geliehen, die hier im Hotel arbeitete und unsere Hauszeitung schrieb. Sie sollte die Kette fotografieren und das Foto in die Zeitung setzen, weil wir am Wochenende hier einen Ball haben, bei dem eine ähnliche Kette versteigert wird. Ich habe ihr die Kette vorgestern Abend gegeben, kurz bevor sie das Hotel verließ. Und am nächsten Morgen wurde ihre Leiche vor unserem Hotel an den Strand geschwemmt. Die Kette hatte sie um den Hals. Die Polizei hat ziemlich schnell bemerkt, dass es sich um die Muschelkette handelte, die vor dreißig Jahren aus dem Museum gestohlen wurde.«

»Du lieber Himmel!«, japste seine Mutter.

»Ich habe niemandem gesagt, dass die Kette mir gehört. Ich will nicht mit dem Tod dieser Frau in Verbindung gebracht werden. Und ich will nicht, dass jemand denkt, meine Eltern hätten die Kette gestohlen, als sie damals auf Hawaii Urlaub machten.«

»Natürlich haben wir das nicht getan!«, sagte seine Mutter beleidigt. »Du hättest sie niemals aus der Hand geben dürfen. Schließlich handelt es sich um ein Familienerbstück.«

Ich wünschte eigentlich, *du* hättest sie nie aus der Hand gegeben, dachte Will. »Ich wollte nur, dass ihr wisst, was hier vor sich geht. Und ich wollte wissen, woher ihr die Kette hattet.«

»Wo könnte dieser Junge wohl heute sein?«, fragte seine Mutter.

»Gute Frage. Jedenfalls ist er kein Junge mehr. Vielleicht lässt er sich gerade in diesem Augenblick die Zehen operieren, wer weiß? Ich brauche möglicherweise eine eidesstattliche Erklärung von euch, wie und wann ihr die Kette erworben habt.«

»Vielleicht sollten wir nach Hawaii fliegen, Bingsley, was meinst du?«

»Mom, das ist wirklich nicht ...«

Plötzlich konnte man Tracys Kinder wieder im Hintergrund schreien hören.

»Großartige Idee«, sagte Bingsley mit plötzlicher Begeisterung. »Ich werfe mal den Computer an, ich bin sicher, ich finde einen Billigflug. Wir sind so bald wie möglich bei dir, mein Sohn.«

»Die Sache mit dem Ball klingt einfach wunderbar«, rief seine Mutter. »Kannst du uns Karten besorgen?«

Will legte verzweifelt den Kopf auf den Schreibtisch. Heute Abend kam seine Frau nach Hause. Sie hatten sich fast zwei Wochen nicht gesehen. Wenn sie herausfand, dass Almetta und Bingsley auf dem Weg nach Hawaii waren ... Und wenn sie herausfand, weshalb sie kamen ...

Warum passiert das ausgerechnet mir?, dachte er.

21

Das Flugzeug mit Gert und Ev an Bord näherte sich Kona auf Big Island. Alle Passagiere reckten die Hälse, um einen Blick auf die vielen Quadratkilometer dunkler, zerklüfteter Lava zu werfen, die sich unter ihnen endlos erstreckte. Es sah aus wie auf dem Mond.

»Das kann doch wohl nicht Hawaii sein«, beschwerte sich eine Frau bei der Stewardess, die in ihrer Nähe saß. »Das ist doch nicht das Paradies, es sieht aus wie ein einziger Haufen verbrannter Steine. Wo sind denn die Ananasfelder und Palmen, um Himmels willen?«

»Die sehen sie gleich«, versuchte die Stewardess sie zu beruhigen. »Wissen Sie, wir landen jetzt gleich auf einer Insel, die den größten aktiven Vulkan der Erde trägt. Deshalb sieht es so kahl und wüst aus. Aber es gibt wunderbare Strände, riesige Ackerflächen, Wasserfälle und Ananasplantagen dort unten. Und die Insel wächst immer noch.«

»Wie kann das denn sein?«, schmollte die Frau.

»Die Vulkanausbrüche haben sie Insel seit 1983 erheblich wachsen lassen. Ein Teil des Flugplatzes ist direkt auf dem Lavastrom erbaut.«

»Schrecklich!«

»Ich verspreche Ihnen, es wird Ihnen gefallen. Es wird nicht lange dauern, dann wollen Sie gar nicht mehr weg.«

129

Gert drehte sich zu Ev um und lächelte. »In jedem Haufen Wäsche ist eine nasse Wolldecke.«

»Wohl wahr«, erwiderte Ev. »Mindestens eine. In unserer Gruppe haben wir diesmal sogar zwei. Hast du gesehen, dass Bob und Betsy heute früh wie versteinert beim Frühstück saßen? Wenn man bedenkt, dass die beiden ein Buchkapitel über aufregende Zweierbeziehungen schreiben! Das ist, als würden wir beide über das Leben als Supermodel schreiben.«

Gert lachte und schnaufte ein wenig. »Und diese Joy macht auch ständig Schwierigkeiten. Drei nasse Decken also. Sie hatte sogar den Nerv zu fragen, ob wir Taschengeld an die Gruppe auszahlen. Sie sollte froh sein, dass sie ihren kleinen Hintern bis nach Hawaii gebracht hat. Erinnerst du dich, als wir in dem Alter waren?«

»Na, allerdings. Das einzige Mal, dass wir aus Hudville herauskamen, war, als wir zur Staatsausstellung fuhren. Dideldum.«

»Na, jedenfalls werden wir dafür jetzt reichlich entschädigt, Schwesterherz.«

»Stimmt, und das alles, weil wir so nette, freundliche Nachbarinnen sind.«

»Was für ein Glück, dass der Alte damals ins Nebenhaus gezogen ist.«

»Und was für ein Glück, dass dann so bald seine Frau starb!«

Das Flugzeug schwankte und setzte ein paar Mal unsanft auf der Rollbahn auf, bevor es sanft ausrollte. Der Flugplatz war klein, und die Passagiere verließen das Flugzeug über eine bewegliche Treppe direkt auf die Landebahn. In der leichten Brise wiegten sich die Palmen, und das Gepäckband war nur ein paar Schritte entfernt. Einige Reiseleiter begrüßten Gruppen von Passagieren mit Blumenketten. Gert und Ev bahnten sich ihren Weg durch die Menge und gingen schnurstracks zur Auffahrt, wo ein junger Mann in einem zerbeulten Allradwagen auf sie wartete.

Carla und Jason eilten ihnen nach. »Meine Damen!«, rief Carla ihnen zu, als Gert schon die Beifahrertür des Jeeps öffnete.

Ungeduldig drehte sich Gert nach dem Pärchen um. »Ja?«, fragte sie, immer noch bemüht, höflich zu klingen.

»Ich habe gehört, Sie sind Reiseleiterinnen, und ich dachte, vielleicht könnten Sie uns eine gute Adresse verraten, wo man hier zu Mittag essen kann. Wissen Sie, das ist ein ganz besonderer Tag für uns, wir haben uns nämlich gestern Abend verlobt.« Carla hielt ihnen stolz die Hand hin, um ihren Verlobungsring bewundern zu lassen.

Gert warf einen kurzen Blick darauf, war aber nicht besonders beeindruckt. »Wir kennen hier keine Restaurants«, sagte sie kurz, ohne Carlas Ring zu kommentieren. »Wir besuchen hier Freunde.«

»Oh, okay«, sagte Carla enttäuscht und warf einen schnellen Blick auf den jungen Mann auf dem Fahrersitz. Er war ganz entschieden nicht ihr Typ, jung, verschwitzt und in alten Arbeitsklamotten. Die Zwillinge stiegen in den Wagen, schlugen die Türen zu und fuhren ab. »Sieht nicht so aus, als würden sie zu einer Teegesellschaft fahren«, kommentierte Carla, die dem Wagen nachsah.

»Nein, wirklich nicht.« Jason nahm ihre Hand. »Vergiss sie doch einfach. Wir mieten uns jetzt ein Auto.«

»Okay«, stimmte Carla zu, fragte sich aber immer noch, wohin die Zwillinge wohl fuhren. Irgendwie kam ihr das Ganze verdächtig vor. Warum konnten sie den jungen Mann nicht nach einem Restaurant fragen? Schließlich verlobte man sich doch nicht jeden Tag. Die beiden Frauen waren ausgesprochen unhöflich gewesen, und das ohne jeden ersichtlichen Grund. Nicht einmal einen Blick auf den Ring hatten sie geworfen, diesen Ring, auf den Carla ihr ganzes Leben lang gewartet hatte.

Was für eine Beleidigung!

Carla kochte vor Zorn.

Und wenn jemand Carla beleidigte, vergaß sie das nicht so leicht.

Niemals.

Sie war nachtragend bis ins Grab.

22

Er starrte das Bild von Dorinda Dawes an und las den Artikel über ihren Tod. Er erinnerte sich noch ganz genau an jene Nacht, als er in das Museum eingebrochen war und all die Muscheln gestohlen hatte. Er hatte die Kette der Königin um den Hals getragen, als die Polizei ihn in die Sackgasse getrieben hatte. Da war es mit ihm fast vorbei gewesen. Aber als Dorinda Dawes die Kette um ihren Hals getragen hatte, war es mit ihr tatsächlich vorbei gewesen.

Gott sei Dank, dass sie ihn damals vor dreißig Jahren nicht geschnappt hatten. Es war wirklich knapp gewesen. Warum kann ich der Versuchung nur nicht widerstehen?, fragte er sich.

Manchmal wünschte er sich, er wäre mit einer besseren Fähigkeit geboren worden, Langeweile auszuhalten. Er beneidete Menschen, die über lange Zeit immer wieder dasselbe tun konnten.

»Bis ich blau anlaufe«, hatte seine Großmutter immer gesagt. »Ich koche und putze, bis ich blau anlaufe, und ich bin trotzdem froh, dass Gott mir meine zwei gesunden Hände gegeben hat.«

Seine Großmutter war schon eine tolle Frau gewesen, dachte er und lachte in sich hinein. Seit er erwachsen war, hatte er sie nicht mehr oft gesehen. Er war ein Soldatenkind gewesen, und seine Familie war ständig umgezogen. Es war schwierig gewesen, Freunde zu finden, weil sie nie lange irgendwo blieben. Und wenn die anderen Kinder seine Zehen sahen, hänselten sie ihn. Er hatte darauf reagiert, indem er ständig Schwierigkeiten machte und nach außen hin immer härter wurde. Als er acht Jahre alt gewesen, hatte er zum ersten Mal einem anderen Kind das Lunchpaket geklaut.

Als er sechzehn gewesen war, hatte seine Familie ein Jahr auf Hawaii verbracht. Und was für ein Jahr. Sein Vater war in Fort de Russy stationiert gewesen, gleich am Strand von Waikiki. Sie hatten ihn an der örtlichen Highschool angemeldet, aber die meiste Zeit war er beim Surfen gewesen und hatte an den Hotelstränden rumgehangen, wo es ständig etwas zu klauen gab.

Wie ist bloß diese Muschelkette, die ich damals dem Ehepaar verkauft habe, das zurück in die Staaten flog, wieder hier gelandet, und dann auch noch mit dieser Dorinda Dawes?, fragte er sich.

Ich muss die Kette noch einmal sehen, entschied er sich. Wenn sie jetzt wieder im Museum ist, könnte ich wohl auch mal wieder an den Ort des Verbrechens zurückkehren. Gut, dass sie vor dreißig Jahren noch keine Software hatten, um Gesichter wiederzuerkennen. Außerdem hatte ich damals eine Strumpfhose über dem Kopf. Vielleicht haben sie ja eine Software, die Strumpfhosen wiedererkennt. »Immer auf das Etikett achten«, murmelte er vor sich hin und blätterte die Tageszeitung um.

Ich würde die Kette zu gern wieder einmal in der Hand halten, sie noch einmal um meinen Hals hängen. Ich würde zu gern noch einmal den verrückten Moment erleben, als ich den Polizisten weggerannt bin. Vielleicht könnte ich die Kette noch einmal stehlen. Der Gedanke war unwiderstehlich. Sie machen so viel Theater um die Versteigerung der anderen Kette auf dem Prinzessinnenball. Wenn die Kette wieder verschwindet, na, das wäre doch eine gute Geschichte.

Er fragte sich, ob sie wohl inzwischen mehr für die Sicherheit des Museums taten. Es war nicht gerade der Louvre, aber die Ketten waren wertvoll, so viel stand fest.

Ich habe einfach Lust auf Unruhe, dachte er. Und so war ich immer schon, von Kindesbeinen an. Er erinnerte sich daran, wie er sich einmal angeboten hatte, für eine Freundin seiner Schwester einen Milchshake zu machen. Er hatte einen ordentlichen Schuss Chlorbleiche in den Mixer gegeben. Der Milchshake war so schaumig geworden, dass das Mädchen gleich einen schönen großen Schluck genommen hatte. Ihr Gesichtsausdruck, als sie aus dem Haus rannte und alles in den Vorgarten spuckte, war großartig gewesen. Niemals in seinem Leben hatte er so laut und lange gelacht. Und während sie draußen gewesen war, hatte er auch noch ein bisschen Kleingeld aus ihrer Handtasche geklaut.

Damals ist es losgegangen, dachte er. Von dem Tag an hat mir das Klauen und Streichespielen einen solchen Kick gegeben, dass ich es einfach nicht mehr lassen konnte. Dafür kann ich halt überhaupt nicht über blöde Witze oder Filme lachen, bei denen der Rest der Welt sich auf die Schenkel schlägt. Ich brauche einfach mehr, und ich muss immer in Bewegung sein. Deshalb trainiere ich auch wie ein Irrer, sagte er sich und blätterte wieder eine Seite um.

Der Kleinbus hielt an einem herrlichen Surferstrand. Francie tippte ihm auf die Schulter. »Sieh dir bloß die Wellen an, Ned! Die sind ja riesig!«

Er lächelte. »Hab ich doch gesagt.«

»Aber das sieht ja gefährlich aus!«, rief Francie. »Bist du sicher, dass du hier surfen willst?«

Ned drehte sich zu ihr um. »Verstehst du denn nicht, Francie, das ist doch der ganze Spaß!«

135

23

Als Regan zurück ins Hotel kam, ging sie sofort in Wills Büro. Seine kräftig gebaute Sekretärin Janet telefonierte gerade. Regan hatte ihr den Beinamen Zerberus gegeben. Janet trug eine Lesebrille auf der Nasenspitze und hatte diesen ganz bestimmten, für alles zuständigen Gesichtsausdruck eines Menschen, der noch nie in seinem Leben nervös gewesen ist. Vermutlich hatte sie auch noch nie einen Augenblick an sich selbst gezweifelt. Regan schätzte sie irgendwo um die fünfzig.

»Ist Will da?«, fragte Regan leise, aber es zeigte sich sofort, dass die Diskretion überflüssig war.

»Nein, er ist rausgegangen. Ich habe den Eindruck, er ist im Augenblick ein bisschen gestresst«, bellte Janet durchs Zimmer. »Also, Schätzchen, ich muss jetzt Schluss machen«, rief sie ins Telefon, knallte den Hörer auf die Gabel, blickte Regan direkt an und sprach dann doch etwas leiser. »Ich weiß, dass Will Ihnen den Auftrag erteilt hat, sich die Dinge hier im Haus ein bisschen genauer anzusehen.«

»Das hat er Ihnen gesagt?«

»Selbstverständlich. Wenn man seiner eigenen Sekretärin nicht mehr trauen könnte …« Für einen Augenblick verlor sich ihre Stimme. »Will hat wirklich viel am Hals mit all den Problemen, die hier seit der Renovierung aufgetreten sind, und nun auch noch dem Tod von Dorinda. Ich kann Ihnen sagen, der Mann ist ja nur noch ein Schatten seiner selbst.« Sie nahm einen braunen Umschlag, der auf ihrem Schreibtisch lag, und reichte ihn Regan. »Da drin sind alle Nummern der Hauszeitung, die Dorinda geschrieben hat, außerdem der Artikel aus der Reisezeitschrift und eine Liste mit sämtlichen Problemen und Reklamationen seit der Renovierung.«

»Danke.«

»Entschuldigen Sie, Janet«, sagte eine Männerstimme.

Regan drehte sich um. In der Tür stand ein Mann in der Uniform der Gepäckträger. Sie lächelte ihm zu.

»Ist Will da?«, fragte er höflich und mit einem breiten Lächeln.

»Er ist gleich wieder da«, antwortete Janet.

»Dann komme ich noch mal wieder.« Er lächelte wieder, winkte und verließ das Büro. Irgendwie erinnerte er Regan an einen Jungen, den sie im College kennengelernt hatte und der ebenfalls immer ein Lächeln im Gesicht gehabt hatte. Er hätte vermutlich auch noch gegrinst, wenn man ihm erzählt hätte, dass gerade sein Haus abbrannte.

Janet deutete hinter ihm her. »Will hat Glenn immer gefördert. Will hat ja auch als Gepäckträger angefangen, und seit ein oder zwei Jahren zeigt er dem Jungen, wie man mehr aus sich macht. Er meint, in Glenn steckt eine Führungskraft.« Sie hielt kurz inne. »Ach wissen Sie, Regan, Sie können sich überhaupt nicht vorstellen, was heute früh hier los ist. Ein Anruf nach dem anderen. Halb Honolulu will jetzt Karten für den Prinzessinnenball, nachdem die Sache mit der Muschelkette um den Hals der toten Dorinda für so viel Publicity gesorgt hat. Wir quetschen so viele Tische in den Saal wie möglich, aber jetzt sind wir so weit, dass wir den ersten Leuten absagen müssen. So hat Dorinda am Ende doch noch für gute Geschäfte gesorgt, man sollte es nicht glauben.«

Regan hob die Augenbrauen. »Komische Geschichte.«

»Verstehen Sie mich nicht falsch«, fuhr Janet schnell fort. »Ihr Tod ist eine furchtbare Sache. Sie wurde direkt nach der Renovierung eingestellt, um mit ihrer Hauszeitung für ein bisschen mehr Leben in der Bude zu sorgen. Aber sie ging nur allen auf die Nerven. Erst ihr Tod hat das bewirkt, was sie eigentlich tun sollte. Auf einmal stehen wir im Mittelpunkt des Interesses. Jetzt wollen sie alle auf den Ball und die Kette ersteigern. Und natürlich wollen die Leute wissen, was mit der Kette geschieht, die Dorinda getragen hat. Wenn Sie mich fragen, die Leute sehen sich einfach zu viele Krimis im Fernsehen an.«

»Ich komme gerade vom Seashell Museum. Der Besitzer hat sich noch nicht entschieden, ob er die zweite Kette überhaupt versteigern lassen will.«

»Das sollte er unbedingt tun«, erklärte Janet und fuhr sich mit dem Kugelschreiber durch ihre kurzen, rötlichen Haare. »Irgendein Verrückter wird mit Sicherheit bereit sein, eine ordentliche Summe dafür zu bezahlen. Und schließlich ist es ja für einen guten Zweck.«

»Er hat mir gesagt, er wird sich erst während des Balls entscheiden.«

Janet zuckte mit den Schultern. »Umso besser, das macht die Sache noch dramatischer. Na, wer weiß? Vielleicht treibt diese Last-Minute-Entscheidung den Preis noch mal ordentlich in die Höhe. Der Auktionator wird das alles zu nutzen wissen.«

Regan nickte. »Er will wohl erst mal sehen, wie viel die erste Kette einbringt.«

»Natürlich«, erwiderte Janet mit ihrer leisesten Stimme.

»Am Ende geht es doch immer nur ums Geld, nicht wahr, Regan?«

»Meistens ist das so«, stimmte Regan ihr zu. »Und es ist tatsächlich so, dass niemand Dorinda je zuvor mit dieser Kette gesehen hat, hm?«

Janet schüttelte heftig den Kopf. »Niemand. Hier an meinem Schreibtisch sind in den letzten zwei Tagen weiß Gott genug Leute vorbeigezogen, um mit mir über Dorinda zu sprechen. Ich komme mir schon vor, als säße ich auf dem Hauptbahnhof von New York. Und alle erinnern sich an die Blumenketten, die Dorinda immer trug, passend zu den Blumen in ihrem Haar. Sie hielt sich offenbar für Carmen Miranda. Wenn Sie mich fragen, nahm das in letzter Zeit reichlich überhand. Sie wirkte immer irgendwie ein bisschen verkleidet mit dem ganzen ›tropischen‹ Zeug, das sie trug. Manchmal war ich kurz davor, ihr zu sagen, sie solle doch mal ein bisschen locker lassen. Schließlich sind wir hier auf Hawaii.«

Na, jetzt ist hier alles ganz locker, dachte Regan. Aber ich habe meine Zweifel, ob die arme Dorinda in Frieden ruht. Scheint so, als gäbe es niemanden hier, der wirklich in Tränen ausbrechen würde, nur weil sie tot ist. »Sie war ja noch nicht sehr lange hier«, bemerkte sie laut.

»Lange genug, um überall bekannt zu sein. Sie kam Mitte Oktober, als die Renovierung abgeschlossen war und der neue Bettenturm sowie der Ballsaal eröffnet worden waren. Will fand, es wäre doch eine gute Idee, eine Hauszeitung für die Gäste herauszugeben. Dorinda bewarb sich um den Job, und der Rest ist, wie man so schön sagt, Geschichte.«

»Sie sagten, Dorinda ging den Leuten auf die Nerven. Können Sie mir da Beispiel nennen?«

»Aber gern. Ich könnte Ihnen für den Anfang vielleicht mal

erzählen, wie sie beispielsweise mir auf die Nerven ging«, erklärte Janet. »Nehmen Sie sich doch mal einen Stuhl.«

»Ja, danke«, antwortete Regan und griff brav nach einem der Stühle, die neben der Tür aufgereiht standen. Sie stellte ihn direkt vor Janets Schreibtisch, setzte sich hin und griff nach ihrem Notizbuch.

»Wollen Sie sich Notizen machen?«, fragte Janet.

»Wenn es Ihnen nichts ausmacht.«

»Nein, nur zu.«

»Danke, also, Sie sagten ...«

»Genau. Dorinda. Sie war einfach entsetzlich anstrengend. Einige von den Mädchen, die in der Boutique da draußen arbeiten, kamen heute früh bei mir vorbei. Sie dürfen das nicht falsch verstehen, die Leute hier sind wirklich erschüttert, dass sie tot ist. Aber andererseits wird sie niemand wirklich vermissen. Zum Beispiel tauchte sie hier manchmal auf, um Will zu treffen, und dann behandelte sie mich, als wäre ich hier die letzte Hilfskraft. Mag ja sein, dass ich das tatsächlich bin, aber was war sie denn?«

Regan nickte mitfühlend.

»Keine Ahnung, woher sie ihre Allüren hatte.« Janet hob die Schultern. »Die Mädchen aus der Boutique jedenfalls sagen, am Anfang war Dorinda ausgesprochen freundlich und fragte sie alle möglichen Sachen. Sie hat sich ein paar Mal mit ihnen zum Mittagessen oder auf einen Drink getroffen. Aber dann ging es los, dass sie die Verabredungen in letzter Minute absagte. Oder dass sie nicht zurückrief, wenn man ihr etwas auf den Anrufbeantworter gesprochen hatte. Als hätte sie gemerkt, dass bei den Mädchen nicht viel zu holen war. Und so scheint es immer wieder mit den Leuten hier im Hotel gelaufen zu sein. Sie baggerte jeden an, um zu sehen, ob irgendwelcher Tratsch aus ihm herauszuholen war, und wenn sie alles erfahren hatte, was zu erfahren war, ließ sie die Leute fallen wie heiße Kartoffeln.«

»Haben Sie irgendwelche Informationen über ihr Privatleben?«

»Abends und nachts war sie ja oft hier im Hotel, um sich auf den Partys herumzutreiben und zu fotografieren. Und ich weiß, sie schaffte es immer irgendwie, sich einladen zu lassen, wenn irgendwo in der Stadt Empfänge oder Partys waren. Aber einen festen Freund … nein, das glaube ich nicht.«

»Die Bedienung in einem der Cafés meinte, sie habe ziemlich viel und heftig geflirtet.«

»Gut beobachtet. Ich habe es ja bei Will gesehen. Sie rauschte an mir vorbei und schneite dann mit einem breiten Lächeln auf dem Gesicht bei ihm ins Büro. Ich glaube nicht, dass er sich auf irgendwas eingelassen hat, aber er hatte keine Wahl, freundlich sein musste er. Er hatte ihr einen Vertrag über sechs Monate gegeben, und den musste er einhalten. Er war ja zum Erfolg verurteilt.«

»Hat Will jemals irgendetwas erwähnt, dass er sie loswerden wollte?«, fragte Regan schnell.

»Nein! Aber ich kenne Will ganz gut, und ich weiß, er konnte mit den Reaktionen der Gäste und Angestellten auf Dorinda nicht zufrieden sein. Er wollte mit der Hauszeitung die Menschen ja zusammenbringen, nicht sie gegeneinander aufbringen. Aber ich sollte über Will jetzt gar nichts sagen. Also: Ja, Dorinda flirtete ständig und überall, und sie war eine attraktive Frau.«

Interessant, dachte Regan. Ich hatte doch schon die ganze Zeit das Gefühl, dass Will mir irgendetwas verschweigt. »Haben Sie den Artikel gelesen, den sie für dieses Reisemagazin geschrieben hat?«

141

»Nein. Aber dabei fällt mir ein, wir müssen uns jetzt darum kümmern, dass jemand anderer auf dem Ball die Gäste fotografiert.« Sie machte sich schnell eine Notiz auf einem Post-it, das auf ihrem Schreibtisch lag. Geschäft ist Geschäft, dachte Regan. »Anscheinend ist Dorinda jeden Abend – oder jede Nacht – zu Fuß nach Hause gegangen. Wussten Sie das?«

»Ja, sie hatte eine Wohnung nicht weit von hier in Waikiki. Meistens ist sie am Strand entlanggegangen. Wenn es regnete, fand sie immer jemanden, der sie nach Hause fuhr. Einmal habe ich es sogar getan. Sie hat kaum Danke gesagt, dabei wohne ich in der entgegengesetzten Richtung, und das wusste sie ganz genau.«

»Was wird jetzt aus der Wohnung?«

»Ihr Cousin kommt, um sie aufzulösen.«

»Er kommt hierher?«, fragte Regan nach.

»Ja. Er hat angerufen, nachdem Sie weg waren.«

»Wo lebt er?«

»In Venice Beach, Kalifornien.«

»Ach, schau an. Ich wohne in den Hollywood Hills.«

»Nun, er kommt heute mit dem Flieger, und Wills Eltern kommen morgen früh.«

»Wills Eltern? Er hat mir gegenüber nur erwähnt, dass er sich freut, seine Frau wiederzusehen, die an diesem Wochenende nach Hause kommt.«

»Ja, darauf hat er sich wirklich gefreut. Und sie kommt auch tatsächlich. Aber damit gehen die Probleme ja erst richtig los. Sie ist schon vor Weihnachten verreist, und wenn sie heute Abend nach Hause kommt, erfährt sie all die schönen Neuigkeiten. Zum Beispiel, dass ihre liebe Schwiegermutter am nächsten Morgen hier einfliegt. Verstehen Sie mich nicht falsch, Wills Mutter ist eine reizende Frau, aber …«

»Ich verstehe vollkommen«, antwortete Regan schnell. »Gut, dass wenigstens Sie das verstehen, denn Wills Frau wird es nicht verstehen, da bin ich sicher.« Janet lachte. »Der Ärmste. Er hat so viel um die Ohren, muss diesen Ball irgendwie erfolgreich über die Bühne bringen, und nun kommen auch noch diese Familiengeschichten dazu. Er wird seine Eltern wohl hier im Hotel unterbringen.«

»Klingt gut«, sagte Regan.

»Aber hallo! Und wie! Aber das bedeutet natürlich, dass ich mich mit Mama Brown abgeben darf, und ich habe weiß Gott mit dem Ball genug zu tun.«

»Es wird ziemlich hektisch werden«, bemerkte Regan.

»Glaube ich auch.«

»Janet, haben Sie jemals etwas davon gehört, dass Dorinda Angst vor dem Meer hatte?«

»Nein. Aber wie sie in den Nachrichten schon sagten, sie saß wohl gern bei Nacht auf der Mole. Da ist es auch wirklich schön, bei Mondschein vor allem, so still und friedlich. Ich habe ihr mehr als einmal gesagt, sie soll vorsichtig sein. Aber sie hörte ja nicht zu. Sie meinte, die Mole sei ein guter Ort, um nach einem hektischen Tag ein bisschen abzuschalten. Aber die Strömungen dort sind sehr stark. Vielleicht ist sie einfach ausgerutscht und ins Wasser gefallen.«

»Vielleicht«, stimmte Regan zu und schrieb sich ein paar Stichworte auf. »Janet, Sie sehen doch viel von dem, was hier so passiert.«

»Und ich höre noch mehr. Manchmal komme ich mir vor, als wäre ich die Vorsitzende des Beschwerdeausschusses.«

»Kennen Sie irgendjemanden, der Dorinda nach dem Leben trachten könnte?«

»Na ja, es gab sicher eine ganze Menge Leute, die sie gern

143

erwürgt hätten, aber eben nur im übertragenen Sinne. Ich denke, Sie verstehen schon, was ich meine.«

»Ja, ich glaube schon. Dorinda hat hier angefangen, als die Renovierung gerade abgeschlossen war, und Will sagt, kurz danach begannen alle möglichen anderen Probleme. Ich weiß, sie kann sich nicht mehr verteidigen, aber ich frage mich allmählich, ob sie nicht mit den anderen Schwierigkeiten hier im Hotel irgendwie zu tun hatte.«

»Schwer zu sagen«, gab Janet zurück. »Wir haben damals eine ganze Menge Leute neu angestellt.«

»Könnte ich eine Liste bekommen?«

»Sicher, das dauert nur ein paar Stunden. Ehrlich gesagt, glaube ich nicht, dass Dorinda hinter dem ganzen Theater steckte. Sie hätte dazu überall herumschleichen müssen, und normalerweise konnte sie ihre Anwesenheit nie geheimhalten. Wenn Dorinda in einem Zimmer war, dann wusste man das. Wie Sie vielleicht schon mitbekommen haben, hatten wir Probleme mit der Küche, mit den öffentlichen Toiletten, den Gästezimmern. Wer auch immer dahintersteckt – er muss einen Generalschlüssel haben. Natürlich hätte sich Dorinda einen besorgen können … Wir werden sehen, was jetzt geschieht, nachdem sie nicht mehr da ist.«

Das Telefon auf Janets Schreibtisch klingelte, und sie verdrehte die Augen.

»Ich wette, es geht wieder um den Ball.«

»Ich lasse Sie jetzt in Ruhe.«

Regan schloss ihr Notizbuch und stand auf.

»Ich werde mir jetzt erst mal diese Artikel ansehen.« Den braunen Umschlag hielt sie immer noch in der Hand.

»Ich bin den ganzen Tag hier, rufen Sie mich an oder kommen Sie vorbei, wenn Sie noch etwas brauchen.«

»Vielen Dank«, sagte Regan und ging aus dem Büro in die geschäftige Freiluftrezeption. Ein Plakat für den Prinzessinnenball hing an einer Säule gleich neben dem Empfangsschalter.

»Ausverkauft!«, war darüber geschrieben. »Wir nehmen Sie gern auf die Warteliste.«

O Dorinda, dachte Regan. Vielleicht hattest du es dir ein wenig anders vorgestellt, aber auf deine ganz spezielle Weise hast du hier wirklich Spuren hinterlassen, das kann man wohl kaum übersehen, armes Mädchen.

24

Bob und Betsy saßen zusammen am Schreibtisch in ihrem Zimmer, den Laptop vor sich. Überall auf dem Bett waren handgeschriebene Notizen verteilt. Neben ihnen stand eine Kaffeekanne, die der Zimmerservice gebracht hatte, und Bob hatte gerade eine Methode vorgeschlagen, wie sie für das Kapitel in ihrem Buch recherchieren könnten.

»Ich weiß nicht«, zögerte Betsy. »Es klingt nicht sehr spannend, da hinauszugehen und so zu tun, als wären wir Bonnie und Clyde.«

»Nein?«

»Nein, überhaupt nicht.«

Bob nahm die Brille ab und benutzte den Saum seines T-Shirts, um sie gründlich zu putzen. Das tat er ein paar Mal am Tag, mehr aus Gewohnheit als aus Notwendigkeit. »Ich glaube einfach, es würde unserer Ehe helfen.«

Betsy blickte ihn verwirrt an. »Was ist mit unserer Ehe?«

Eine längere Pause entstand. »Nichts«, murmelte er. »Nichts, was man nicht mit ein bisschen altmodischer Aufregung wieder in Ordnung bringen könnte.«

»Und deshalb sollen wir so tun, als wären wir Kriminelle?«

»Ja. Wenn wir ein Kapitel darüber schreiben wollen, wie man eine Beziehung spannend erhält, dann sollten wir einen ganzen Strauß an Ideen anbieten, wie man die Flamme am

Brennen hält. Und eine solche Idee ist, dass man so tut, als wäre man richtig teuflisch.«

»Dafür gibt's doch wohl Halloween«, erwiderte Betsy und verzog ihr Gesicht. Allmählich hatte sie das Gefühl, dass mit ihrem Mann irgendetwas nicht stimmte. Seit er zufällig mit diesem Büchermenschen gesprochen hatte, der in der Innenstadt von Hudville nach einem Paar gesucht hatte, das ein Kapitel für sein Buch schreiben würde, seitdem war er vollkommen verrückt. Der Mann reiste durchs Land und suchte nach möglichst unterschiedlichen Paaren. Bob hatte sofort die Chance beim Schopf ergriffen, gemeinsam mit Betsy die Regenregion der Vereinigten Staaten zu vertreten und zu erzählen, wie man dort eine Beziehung aufregend erhielt. Das einzige Problem bestand darin, dass er überhaupt nicht aufregend war. Betsy war es ebenso wenig, aber das war eindeutig seine Schuld. Er hatte sie so langweilig werden lassen.

Betsy blickte auf ihre gefalteten Hände und dachte mit Sehnsucht an ihren Collegefreund Roger. Wo mochte er wohl inzwischen gelandet sein? Wenn Sie ihn nur geheiratet hätte, wenn er nur nicht dieses andere Mädchen getroffen hätte, damals in dem Freisemester auf See. Betsy war nicht dabei gewesen, weil sie so leicht seekrank wurde. Roger hatte gesagt, er würde für fünf Monate mitfahren, dann hätte er genug Segelei fürs ganze Leben. Verdammt, ich hätte mitfahren und mich mit Tabletten gegen Seekrankheit eindecken sollen, dachte Betsy. Ihre Mutter hatte versucht, sie zu trösten, indem sie ihr »Que sera, sera«, vorsang, aber davon wurde alles nur noch schlimmer, vor allem, als sie gehört hatte, dass Roger und diese Nancy ihre Hochzeit auf dem Schiff gefeiert hatten.

Wenn ich Roger geheiratet hätte, grübelte sie weiter, dann würde ich nicht in diesem grauenhaft deprimierenden Hudville leben. Wenn ich mit Roger Urlaub auf Hawaii machen würde, dann würden wir mit einem Mai Tai in der Hand am Strand sitzen, statt in einem langweiligen Hotelzimmer darüber nachzudenken, welche lächerlichen Methoden uns einfallen, um das Leben fremder Leute aufzupeppen. Wir hätten die Reise im Übrigen selbst bezahlt und wären nicht auf eine Lotterie angewiesen, um hierherzukommen. Wenn ich nur …

Wie hatte sie nur diese dreißig Jahre mit dem langweiligen Bob ertragen? Es war kaum zu glauben. Seit achtundzwanzig Jahren arbeitete er in diesem idiotischen Laden, der Regenrinnen verkaufte. Das war in einer Stadt wie Hudville ein gutes Geschäft. Der Büchermensch hatte den Laden ausfindig gemacht, als er durch die Stadt gefahren war, und der Rest war sozusagen Geschichte.

Jetzt legte Bob ihr eine Hand aufs Bein. Innerlich wand sie sich.

»Itsy Bitsy?«, flüsterte er leise ihren Kosenamen.

»Was?«

»Es ist schrecklich wichtig, dass wir dieses Kapitel schreiben.«

»Warum?«

»Weil es mehr Spannung in unser Leben bringt. Wenn das Buch herauskommt, werden wir mit den anderen Paaren durchs Land reisen. Dieses Buch könnte unser Leben verändern. Aber vor allem ist es ein Geschenk an unsere Kinder.«

»Unsere Kinder?« Betsys Stimme schnappte fast über. »Wie kann dieses Buch ein Geschenk an unsere Kinder sein?«

»Unsere Kinder sind wunderbar, aber sie sind ziemlich langweilig, das muss man sagen. Ich weiß auch nicht, wie das passieren konnte, ich verstehe das gar nicht. Sie werden dieses Buch eines Tages brauchen. Gott sei Dank, dass sie beide verheiratet sind, aber wenn sie nicht ein bisschen mehr Leben in ihre Partnerschaft bringen, wird es irgendwann dazu kommen, dass sie sich scheiden lassen.«

Der Mann muss doch was genommen haben, dachte Betsy. Das ist die einzige Erklärung für den Unsinn, den er redet. »Jeffrey und Celeste sind wunderbare Menschen!«, rief sie beleidigt aus.

»Man hört sie kaum, wenn sie im Zimmer sind.«

»Aber sie haben tiefe Gedanken und Gefühle.«

»Das bringt niemanden weiter, wenn man nicht in der Lage ist, sie auszudrücken.« Bob klopfte ihr auf den Oberschenkel. »Weißt du, ich habe nachgedacht. Die kleine Joy sagt, es gibt hier im Hotel ziemlich viel Schwierigkeiten. Wollen wir nicht ein bisschen durchs Haus ziehen und so tun, als wären wir die Kriminellen, die all das verursacht haben? Mal sehen, ob wir irgendwas finden, was wir anstellen können.«

»Hier im Hotel?«

»Ja. Das Hotel hat Schwierigkeiten. Wenn wir wie Kriminelle denken, kommen wir vielleicht dahinter, was hier vor sich geht. Das nennt man Rollenspiel. Wer weiß, vielleicht enden wir noch als Helden. Es ist doch nur ein Spiel.«

Betsy sah ein, dass jeder Protest sinnlos war. »In Ordnung«, willigte sie ein. »Aber nur, wenn wir an der Bar starten.«

25

Regan ging an dem Plakat des Prinzessinnenballs vorbei, auf dem Prinzessin Kaiulani, in ein traditionelles Gewand gehüllt, huldvoll auf die Gäste herablächelte. Sie ging zum Haustelefon und rief ihr Zimmer an. Aber es nahm niemand ab. Sie holte ihr Handy aus der Handtasche und rief Kits Handynummer an. Nach dreimaligem Klingeln war Kit am Apparat.

»Regan, ich bin draußen auf einem Boot!«

»Wo?«

»Hinter dem Hotel. Ich habe nach dem Frühstück ein paar Leute getroffen, die einen kleinen Segeltörn machen wollten. Ich bin aber bald zurück, Steve kommt gegen Mittag. Wir könnten uns um 12 Uhr in der Bar beim großen Swimmingpool treffen.«

»Klingt gut.«

Regan ging hinaus zu dem kleinsten Pool und suchte sich einen Liegestuhl im Schatten eines großen, gestreiften Sonnenschirms. Elvis gurrte sein »Blue Hawaii« aus den Lautsprechern. Regan nahm die alten Nummern der Hotelzeitung aus dem Umschlag, den Janet ihr gegeben hatte, und legte sich ihr Notizbuch bereit.

Es war mittlerweile klar, dass Dorinda Dawes absolut in der Lage war, sich an allen Ecken und Enden Feinde zu machen.

Selbst Regans Mutter hatte schon unangenehme Erfahrungen mit ihr gemacht, kaum zu glauben. Regan drückte auf ihren Kugelschreiber und brachte ein paar Notizen zu Papier.

Dorinda hatte Mitte Oktober die Arbeit hier im Hotel aufgenommen. Etwa zur gleichen Zeit hatten die Schwierigkeiten im Hotel begonnen. Ich bin sicher, Dorinda hätte es genossen, den Verantwortlichen auf der Titelseite ihrer Hauszeitung auszustellen, dachte Regan. Sie entfaltete ein großes Blatt, das hinter den Kopien der Hauszeitung im Umschlag steckte, eine handgeschriebene Liste aller Schwierigkeiten, die in den letzten drei Monaten aufgetaucht waren.

Regan überflog die Liste: undichte Leitungen; Überschwemmungen in den Toiletten, verursacht durch Gegenstände, die nicht in Toiletten gehörten, beispielsweise volle Flaschen mit Sonnenmilch; versalzenes Essen. Dann gab es Beschwerden von Gästen, die irgendwelche Kleinigkeiten aus ihren Zimmern vermissten, beispielsweise Zahnpasta, Körpermilch oder die Kaffeemaschine. Ein aufgedrehter Wasserhahn in einem leeren Zimmer, der eine Überschwemmung verursachte. Schachteln mit Käfern, die jemand in Gästezimmern geöffnet und dort stehen gelassen hatte. Beschwerden verschiedener Gäste, dass eine Sandale oder ein Sportschuh aus ihrem Zimmer fehlte.

Ein Dieb, der einzelne Schuhe stiehlt. Regan überlegte, was das zu bedeuten hatte – wenn es etwas zu bedeuten hatte. Im Waikiki Waters gab es ein Phantom, das nichts anderes im Sinn hatte, als Ärger zu machen. Wie kann jemand drei Monate lang so etwas durchziehen, ohne erwischt zu werden?, fragte sie sich. Vielleicht ist es nicht nur ein Phantom, sondern mehrere.

Eine junge, sonnengebräunte Bedienung in einem kurzen

151

geblümten Kleid kam auf Regan zu. »Möchten Sie etwas trinken?«

»Einen Eistee, bitte.«

»Kommt sofort.«

Konnte es möglich sein, dass Dorinda Dawes dem Phantom auf die Schliche gekommen war?, fragte sich Regan. Hatte jemand Dorinda Dawes ermordet, weil sie herausgefunden hatte, wer der Täter war? Möglich war das schon.

Der große Prinzessinnenball fand morgen statt. Wenn jemand dem Ruf des Hotels schaden wollte, war der Prinzessinnenball das perfekte Ziel dafür. Die Presse würde dort sein, und mehr als fünfhundert Gäste aus ganz Hawaii würden teilnehmen. Wenn irgendetwas Negatives dort passierte, würde man darüber tagelang tratschen, schreiben, berichten.

Sie nahm die Nummer der Hauszeitung in die Hand, die Anfang Januar herausgekommen war, die letzte, die Dorinda betreut hatte. Es gab sehr viele Fotos von den Partys, die im Dezember stattgefunden hatten. Die Männer sahen auf den Bildern allesamt großartig aus, aber die meisten Frauen waren sehr unvorteilhaft abgebildet: weit geöffnete Münder, unordentliche Frisuren, unpassende Kleidung. Besonders ein Foto fiel Regan auf. Darauf war eine Frau zu sehen, die den Kopf in den Nacken legte und laut lachte. Die Kamera hatte geradewegs auf ihre Nasenlöcher gezielt. Die Frau stand gleich neben Will, und als Regan ihren Namen in der Bildunterschrift las, wurde ihr manches klar.

Es war Kim, Wills Frau.

Die Hauszeitung war gedruckt worden, während Will im Urlaub gewesen war. Dorindas Bildunterschriften enthielten Bemerkungen wie »nur zweimal geschieden«, »endlich wieder schlank« oder »plant Hochzeit Nummer vier.« Sie blätterte den Rest der Hauszeitung durch, der ihr ziemlich zahm vorkam – Wills mäßigender Einfluss war durchaus spürbar.

O Dorinda, dachte Regan. Es scheint wirklich so zu sein, dass du in der Lage warst, den Nerv zu treffen. Viele Nerven. Aber hast du jemanden so sehr geärgert, dass er dich umbringen wollte?

Ihr Instinkt sagte ihr, dass es so war.

Aber wer war es?

Und was hatte die Muschelkette um Dorindas Hals zu bedeuten?

26

Jazzy erwachte in einem der unteren Gästezimmer in Steves Haus. Es war halb elf. Sie war mit Steve bis kurz vor vier Uhr morgens unterwegs gewesen. Sie stand auf, hüllte sich in einen luxuriösen weißen Frotteebademantel und betrat das geräumige Marmorbad, das größer war als manches Schlafzimmer.

Als Erstes putzte sie sich die Zähne – inzwischen hatte sie immer eine Zahnbürste hier liegen – und spritzte sich dann Wasser ins Gesicht. »Das hilft«, murmelte sie, während sie sich das Gesicht mit einem der wunderbaren Handtücher aus ägyptischer Baumwolle abtrocknete. Sie warf einen Blick in den Spiegel und dachte über ihr hübsches, ein wenig jungenhaftes Gesicht nach. Sie wusste, die meisten Männer fühlten sich nicht bedroht, wenn sie auftauchte, sondern genossen ihre Gegenwart. Das ist ein wichtiger Pluspunkt, Schätzchen, sagte sie sich.

Im Schlafzimmer klingelte ihr Handy. Sie eilte hinüber und sah auf dem Display nach, wer da anrief. Es war ihr Chef, Claude Mott.

»Guten Morgen!«, meldete sie sich.

»Wo bist du?«, fragte Claude. Jazzy sah ihn vor sich, mit seinem schütteren Ziegenbärtchen und dem dünner werdenden dunklen Haar. Er war unscheinbar, was seine äußere Gestalt anging, aber ein Riese im Kaufen und Verkaufen von Firmen.

Jetzt wollte er seine künstlerische Ader stärker ausleben, entwarf hawaiianische Hemden, Badeanzüge und Muumuus. Seine ersten Kreationen würden in den Geschenktaschen auf dem Prinzessinnenball das Licht der Öffentlichkeit erblicken. Seine Firma hatte den Ball gesponsert.

»Ich bin bei Steve, es war zu spät gestern, also habe ich hier übernachtet, und gleich fahre ich rüber zum Waikiki Waters, um die Geschenktaschen noch einmal zu überprüfen. Wie geht's in San Francisco?«

»Es ist halt eine Geschäftsreise, und Geschäft ist Geschäft. Ziemlich langweilig. Deshalb habe ich mir ja das Haus auf Hawaii gekauft, damit ich weit weg von all dem sein und meine hawaiianischen Kleider entwerfen kann.«

»Ich weiß, Claude, ich weiß.«

»Du weißt es, ich weiß es, wir wissen es. Übrigens scheint es mir, dass du die Morgenzeitungen noch nicht gelesen hast.«

»Was meinst du?«

»Ich habe mit Aaron gesprochen, er ist im Haus. Er hat mir gesagt, es gibt einen Artikel über diese tote Frau am Strand. Der Artikel beschäftigt sich vor allem mit der königlichen Muschelkette, die sie um den Hals trug. Ich will doch nicht hoffen, dass die Menschen durch diese Sache so verstört sind, dass sie meine Kleider mit dem wunderbaren Muscheldesign nicht mehr tragen wollen.«

»Auf keinen Fall, Claude«, versicherte Jazzy ihm. »Der Organisator des Prinzessinnenballs hat mich gestern angerufen und meinte, die Geschichte mit der Toten hat die Aufmerksamkeit für den Ball eher erhöht; jedenfalls gibt es keine Karten mehr.«

»Wirklich?«

»Ja.«

»Was tust du noch in die Taschen?«, fragte er in verschwörerischem Ton.

»Eine Menge Blödsinn, sodass deine Sachen noch mehr herausstechen.«

»Was für Blödsinn?«

»Einen Schlüsselanhänger mit einer Minipalme aus Plastik, Ananasseife, die nach Ammoniak riecht, eine kleine Tüte Macadamianüsse, die die Leute zum Zahnarzt treiben werden. Glaub mir, deine Hawaiihemden und Muumuus sind der absolute Knüller.«

»Gut. Das ist gut. Denn weißt du, Jazzy, ich glaube, im Design liegt meine wahre Begabung.«

»Das glaube ich auch, Claude. Ich tue mein Bestes, dafür zu sorgen, dass niemand an deinen Sachen vorbeikommt. Die Muschelkette, die du gezeichnet hast, ist so schön, so bezaubernd …«

»Ja, denk nur daran, wie viele Tage ich im Seashell Museum verbracht habe, um die königliche Kette zu studieren, die sie jetzt versteigern wollen. Wie viele Tage? Man hätte doch annehmen können, dass der blöde Jimmy mir die Kette für ein paar Tage anvertraut, dann hätte ich sie mit nach Hause nehmen und noch besser zeichnen können. Aber nein …«

»Nach dem Raub vor dreißig Jahren hatte er wohl einfach Angst, sie loszulassen.«

»Er ist kein guter Geschäftsmann.«

»Nein, ich glaube, das würde kaum jemand ernsthaft behaupten wollen.«

»Allerdings. Wenn ich bei einer geschäftlichen Besprechung barfuß auftauchen würde, würde niemand mehr mit mir Geschäfte machen wollen.«

»Claude«, begann Jazzy mit ihrer zuversichtlichsten Stimme.

»Der Ball wird ein riesiger Erfolg für uns werden. Und du wirst die Aufmerksamkeit bekommen, die dir zusteht.«

»Das hoffe ich. Ich komme heute Abend mit dem Flieger, holst du mich ab?«

»Aber sicher.«

»Hast du mir für das Wochenende ein Zimmer im Waikiki Waters reserviert? Ich will dort sein und sichergehen, dass meine Kleider wirklich in diesen Taschen sind.«

»Ich habe dir eine Suite gebucht.«

»Was täte ich nur ohne dich?«, fragte Claude.

»Keine Ahnung«, antwortete Jazzy.

Nachdem sie das Gespräch beendet hatte, ging sie nach oben, wo Steve den Sportteil der Tageszeitung las und Kaffee trank. »Wo sind die Jungs?«, fragte sie und nahm sich auch eine Tasse.

»Die sind zum Strand gegangen.«

»Und du nicht?«

»Nein. Ich werde den Tag mit Kit beim Hotel verbringen.«

»Da will ich auch hin. Kann ich mitfahren?«

»Sicher. Ich muss gegen Mittag dort sein.«

»Perfekt, dann können wir alle zusammen zu Mittag essen«, bemerkte Jazzy leichthin.

Steve blickte kurz von der Zeitung auf. »Ja, das ist gut.« Ich hoffe jedenfalls, dass es gut ist, dachte er. Er mochte Kit und hoffte, er könnte wenigstens ein bisschen Zeit mit ihr allein verbringen. Ihre Freundin Regan war zwar in der Nähe, machte aber nicht den Eindruck, als würde sie im Weg stehen. Da war Jazzy schon anders.

»Sag mal«, gurrte Jazzy und nahm den ersten Schluck von ihrem Kaffee, »diese Kit scheint dir ja zu gefallen. Vielleicht solltest du die Prinzessinnenkette für sie ersteigern.«

»Na, ich weiß nicht.« Steve reichte ihr die Zeitung mit dem Artikel über Dorinda Dawes. »Diese Ketten – man könnte meinen, es läge ein Fluch auf ihnen. Was schreiben sie da über die Lava von Big Island? Wenn man ein Stück davon mit nach Hause nimmt, hat man bald Schwierigkeiten am Hals. Und ich habe das Gefühl, mit diesen zwei königlichen Ketten ist es nicht viel anders. Sie haben ursprünglich einer Königin gehört, die abdanken musste, und einer Prinzessin, die viel zu jung starb. Wer will so etwas denn im Haus haben?«

»Ich wäre froh, wenn du das nicht überall rumerzählen würdest«, erwiderte Jazzy streng. »Claude bekommt sonst einen Anfall. Er will, dass die Menschen diese Ketten lieben. Sie sind schließlich das Parademuster seiner Firma.«

»Und wir wollen natürlich auf keinen Fall, dass Claude sich aufregt«, murmelte Steve mit einem Hauch von Sarkasmus in der Stimme.

»Auf keinen Fall, nein«, lachte Jazzy.

27

Regan und Kit setzten sich auf die Barhocker an der Freiluftbar des Hotels und bestellten Limonade. Auf der Theke waren Prospekte des hoteleigenen Hulakurses aufgestapelt. Kit hatte ihr nasses Haar aus dem Gesicht gekämmt und duftete nach Sonnenmilch.

»Ach, das war herrlich, Regan. Ich wünschte, du hättest mitfahren können.«

»Klingt wirklich gut. Ich werde später am Nachmittag ein bisschen schwimmen gehen. Was waren das für Leute, die du getroffen hast?«

»Ich bin am Strand spazieren gegangen und habe mit ein paar Leuten geplaudert, die sich den hoteleigenen Katamaran gemietet hatten und damit eine Runde segeln wollten. Sie haben mich eingeladen, und ich habe mir gedacht, warum eigentlich nicht? Die Leute sind so freundlich hier!«

»Hat man dir denn nicht beigebracht, dass du nicht mit Fremden mitgehen sollst?«, lachte Regan.

»Wenn ich nicht ab und zu mit Fremden mitgehen würde, wäre mein Leben reichlich monoton, weißt du?« Kit blickte sich um und senkte die Stimme. »Aber da drüben sind zwei Fremde, mit denen würde ich nicht mitgehen und nicht mal reden, glaube ich. Siehst du das Paar, wie sie uns anstarren?«

Regan warf einen schnellen Blick auf das Paar mittleren

159

Alters, das ein paar Plätze von ihnen entfernt an der Bar saß. Er hatte schon einige graue Strähnen im Haar und war sehr dünn. Die Frau war ebenfalls ausgesprochen schlank. Auf eine verrückte Weise sahen sie sich ähnlich, wie das bei manchen Paaren der Fall ist, die seit vielen Jahren zusammenleben. Die riesigen schwarzen Sonnenbrillen, die beide auf der Nase hatten, verstärkten den Eindruck von Ähnlichkeit, und zu allem Übel trugen die beiden auch noch Hüte mit Tarnmuster. Wo in aller Welt haben sie diese Hüte aufgetrieben?, fragte sich Regan. Die Frau bemerkte ihren Blick und hob leicht ihr Glas, wie um zu grüßen.

»Zum Wohl«, prostete sie Regan zu.

»Zum Wohl«, gab Regan zurück.

»Woher kommt ihr Mädels denn?«, fragte der Mann mit betont lässiger Stimme.

»Los Angeles und Connecticut«, antwortete Regan. »Und ihr?«

»Von einem Ort, wo es sehr viel regnet«, lachte der Mann.

Das könnte eine Entschuldigung für die Hüte sein, dachte Regan.

»Und, geht's euch Mädels gut hier?«, führte der Mann die seltsame Unterhaltung fort.

Ich hasse es, wenn mich jemand Mädel nennt, dachte Regan, aber sie lächelte freundlich und sagte: »Wie sollte es einem hier nicht gut gehen? Wie sollte es einem hier nicht gefallen?«

Die Frau verdrehte die Augen. »Wir sind mit einer Reisegruppe hier. Manchmal gehen mir die anderen schon sehr auf die Nerven, deshalb verbringen wir viel Zeit für uns.« Sie nahm einen großen Schluck aus dem Martiniglas, das vor ihr stand.

Starkes Zeug für diese Tageszeit, dachte Regan. Und dann bei diesen Temperaturen …

Die Frau stellte ihr Martiniglas wieder ab. »Ich bin Betsy, und das ist mein Mann Bob.«

Regan bemerkte, dass Bob seine Frau für einen winzigen Moment wütend ansah. Was soll das nur?, fragte sie sich. »Ich bin Regan, und das ist meine Freundin Kit.«

Regan hatte längst begriffen, das Kit nicht das geringste Interesse an diesen zwei Leuten hatte. Sie dachte an Steve, und niemand konnte ihr das vorwerfen. Aber diese zwei sahen eindeutig so aus, als hätten sie Lust auf ein Plauderstündchen.

»Was machst du beruflich?«, fragte Bob.

Ja, geht denn das schon wieder los?, dachte Regan. Sie war nicht immer glücklich, wenn sie diese Frage beantworten musste. Und jetzt, da sie hier auch beruflich zu tun hatte, wollte sie auf keinen Fall die Wahrheit sagen. »Ich bin Beraterin«, antwortete sie. Das klang weitläufig genug, und die meisten Leute fragten nicht weiter. Oft war es auch eine Bezeichnung, die Leute benutzten, die gerade gar nichts taten. »Und ihr?«

»Wir schreiben an einem Buch darüber, wie man mehr Spannung in seine Partnerschaft bringt«, gab Bob an.

Vermutlich, indem man seltsame Hüte trägt, dachte Regan. »Oh«, antwortete sie. »Wie interessant.«

»Sie haben sicher einen Lebenspartner«, bemerkte Betsy. »Sie haben ja einen ganz wunderbaren Verlobungsring. Wo ist Ihr Verlobter?«

Die zwei sind Juwelendiebe, jede Wette, dachte Regan ironisch. Sie kannte die Spielchen von Paaren, die Leute an der Bar anbaggerten, sie dann mit Alkohol vollschütteten und schließlich ausraubten. »Mein Verlobter ist in New York«, ant-

161

wortete sie und wechselte dann abrupt das Thema. »Gehen Sie zum Prinzessinnenball?«

»Die Karten sind sehr teuer«, bemerkte Bob. »Ich glaube eher nicht. Unsere Reiseleiterinnen sind ausgesprochene Pfennigfuchser, und wir sind hier mit einer All-inclusive-Gruppe, und der Ball gehört leider nicht zu unserem Programm.«

»Inzwischen ist der Ball ohnehin ausverkauft«, informierte Regan ihn.

»Dann müssen wir uns darüber schon keine Gedanken mehr machen«, lachte Bob.

»Es gibt aber eine Warteliste«, erklärte Regan.

Kit gab ihr einen Rippenstoß. »Regan«, flüsterte sie. »Da kommt Steve. Und siehst du, wen er im Schlepptau hat? Sag mir, dass du sie auch siehst, sonst glaube ich es nicht.«

Regan drehte sich um und sah Steve mit Jazzy um den Pool herum auf sie zu kommen. Jazzy winkte ihnen schon zu.

»Wie macht sie das bloß?«, fragte Regan.

»Keine Ahnung«, stöhnte Kit.

»Denk dran«, warnte Regan sie. »Kein Wort über meine Tätigkeit für Will. Zu niemandem.«

»Ich schweige wie ein Grab«, versicherte Kit.

Regan drehte sich zu Betsy und Bob um, während sie und Kit von ihren Barhockern aufstanden. »Es war nett, mit euch zu plaudern«, sagte sie.

»Ich hoffe, wir sehen euch Mädels bald wieder«, sagte Bob und schwenkte sein Martiniglas.

»Hallo!«, zwitscherte Jazzy, die mit Steve inzwischen auf Rufweite herangekommen war. »Ich habe heute so viel zu tun mit den Geschenktaschen für den Ball, dann muss ich mit der Sekretärin des Managers reden, um sicherzustellen, dass alles

162

am richtigen Platz steht, und ich weiß nicht, was sonst noch. Aber Steve hat mich eingeladen, mit euch zu Mittag zu essen. Ich hoffe, es macht euch nichts aus.«

»Aber nein«, antwortete Kit ohne große Überzeugungskraft in der Stimme.

Sie suchten sich einen Vierertisch auf der Terrasse, der im Schatten eines großen Schirms stand und außerdem von einem großen Banyanbaum beschattet wurde. Ein paar Kinder planschten im Pool herum, und in der Luft lag der Geruch von Sonnenmilch. Endlos erstreckte sich der Strand vor ihnen, und die Sonne stand sehr hoch über ihnen. Es war Mittag auf Hawaii, und die Menschen waren entspannt und genossen den Tag.

Schwer zu glauben, dass die Ostküste sich im Griff eines üblen Schneesturms befand. Dort hocken die Leute in warmer Unterwäsche herum, während wir hier im Badeanzug und in Sommerkleidern das Leben genießen, dachte Regan. Jazzy hatte ein Sonnenkleidchen an, das auf eine Cocktailparty gepasst hätte und sehr nach dem Kleid aussah, das sie gestern Abend getragen hatte. Regan hatte den Verdacht, dass diese kurzen, weit ausgeschnittenen Kleider mit Blumendruck eine Art selbstgewählter Uniform für sie darstellten.

Regan betrachtete Steves gut aussehendes Profil. Ich hoffe wirklich, dass er auch ein netter Kerl ist, dachte sie. Obwohl ich es sehr verdächtig finde, dass er sich mit einer Frau wie Jazzy abgibt. Und gestern in der Bar schien er mir sehr ungeduldig mit der Bedienung zu sein.

Sie bestellten Sandwiches und etwas zu trinken bei einer Bedienung in weißen Shorts, einem pinkfarbenen Oberteil und einer rosafarbenen Blumenkette um den Hals.

»Jetzt bin ich froh, dass ich ein bisschen sitzen kann«, verkündete Jazzy. »Das wird noch ein hektischer Tag.«

»Wie sind Sie in die Organisation des Balls geraten?«, fragte Regan.

»Mein Chef ist sehr an bürgerschaftlichem Engagement interessiert. Er unterstützt den Ball auch finanziell.«

»Wie großzügig von ihm!«

»Und er spendet Hawaiihemden und Muumuus, die er selbst entworfen hat, für die Geschenktaschen.«

»Ist er Designer?«, fragte Kit.

»Er hat gerade seine erste Kollektion entworfen.«

»Kommt er zum Ball?«, fragte Regan.

»Natürlich, ich habe eine ganze Reihe von Tischen für ihn organisiert.«

»Wo werden seine Kleider verkauft?«

»Ja, wie ich schon sagte, er fängt gerade erst an«, wiederholte Jazzy, als ob sie mit einem ahnungslosen Kind redete. »Er hofft, dass der Ball seine Kollektion bekannt machen wird. Claude's Clothes, so soll sie heißen.« Sie hob die Schultern. »Nun, wir werden sehen. Er ist ein sehr erfolgreicher Mann, wenn also aus dieser Sache nichts wird, dann macht er halt etwas anderes.«

»Natürlich«, antwortete Regan und hoffte, dass es nicht zu sarkastisch klang.

Während des Mittagessens blieben die Gespräche eher leicht und oberflächlich. Steve gab zu, dass er sich nicht gänzlich aus dem Berufsleben zurückziehen wollte und dass er nach neuen Investitionsmöglichkeiten suchte. Wie wäre es denn mit Claude's Clothes?, hätte Regan am liebsten gefragt, hielt sich aber vorsichtig zurück. Steve hatte die Absicht, das halbe Jahr auf Hawaii zu verbringen und die andere Hälfte irgendwo anders in den Staaten. Er war nur noch nicht sicher, wo er sein zweites Standbein haben würde.

Eine angenehme Lebensweise, dachte Regan. Aber was wird aus Jazzy? Sie wird doch nicht den Rest ihres Lebens damit verbringen wollen, auf anderer Leute Häuser aufzupassen, nicht, nachdem sie Anwältin in New York gewesen ist.

Als die Rechnung kam, war Regan erleichtert. Sie wollte nach oben ins Zimmer und ein paar Anrufe erledigen, sagte der Gruppe aber, sie ginge in den Wellnessbereich. Steve bestand darauf, die ganze Rechnung zu bezahlen, was Jazzy offenbar nicht anders erwartet hatte. So trennten sie sich; Steve und Kit machten sich zu zweit auf den Weg zum Strand. Ich werde sie erst mal ein Weilchen allein lassen, entschied sich Regan.

Als sie zu ihrem Zimmer ging, sah sie Bob und Betsy ein Stück den Korridor hinunter aus dem Materialraum der Zimmermädchen kommen. Was haben die zwei bloß vor?, fragte sie sich.

»Hallo, Regan!«, rief Bob ihr zu. »Wir wohnen auch auf diesem Flur. Und wir bekommen nie genug Handtücher, sooft wir uns auch beschweren.« Er lachte. »Inzwischen haben wir die Angelegenheit in die eigenen Hände genommen.« Er hielt ein paar Handtücher hoch, die er offenbar aus dem unbewachten Raum geholt hatte.

»Ja, Handtücher hat man nie genug«, stimmte Regan ihm zu, öffnete blitzschnell die Tür und verschwand im Zimmer. Was für ein Morgen, dachte sie. Jetzt wollte sie den Mann anrufen, den Dorinda für das Reisemagazin interviewt hatte, und dann würde sie ein wenig durchs Hotel spazieren. Sie wollte auch noch einmal mit Will sprechen und ihm sagen, dass sie Dorindas Cousin gern treffen würde. Wer konnte wissen, was sie von ihm erfahren würde?

Sie setzte sich aufs Bett und zog das Handy aus ihrer Handtasche. »Das Wichtigste zuerst«, sagte sie sich und rief Jack an. Gestern hatte sie nicht lange mit ihm sprechen können, und heute früh war er in einer Besprechung gewesen, als sie angerufen hatte. Sie hatte ihm hinterlassen, dass sie später wieder anrufen würde. Als er jetzt an den Apparat kam, sagte er sofort: »Na, endlich!«

»Hallo!«

»Tut mir leid, dass ich heute Morgen nicht rangehen konnte. Wie geht es dir da drüben im Paradies?«

»Eigentlich ganz gut, ich habe ja Arbeit genug. Wenn man bedenkt, wie viele Leute gern hier arbeiten würden, und ich habe den Job ganz einfach so bekommen, ohne mich auch nur zu bewerben.«

»Was?«

»Du hast doch von Mike Darnell gehört, dass hier eine Frau tot angeschwemmt wurde, die im Hotel gearbeitet hat. Der Manager fürchtet, dass sie ermordet worden sein könnte. Und hier passieren ziemlich viele seltsame Dinge. Deshalb hat er mich gebeten, ein bisschen herumzuschnüffeln.«

»Und wo ist Kit?«

»Oh, im Moment ist sie mit ihrem neuen Freund am Strand.«

»Lieber Himmel, das klingt wirklich so, als brauchte sie dich nicht sehr dringend.«

»Ich bin froh, dass es ihr so gut geht. Und ich bin ja beschäftigt.«

»Hast du mit Mike über den Verdacht des Hotelmanagers gesprochen?«

»Nein. Mike kam gestern rüber, um einen Schluck mit uns zu trinken, und das Gespräch mit dem Manager fand erst statt, als Kit und ich danach wieder ins Hotel kamen.«

»Woher weiß der Mann, dass du Privatdetektivin bist?« – »Kit hat es ihm erzählt.«

»Sie verliert keine Zeit, was?«

Regan lächelten. »In letzter Zeit legt sie sehr an Tempo zu. Auf jeden Fall sagt Mike, die Polizei geht von einem Unfall aus. Es gibt keine Kampfspuren, und sie scheint ganz einfach ertrunken zu sein. Aber stell dir vor: Die Frau ist aus New York, und vor vielen Jahren hat sie mal meine Mutter interviewt. Das war ein ziemliches Theater, denn sie hat meiner Mutter ein paar Aussagen böse im Mund herumgedreht.«

»Na, vielleicht hat Nora das auch so haben wollen.«

»Wahnsinnig witzig, Jack.« Regan lachte. »Ich werde ihr erzählen, dass du das gesagt hast.«

»Das macht ihr nichts aus, sie hält mich nach wie vor für einen wunderbaren Schwiegersohn.«

»Ich weiß. Sie glaubt tatsächlich, du könntest niemals etwas Falsches tun.«

»Deine Mutter hat einfach einen guten Geschmack«, sagte Jack und lachte. »Aber ernsthaft, Regan, warum glaubt der Manager, die Frau sei ermordet worden? Er muss doch Gründe dafür haben.«

»Ja, das ist die Millionenfrage. Mir hat er nur gesagt, dass sie sich vorgestern Abend von ihm verabschiedet hat und danach sofort nach Hause wollte.«

»Und das war's?«

»Das war's.«

»Da muss doch noch mehr im Hintergrund sein.«

»Ja, klar. Ich muss dringend noch mal mit ihm sprechen.«

Jack schüttelte hörbar den Kopf. »Ich glaube, das ist der Grund, warum ich dich so liebe, Regan. Du schaffst es immer wieder, dich in solche Situationen zu bringen. Ich habe es schon tausend Mal gesagt, und ich sage es jetzt wieder: Sei vorsichtig, ja?«

Regan dachte an Jimmy, wie er heute früh so unangenehm nah bei ihr gestanden hatte. Sie dachte auch an das seltsame Pärchen mit den Tarnhüten, die beiden Leute, die ihren Verlobungsring so bewundert hatten. »Es ist alles in Ordnung, Jack«, versicherte sie ihm. »Und ich kann mit meiner hellen Haut ja ohnehin nicht den ganzen Tag in der Sonne sitzen. Ich werde später sicher ein bisschen schwimmen gehen, aber so habe ich wenigstens etwas zu tun.«

»Es wäre mir lieber, du holst dir einen Sonnenbrand.«

Regan lachte. Aber innerlich musste sie zugeben, dass dieses Waikiki Waters ihr ein bisschen unheimlich war. Und wer konnte schon wissen, was noch alles passieren würde?

28

Obwohl die Wellen großartig waren und die ganze Szenerie einen überwältigenden Eindruck hinterließ – die Berge im Hintergrund und der wolkenlose blaue Himmel, der türkisfarbene Ozean und der weiße Sandstrand –, konnte Ned sich kaum aufs Surfen konzentrieren. Er hatte Artie mit in eine Bucht genommen, wo die Wellen weniger gefährlich waren als draußen auf dem offenen Meer. Er hatte ihm gezeigt, wie man hinauspaddelt, wie man die Hände auf die Seiten des Bretts legt und mit beiden Füßen gleichzeitig hinaufhüpft. Sie hatten am Strand geübt, und dann war Artie allein hinausgepaddelt, begierig nach seiner ersten Welle. Und alles, woran Ned denken konnte, war die Tatsache, dass die Muschelkette, die er vor Jahren gestohlen hatte, jetzt wieder im Seashell Museum hing. Wie konnte das sein? Was war aus dem Paar geworden, dem er die Kette damals am Flughafen verkauft hatte?

Er lag auf seinem Brett, paddelte durch das Wasser und dachte an eine Geschichte, die er einmal gehört hatte, von einem Jungen, der eine Flaschenpost ins Meer geworfen hatte, mit einem Zettel darin, auf dem er den Finder bat, mit ihm in Kontakt zu treten. Wie viele Jahre es wohl gedauert hatte, bis die Flasche irgendwo an Land gekommen war? Mindestens zwanzig Jahre, so weit sich Ned erinnerte. Zum Glück lebten die Eltern des Jungen noch in demselben Haus – anders als

Neds eigene Eltern, die so viel umgezogen waren, dass sie meistens gar nicht alle Umzugskisten ausgepackt hatten. Sie hatten sie einfach so wie sie waren von einem Haus zum anderen geschleppt. Als Neds Vater endlich in den Ruhestand gegangen war und sie in eine Wohnanlage in Maine gezogen waren, warfen sie den meisten Krempel weg, mit dem sie jahrelang durch die Lande gezogen waren. Ned hätte wahnsinnig werden können.

Wenn irgendeiner von Neds alten Schulkameraden den Versuch unternommen hätte, Ned zu finden, hätte er sich wohl die Zähne ausgebissen. Aber Ned war eigentlich ganz froh darüber. Er wollte keine Gespenster aus seiner Kindheit, die irgendwann an seine Tür klopften. Lass die Vergangenheit ruhen, sagte er sich oft.

Aber diese Muschelkette. Als er sie damals am Flughafen an diese Leute verkauft hatte, war er sicher gewesen, er würde sie nie wiedersehen, und damit war er auch sehr zufrieden gewesen. Das Paar war auf dem Weg nach Gottweißwo gewesen. Er erinnerte sich, dass die Frau den Mann bei einem höchst seltsamen Vornamen nannte. Wie war das noch gewesen? Man sollte kaum glauben, dass ich mich an so etwas noch erinnere, aber der Name war seltsam, und damals habe ich darüber gelacht. Und jetzt war die Muschelkette wieder hier. Zurück im Museum. Und er war ebenfalls hier, nachdem er mit seiner Familie so viele Jahre lang durch die Gegend gezogen war. Als er sich von seiner Frau getrennt hatte, hatte er nach einem Ort gesucht, der möglichst weit von ihr entfernt war, und so war er von Pennsylvania nach Hawaii gezogen. Was für ein Zufall, dass sie beide, die Kette und er, den Weg zurück ins Paradies gefunden hatten. Das muss etwas zu bedeuten haben, dachte er. Ich muss diese Kette wiedersehen.

»He, Artie!«, rief er. »Da kommt sie!« Er staunte, dass Artie tatsächlich aufs Brett sprang und auf der Welle ritt. Er sah sogar richtig glücklich dabei aus. Am Ufer kreischte Francie vor Begeisterung. Ned war froh, dass sie sich entschlossen hatte, lieber zuzusehen. Es war schwierig genug, einer Person das Surfen beizubringen, und nach der Lektüre des Zeitungsartikels gingen ihm sowieso viel zu viele Dinge durch den Kopf. Aber er war froh, dass Francie bei ihnen war. Sie konnte ihm zusehen, wie er auf dem Brett seine Show abzog. Das brauchte er: Aufmerksamkeit. Leute, die ihm zuhörten. Leute, die ihn nicht für einen Idioten hielten.

Artie trug einen Neoprenanzug. Weichei, dachte Ned. Der Pazifik fühlte sich so gut auf seiner Haut an; er trug nur seine Badehosen und ein Paar Neoprenschuhe. Er hatte den anderen erzählt, dass die zerbrochenen Muschelschalen im Wasser gemein sein konnten, wenn man versuchte, ins Wasser zu gehen oder herauszukommen, und dass er schon einmal eine böse Schnittwunde in der Fußsohle gehabt hatte. Er hatte ihnen auch mehr als eindringlich erklärt, dass Korallenschnitte schlimme Entzündungen hervorrufen konnten. Natürlich trug er die Schuhe nur, um seine komischen Zehen zu verbergen.

Wenn er recht darüber nachdachte, konnte er kaum glauben, dass er jemals in seinem Leben Sandalen getragen hatte. Tatsächlich war es das letzte Mal hier auf Hawaii gewesen, vor dreißig Jahren. Diese Frau, deren Mann die Muschelkette gekauft hatte, konnte ihren Blick gar nicht mehr abwenden. Sie war ein bisschen schockiert gewesen. Später an diesem Abend war er in einer Bar mit einem Typen aneinandergeraten, der sich über seine Zehen lustig gemacht hatte. Danach hatte er sich geschworen, er würde sie nie wieder jemanden sehen lassen. Ein hartes Stück Arbeit für einen Sportler, der Wassersport so sehr liebte, aber irgendwie hatte er es immer hingekriegt.

In diesen tangfarbenen Schuhen sehe ich klasse aus, dachte er. Es ist alles eine Frage der Haltung. Das versuchte er den Kindern im Hotel auch immer beizubringen, vor allem denen, die von Natur aus keine besondere athletische Begabung mitbrachten. Wenn ich nicht so viel kriminelle Energie in mir hätte, könnte ich ein richtig guter Typ sein.

Er straffte sich und sprang aufs Brett, als eine Welle heranrollte. Er stand und balancierte sich aus, ritt auf der Welle und spürte das grandiose Gefühl, das ihn dabei immer übermannte. Er konnte die Endorphine spüren, während sein Surfbrett durchs Wasser glitt. Ein wunderbares Gefühl.

Aber kein Vergleich mit dem Gefühl, das er hatte, wenn er etwas klauen konnte.

Er lachte, als die Fahrt ein Ende nahm und er und Artie die Bretter an den Strand trugen.

»Großartig!«, rief Francie. »Ich sollte es doch noch mal versuchen.«

»Ich muss zugeben, das macht wirklich Spaß«, sagte Artie, der immer noch nach Luft schnappte.

»Jetzt habe ich Hunger, wollen wir nicht zurückfahren und für ein spätes Mittagessen sorgen?«, fragte Ned.

»Und dann an den Strand!«, schlug Francie vor.

»Genau«, stimmte Ned zu, obwohl er keinerlei Neigung verspürte, heute noch einmal an den Strand zu gehen. Er hatte noch zu tun, und zwar im Seashell Museum.

29

An einem schwarzen Sandstrand nördlich des Flugplatzes von Kona gingen Jason und Carla Hand in Hand am Wasser entlang. Sie ließen sich nur dann los, wenn sie wieder ein paar Muscheln aufheben mussten. Zwei Einkaufstüten hatten sie schon gefüllt.

»Ob wir wohl immer so glücklich sein werden?«, fragte Carla Jason, als sie die Tüten abstellten, zum Wasser hinuntergingen und die Wellen um ihre Füße kreisen ließen.

»Ich hoffe, ja.« Er machte eine Pause. »Auch wenn die Chancen nicht sehr gut stehen.«

Er lachte, als Carla ihm einen Rippenstoß gab. »Du bist nicht sehr romantisch.«

»Ich mache doch nur Spaß. Und ich bin sehr romantisch. Beispielsweise habe ich auf eine mondhelle Nacht gewartet, um dir meinen Heiratsantrag zu machen. Ich hätte den Hundertjährigen Kalender studieren sollen, dann wäre mir klar gewesen, dass das keine gute Idee war. So haben mich meine guten Absichten nur in Schwierigkeiten gebracht.«

Carla gab ihm einen Kuss auf die Wange. »Ich kann immer noch nicht glauben, dass ich zur gleichen Zeit nachts dort am Strand herumgelaufen bin, während Dorinda Dawes ein paar Meter vor mir im Wasser trieb.«

»Und du hast mir einen gehörigen Schrecken eingejagt. Da

wache ich um drei Uhr in der Nacht auf, und du bist einfach weg.«

»Was glaubst du, wie schrecklich es um diese Zeit da unten am Strand war. Irgendetwas kam mir komisch vor, aber ich hatte einen kleinen Schwips, deshalb erinnere ich mich nicht mehr genau daran. Und ich kann dir sagen, ich zermartere mir wirklich das Gehirn, denn ich würde dieser Regan sehr gern helfen.«

»Was meinst du mit komisch?«, fragte Jason.

»Als hätte ich etwas Seltsames gesehen. Keine Mordwaffe oder so, aber irgendetwas war nicht so, wie es sein sollte.«

»Normalerweise vergisst du doch nichts, vor allem, wenn ich einen Fehler mache.«

Carla lachte. »Ich weiß, aber wir hatten den ganzen Nachmittag am Pool Piña Coladas getrunken und Wein zum Abendessen. Und bevor ich an den Strand ging, habe ich mir ein paar Flaschen Bier geschnappt, aus der Minibar. Erstaunlich, dass du das nicht an meinem Atem gerochen hast, ich muss doch eine Mordsfahne gehabt haben.«

»Was hast du mit den Flaschen gemacht?«

»Ich habe sie ins Meer geschmissen, nachdem ich sie ausgetrunken hatte.«

»Umweltverschmutzer!«

»Und bei jeder Flasche habe ich mir etwas gewünscht.«

»Nämlich was?«

»Nun, ein Wunsch ist schon wahr geworden, du hast mir endlich einen Heiratsantrag gemacht.«

»Und was war der zweite Wunsch?«

»Dass es nicht regnet, wenn wir heiraten. Sonst wird mein Haar kraus, und dann drehe ich durch.«

»Manche Leute sagen, Regen an der Hochzeit bringt Glück.«

Carla lächelte ihn verliebt an. »Solange du bei mir bist, brauche ich nicht noch mehr Glück. Ich will nicht unmäßig sein.«

Jason umarmte sie. Er wollte nicht mehr darüber nachdenken, dass dieses Mädchen, das er liebte, am Strand herumgelaufen war, als dort vermutlich ein Mord geschehen war – und das nur, weil Wolken am Himmel waren und er ihr keinen Heiratsantrag gemacht hatte. Es ist doch wohl klar, dass Regan Reilly nur deshalb solche Fragen stellt, weil irgendwer denkt, es war kein Unfall. »Ich glaube, wir haben jetzt genug Muscheln, um die ganze Gettysburg-Rede auf die Felsen zu schreiben«, sagte er schließlich. »Wir sollten uns ins Auto setzen und einen guten Platz finden, wo wir unsere Liebe jedem ans Herz legen können, der sich die Mühe macht, hawaiianische Graffiti zu lesen.«

»Machst du Witze? Das ist eine Touristenattraktion. Jeder auf dem Highway zum oder vom Flughafen liest diese Graffiti. Und diejenigen, die darüberfliegen, sehen nach unten und lesen sie auch.«

»Aber nur, wenn sie in einem Flugzeug sitzen, das zwei Meter über dem Erdboden fliegt, oder wenn sie zufällig ein supergrandioses Spionagefernrohr bei sich haben.« Er hob die Einkaufstüten hoch. »Los jetzt.«

Sie spazierten hinauf zu dem Parkplatz, wo ihr Auto stand, auf einem Felsen über dem türkisfarbenen Wasser, und wunderten sich, warum niemand außer ihnen am Strand war. Die Umgebung war großartig, es gab sogar einen Wasserfall und Kokospalmen. Perfekt wie auf einer Postkarte, wenn man von der Macke absah, die an der linken hinteren Tür des Mietwagens zu sehen war. Ein paar Spuren von gelber Farbe waren auch noch da. Der Autovermieter hatte ihnen den beschädigten Wagen übergeben, ohne mit der Wimper zu zucken. Jason

175

hatte sofort sein gesamtes Verhandlungsgeschick ins Feld geführt und einen Preisnachlass von zehn Prozent herausgeschlagen.

»Das können wir alles auf unserer Hochzeitsreise ausgeben«, hatte Carla begeistert gezwitschert. »Was bist du doch für ein schlauer Geschäftsmann.«

Die Sonne brannte vom Himmel, und im Auto war es heiß. Jason drehte die Klimaanlage auf, die ihnen nur noch heißere Luft ins Gesicht blies. »Komm schon, Schätzchen«, redete er ihr gut zu, »mach schon.«

Carla klappte die Sonnenblende herunter und schaute sich im Schminkspiegel an. Sie schwitzte, und ihre Wimperntusche begann zu verlaufen. »Wenn wir die Muscheln ausgelegt haben, müssen wir schwimmen gehen, um uns ein bisschen abzukühlen, und dann suchen wir uns etwas zu essen. Mein Magen knurrt jetzt schon.«

»Willst du nicht lieber erst etwas essen? Es wird ganz schön anstrengend sein, die Muscheln alle auszulegen.«

»Gute Idee.«

Sie bogen auf den Highway ein und fuhren Richtung Norden. Auf der linken Seite erstreckte sich endlos der Pazifik, auf der rechten Seite waren die Hügel mit den Kaffeesträuchern zu sehen.

»Unglaublich«, sagte Carla. »Irgendwo habe ich mal gelesen, dass die Hawaii-Inseln die isolierteste Inselgruppe der Welt sind.«

»Die Zeitschrift habe ich auch gelesen, sie liegt noch in unserem Zimmer. Darin steht auch, dass Big Island so groß ist wie Connecticut. Schade, dass wir keine Zeit haben, zum großen Vulkan hinunterzufahren.«

»Der aktivste Vulkan der Erde.«

»Ich weiß. Wie gesagt, ich habe die Zeitschrift doch auch gelesen.« − »Wann denn?«

»Als du dich gestern Abend fertig gemacht hast. Das hat locker zwei Stunden gedauert.«

»Oh. Na, vielleicht sollten wir Big Island für unsere Hochzeitsreise in Erwägung ziehen. Es ist ländlich und romantisch. Es gibt Regenwälder, die man erforschen kann, und wir können reiten, Kajak fahren, wandern, schnorcheln, schwimmen …«

»Ja, vielleicht.«

Carla lehnte sich zurück. Sie sah aus dem Fenster und hörte dem Radio zu, das Jason aufgedreht hatte. Als das Lied zu Ende war, sagte der Moderator: »Das war ein Lied für Liebespaare. Und all ihr Liebespaare da draußen, wart ihr schon mal zum Essen im Shanty Shanty Shack? Gleich am Strand von Kona, ein großartiger Platz, um sich tief in die Augen zu sehen, beim Frühstück, Mittagessen oder Abendessen. Fahren Sie vom Highway bei …«

»Da!«, rief Carla laut. »Da ist der Wegweiser. Nach zweihundert Metern links abbiegen. Komm, das machen wir! Das ist ein Wink des Schicksals.«

Jason zuckte mit den Schultern. »Ja, warum nicht?« Er setzte den Blinker, und sie nahmen die Abfahrt zu dem Restaurant, die durch einen riesigen Pfeil in Richtung Strand angezeigt wurde. Eine schlechte, enge Straße führte durch einen Bananenhain und endete auf einem Parkplatz in einer kleinen Bucht. Das Restaurant stand auf Pfählen und bot eine schöne Aussicht aufs Wasser. Nebenan stand ein hübsches altmodisches Hotel.

»Was für eine Entdeckung! Das ist wirklich Hawaii!«, rief Carla. »Hier würde ich jetzt gern bleiben, man fühlt sich der Natur so nahe!«

177

»Wollen wir nicht reingehen und sehen, wie das Essen ist?«, fragte Jason praktisch.

Sie stiegen aus dem Auto und kletterten auf die grobe Holzterrasse. Unten plätscherten die Wellen. »Kannst du das Meer riechen?«, fragte Carla. »Und nicht nur das Meer, es duftet auch nach Blumen.«

»Ich rieche es, ja. Geh weiter, ich habe Hunger.«

»Oh, schau doch mal, Jason!« Carla deutete auf ein Baumhaus in der Ferne. Davor stand ein Schild mit großen gelben Buchstaben: »Privatbesitz, Betreten verboten. Und das ist ernst gemeint!«.

»Jason, ich halte es nicht aus«, lachte Carla. »Den würde ich gern treffen, der dieses Schild gemalt hat.«

»Ja, aber ich glaube nicht, dass er dich gern treffen möchte.« Jason hielt ihr die Tür auf, und sie traten ein. Die dunklen Holzwände, große Vasen mit tropischen Blumen, die offensichtlich in den üppigen Gärten rund um das Haus geschnitten waren, und eine herrlich kühle Luft beruhigten jeden, der hereinkam. Nicht, dass allzu viele Hawaiianer Beruhigung nötig hatten, aber die vielen Touristen, die noch nicht richtig abgeschaltet hatten, konnten sie dringend brauchen. Es war schon spät am Mittag, und so war es relativ ruhig in dem Lokal. Nur noch an einem Ecktisch saßen drei Personen.

Carlas übermütige Laune verflüchtigte sich rasch, als sie dorthin sah. »Ich wusste es!«, flüsterte sie Jason zu. »Guck mal da rüber! Sie essen gar nicht bei Freunden, die blöden Hennen haben uns angelogen.«

Gert und Ev blickten von ihrem Meeresfrüchtesalat auf. Ev atmete erschrocken ein, als sie das Pärchen sah, das sie am Flugplatz so schnell abgefertigt hatten. Gert drehte sich zu ihr um und legte ihr beruhigend eine Hand auf den Arm. »Ich liebe dieses Hotel. Es ist charmant, aber ich glaube, es bietet nicht genug Aktivitäten für unsere Gruppe.«

Ev sah sie verständnislos an, dann lächelte sie. Die beiden konnten ja unmöglich gehört haben, worüber sie vorher gesprochen hatten, wurde ihr klar. Sie waren ja erst vor ein paar Sekunden hereingekommen. »Absolut richtig, Gert. Wir können hier auf keinen Fall unsere Gruppe unterbringen. Aber der Meeresfrüchtesalat ist großartig«, rief sie laut.

Für einen Augenblick sah der junge Mann am Tisch die beiden Frauen fragend an, aber er hatte gelernt, keine Fragen zu stellen. Mann o Mann, war er froh, wenn diese Sache erst einmal zu Ende war.

30

Als Regan das Gespräch beendet hatte, blätterte sie noch einmal schnell durch die Hauszeitungen. Es gab zehn Nummern, wobei die letzte mit den hässlichen Fotos und den fragwürdigen Bildunterschriften vor gerade zwei Wochen herausgekommen war. Aber sie konnte beim besten Willen nichts finden, was den Mord an Dorinda Dawes erklärt hätte. Natürlich mochte man einwenden, schon die Veröffentlichung dieser Fotos sei Mordmotiv genug, vor allem, wenn es sich dabei um Fotos von Hollywoodgrößen gehandelt hätte. Aber das war nicht der Fall. Wenn irgendwelche Stars hier im Hotel abgestiegen waren, hatten sie jedenfalls vor der Kamera flüchten können.

Regan blickte noch einmal auf das Bild von Will und seiner Frau Kim. Sie war sehr hübsch, sonnengebräunt, hatte glattes schwarzes Haar, das ihr fast bis zur Taille reichte, und große braune Augen. Regan fragte sich, ob sie von Hawaii stammte. Und sie fragte sich auch, ob Kim das Bild wohl schon gesehen hatte. Vermutlich nicht, sie war ja schon ein paar Wochen unterwegs. Jetzt kam sie also nach Hause, und sie würde hier nicht nur ihre Schwiegermutter antreffen, sondern auch peinliche Fotos in der Hauszeitung des Hotels, das ihr Mann leitete, und nebenbei auch noch einen Ehemann, der um seinen Job fürchten musste. Ein schönes Wiedersehen.

Regan wollte gern mit Will sprechen, aber nicht, solange Jazzy in der Nähe war. Sie griff nach dem Reisemagazin, auf das sie vor dem Mittagessen nur einen kurzen Blick geworfen hatte. Dorinda hatte darin einen Mann namens Boone Kettle porträtiert, einen Cowboy aus Montana, der vor einem Jahr nach Hawaii gezogen war. Regan begann, den Artikel zu lesen. Als Aufmacherfoto hatten sie ein ganzseitiges Bild von Boone gewählt, der zweiundfünfzig Jahre alt war, auf eine raubeinige Art gut aussah und auf einem Pferd saß. Er lebte auf einer Ranch auf der Hauptinsel und führte Touristengruppen bei Reitausflügen.

Der Artikel ging über mehrere Seiten. Es war davon die Rede, wie sehr die kalten Winter in Montana Boone auf die Nerven gegangen waren. Irgendwann hatte er seinen Urlaub auf Hawaii verbracht und beschlossen, dass er hier leben wollte. Der Start war nicht einfach gewesen, aber dann hatte er die Stelle auf der Ranch gefunden und feierte jetzt seinen ersten Jahrestag. Das Schlimmste an dem Umzug, sagte er in dem Interview, war gewesen, sein Pferd zurückzulassen. Aber sein Neffe hatte dem Tier auf seiner Farm Asyl angeboten, und nun würde Boone wenigstens einmal im Jahr dorthin reisen, um Misty zu besuchen.

Regan zog das Telefonbuch aus ihrer Nachttischschublade und suchte die Nummer der Ranch heraus, auf der Boone arbeitete. Sie nahm ihr Handy und wählte die Nummer in der Hoffnung, ihn dort zu erreichen. Das Mädchen, das den Anruf entgegennahm, bat Regan, einen Augenblick zu warten, er sei gerade von einem Ausritt zurückgekommen. »Boooone«, schrie sie, dass Regan zusammenzuckte. »Booone! Telefooooon!«

Regan hielt das Telefon ein Stück von ihrem Ohr weg. Sie

181

fürchtete, dass das Geschrei weitergehen würde, wenn Boone nicht gleich kam. Dann hörte sie, wie das Mädchen sagte: »Nein, ich habe keine Ahnung, wer da dran ist.«

»Aloha, Boone Kettle am Apparat«, sagte er mit eher unfreundlicher Stimme.

Regan hätte beinahe laut gelacht, so ulkig kam es ihr vor, dass ein Mann mit diesem Montana-Akzent »Aloha« sagte. Aber sie schob den Gedanken gleich wieder zur Seite. »Hallo, Boone«, antwortete sie. »Mein Name ist Regan Reilly, und ich arbeite für das Hotel Waikiki Waters, wo Dorinda Dawes die Hauszeitung verfasst hat.«

»Es ist eine solche Affenschande!«, platzte Boone heraus. »Ich konnte es erst gar nicht glauben, als ich die Geschichte in der Zeitung gelesen habe. Aber ich denke, sie hatte einen Hang dazu, sich in gefährliche Situationen zu begeben. Sie war wie ein Bronco, der erst mal eingebrochen werden muss.«

»Was meinen Sie denn damit?«, fragte Regan verständnislos.

»Wer sind Sie, sagten Sie?«, fragte Boone nach.

»Regan Reilly. Ich bin Privatdetektivin und arbeite für das Management des Hotels. Ich wollte Sie fragen, ob sie Ihnen vielleicht etwas über ihr Leben erzählt hat.«

»Ich verstehe. Sie meinen, ob es irgendwelche Hinweise darauf gab, dass sie Feinde hatte, die sie loswerden wollten.«

»Etwas in der Art. Wie kommen Sie auf den Gedanken, dass sie Spaß an der Gefahr hatte?«

»Sie sagte mir, sie sei ein bisschen frustriert. Als der Hotelmanager sie einstellte, hat sie wohl gedacht, es ginge darum, das Leben im Waikiki Waters ein wenig aufzupeppen. Aber es zeigte sich bald, dass eine solche Hauszeitung eine entsetzlich brave Angelegenheit ist. Das Hotel will keine Schwierigkeiten, also sorgt es dafür, dass der Klatsch nicht überhand nimmt, und die Gäste wollen natürlich keine gepfefferten Sachen über sich selbst lesen. Also hatte Dorinda das Gefühl, dass ihr die Hände gebunden waren, und sie langweilte sich. Außerdem machte sie sich Sorgen, dass man die Hauszeitung nicht weiterführen würde, wenn ihr Vertrag auslief. Ich weiß, sie versuchte, genug Geld zu verdienen, um weiterhin in Oahu zu leben, sie schrieb ein Porträt pro Monat für dieses Reisemagazin und hatte vor, ihr eigenes Klatschblättchen aufzumachen. Ich habe vergessen, wie das Ding heißen sollte, irgendwas mit Oahu im Titel. Sie hat so eine Bemerkung gemacht, dass das Ganze ein bisschen saftiger werden müsse.«

»Saftiger?«, bohrte Regan nach.

»Mit mehr Biss. Sie wollte hinter die Kulissen der schicken Hotels und Häuser blicken. Die Hauszeitungen waren in ihren Augen nur brave Postillen. Im Übrigen war das Porträt, das sie über mich geschrieben hat, wirklich gut. Haben Sie es gelesen?«

»Ja, und ich finde es großartig.«

»Eben. Gutes Foto, hm?«

»Sehr gutes Foto, unbedingt. Boone, haben Sie viel Zeit mit Dorinda verbracht?«

»Sie war drei Mal hier, und einmal habe ich sie auf einen Ausritt mitgenommen. Mein lieber Schwan, sie wollte unbedingt die richtig schwierigen Strecken kennenlernen. Ich habe da natürlich gern mitgemacht. Wie hatten jede Menge Spaß, und hinterher sind wir essen gegangen.«

»Worüber hat sie beim Essen gesprochen?«

»Wissen Sie, ich glaube, sie war ziemlich einsam, denn sie hat die ganze Zeit nur von sich erzählt. Vielleicht war es aber auch, weil wir ja den ganzen Tag über nur von mir geredet haben. Sie hat mir einiges über ihre Zeit in New York erzählt. Ja, an eine Sache erinnere ich mich, die ist für Sie vielleicht von Interesse. Sie sagte, sie sei noch nicht ganz sicher, über wen sie das nächste Porträt schreiben sollte, aber es gab da einen Typen, der sie die ganze Zeit drängte, obwohl sie überhaupt keine Lust dazu hatte.«

»Können Sie sich erinnern, was er hier macht?«

»Irgendwas mit hawaiianischen Kleidern.«

»Was macht er da genau?«, fragte Regan schnell.

»Ich glaube, er ist Designer oder so was. Aber Dorinda hielt ihn für einen gelangweilten Kapitalisten. Er hat wohl sehr viel Geld, deshalb hat er es gar nicht nötig, hier auf Hawaii erfolgreich zu sein. Er muss keinen Handschlag mehr tun, wenn er nicht will. Deshalb fand sie ihn für das Porträt ziemlich uninteressant. Und der Herausgeber des Magazins war auch nicht sehr begeistert von dem Mann. Den alten Boone fand er aber klasse.«

Regan wurde langsam nervös. Konnte es sein, dass Boone von Jazzys Chef sprach?

»Klingt ganz so, als hätte Dorinda sehr offen mit Ihnen gesprochen«, bemerkte sie.

»Ach ja, ich bin ein ganz guter Zuhörer. Das kommt wahrscheinlich von all den Jahren am Lagerfeuer.«

»Hmm.« Regan beendete das Gespräch schnell. Sie versprach, ihn auf der Ranch zu besuchen, wenn sie auf Big Island war, ließ sich seine Telefonnummer zu Hause und seine Handynummer geben und legte auf. Dann wählte sie sofort Wills Nummer.

»Ist Jazzy bei Ihnen?«, fragte sie.

»Nein.«

»Dann komme ich runter. Wir müssen unbedingt miteinander reden.«

»Ich warte auf Sie«, sagte Will erschöpft. »Ich finde nämlich auch, dass wir miteinander reden müssen.«

31

Joy hatte sich einen Liegestuhl gemietet, sich kräftig mit Sonnenmilch eingeschmiert und sich in der Nähe der Station der Rettungsschwimmer postiert, wenn auch nicht zu nahe. Zeke saß oben und behielt die Massen im Auge, und sie freute sich daran, ihn alle paar Minuten kurz anzusehen. Sie wusste, er beobachtete sie ebenfalls, aber sie tat so, als wäre sie in ihre Zeitschrift vertieft.

Ich kann es kaum noch abwarten, heute Abend wieder mit ihm loszuziehen, dachte sie. Vielleicht wird ja wirklich etwas aus uns und er fragt mich, ob ich nicht mit ihm zusammenziehen will. Dann käme ich endlich aus diesem elenden Hudville raus. Nachdem ich jetzt diesen Urlaub gewonnen habe, gibt es keinen Grund mehr, in diesem kaltfeuchten Nest hocken zu bleiben. Und nachdem man nicht zweimal gewinnen kann, werde ich auch ganz sicher nie wieder zu einem dieser idiotischen Treffen der Regenfreunde gehen. Kaum zu glauben, aber ihre Eltern lebten ganz gern in Hudville. Ihre Mutter war der Ansicht, es gebe keinen besseren Ort, um eine faltenfreie Haut zu bewahren. Besser als Botox, sagte sie immer. Joy hatte da andere Vorstellungen.

Bob und Betsy gingen an Joy vorbei zum Wasser hinunter, in weiten Hosen und Hüten mit Tarnmuster. Die zwei sind so schräg, dachte sie. Hatten sie nicht gesagt, sie wollen heute im

Hotel bleiben und über ihre aufregende Beziehung schreiben?

Diese Reisegruppe! Joy schüttelte den Kopf. Es war einfach unglaublich, wie wenig sie gemeinsam hatten. Gert und Ev als Reiseleiterinnen und dann Artie, Francie, Bob, Betsy und ich. Die Zwillinge sind die Einzigen, die alle drei Monate hierherkommen. Was für eine Verschwendung, sie nutzen doch absolut nichts von den großartigen Dingen, die Hawaii zu bieten hat. Den ganzen Tag hocken sie in ihren Muumuus im Hotel und präsidieren bei den Mahlzeiten. Heute Abend verschwinde ich sofort nach dem Essen. Wenn ich gleich wegbleibe, muss ich es selbst bezahlen. Die beiden sind solche Geizkragen, jetzt haben sie uns sogar dazu gebracht, auf die Vorspeise zu verzichten. Einmal haben sie uns zum Aperitif in ihr Zimmer eingeladen, da gab es dann Käse und Cracker und billigen Wein; auf diese Weise konnten sie die teuren tropischen Cocktails an der Bar umgehen. Ich glaube eigentlich nicht, dass unser großzügiger Spender so etwas im Sinn gehabt hat.

Und dann Francie. Sie macht mich wahnsinnig, wenn sie mich jeden Abend nach meinem Liebesleben ausfragt. Ich will darüber nicht mit ihr sprechen, sie ist ja noch älter als meine Mutter! Gestern Abend hat sie mir gestanden, dass sie auf Ned steht. Na ja, die beiden sind wenigstens ungefähr gleich alt.

Joy sah Bob und Betsy zu, die sich mit Wasser bespritzten. Bob sah aus, als hätte er wirklich Spaß daran, aber auf eine boshafte Weise. Ich hoffe, er fällt gleich hintenüber, dachte Joy. Sie warf einen Blick auf Zeke, der ihr gestern Abend gesagt hatte, er liebe Menschen um sich herum. Vielleicht sollte ich zu ihnen rübergehen und mit ihnen reden, damit Zeke sieht, dass ich auch nicht menschenscheu bin, dachte sie und erhob sich aus ihrem Liegestuhl. Da sie wusste, dass Zeke sie beobachtete, bemühte sich um den sexysten Gang, den sie zustande brachte, als sie zum Wasser hinunterging. Bob und Betsy drehten ihr den Rücken zu und blickten aufs Meer hinaus. Sie hatten nicht bemerkt, dass sie direkt hinter ihnen stand.

Joy konnte mit etwas Mühe hören, was sie redeten. Warum nannten sie sich Bonnie und Clyde? Die zwei waren wirklich mehr als seltsam.

»Hallo!«, machte sie sich bemerkbar.

Die zwei fuhren herum. »Joy! Was machst du denn hier?«

»Ich saß dort drüben im Liegestuhl und sah, wie ihr zum Wasser gingt. Was macht ihr hier? Ihr seid nicht gerade für den Strand angezogen.«

»Wir machen nur eine kleine Pause«, erklärte Bob. »Wir brauchten mal ein bisschen frische Luft.«

»Es ist eine Schande, im Urlaub zu arbeiten«, erklärte Joy. Da hast du nicht unrecht, dachte Betsy.

»Dieses Buch wird für sehr viele Menschen eine große Hilfe sein«, belehrte Bob Joy. »Du bist noch jung und kannst dir nicht vorstellen, dass eine Beziehung langweilig wird. Aber glaub mir, das ist durchaus möglich. Wir alle brauchen irgendwann einmal Hilfe.«

Joy warf einen Seitenblick auf Zeke. Er sah atemberaubend aus, niemals im Leben konnte es mit ihm langweilig werden, da war sie sicher.

»Er hat tatsächlich recht, es kann so langweilig werden wie Spülwasser«, stimmte Betsy ihrem Mann aus vollem Herzen zu. »Hast du schon mit deiner Mutter telefoniert, seit du hier bist?«

»Ja.« – »Und wie geht es ihr?«

»Gut. Sie sagt, es regnet.«

»Na, das sind Neuigkeiten«, seufzte Betsy.

»Genau«, bestätigte Joy. Ich werde nicht in Hudville bleiben und so enden wie die zwei hier, dachte sie. Sie sind ja schon ganz wässrig im Hirn. »Na, ich gehe mal wieder zu meinem Liegestuhl, wir sehen uns heute Abend.«

»Gibt es den Aperitif wieder bei Gert und Ev im Zimmer?«, fragte Bob.

»Das will ich nicht hoffen«, rief Joy.

»Wir haben nur noch ein paar Tage, ich habe gehört, wie sie sagten, wir müssen den Wein noch austrinken, den sie gekauft haben.«

»Das war ein ganzer Plastikkanister, den trinken wir doch niemals leer! Das billigste Zeug zum Abfüllen, was man hier bekommen kann. Ich finde, die beiden betrügen uns um unseren Spaß.«

»Findest du?«, fragten Bob und Betsy wie aus einem Munde.

»Ja! Ein Bekannter von mir ist vor drei Jahren mitgefahren, und damals gab es Taschengeld, und sie konnten den ganzen Tag machen, was sie wollten, abgesehen vom gemeinsamen Frühstück und ein paar Abendessen. Diesmal ist es doch so, wenn man nicht mit den Zwillingen isst und nicht selbst bezahlen will, dann muss man eben hungern.«

»Ja aber, isst du denn nicht gern mit unserer Gruppe?«, fragte Bob und klang ein bisschen beleidigt.

»Ich habe ja gar nichts dagegen, aber ich wünschte, ich hätte ein bisschen mehr Geld, um nach meinem eigenen Rhythmus die Zeit zu verbringen. Ich bin noch in der Schule, da ist Geld immer knapp.«

Zu Betsys Grauen zog Bob seine Geldbörse hervor, holte drei frische Zwanzigdollarnoten heraus und hielt sie Joy hin. »Also los, heute Abend gehst du aus und hast deinen Spaß.«

»Nein! Vielen Dank, aber das geht doch nicht.« – »Doch, ich bestehe darauf.«

Joy zögerte. Ganz kurz. Dann nahm sie die Scheine mit einem schnellen »Also gut«, bedankte sich noch einmal und ging hinüber zu der Station der Rettungsschwimmer.

»Hallo da unten«, begrüßte Zeke sie und ließ die Kordel seiner Trillerpfeife um den Zeigefinger wirbeln.

»Hallo! Heute Abend lade ich dich ein«, zwitscherte sie.

»Hat der komische Typ da vorn dir gerade Geld gegeben?«

»Ja, stell dir vor. Er kommt auch aus Hudville. Er ist ein alter Knacker, aber er flirtet gern. Er hat mir Geld gegeben, weil unsere Reiseleiterinnen so geizig sind.«

»Das hat mir schon mal jemand erzählt, der auch mit der Gruppe aus Hudville da war.«

»Wer?«, fragte Joy schnell, denn sie fürchtete, die Rede sei von einem Mädchen, das sie nicht kannte.

»Ein Typ, mit dem ich mich ein bisschen angefreundet habe, als wir mit ein paar Leuten beim Surfen waren. Er sagte, es sei schon großartig, diese Reise zu gewinnen, aber die Gruppe hätte diese beiden Frauen ›die geizigen Schwestern‹ getauft.«

»Nicht schlecht. Warum hast du mir das gestern Abend nicht erzählt?«

»Gestern Abend hatte ich anderes im Sinn als die geizigen Schwestern.«, sagte er leise. »Ich habe nur an dich gedacht. Wir sehen uns später.« Dann drehte er sich um und starrte wieder aufs Wasser hinaus, während seine Trillerpfeife weiter um seinen Zeigefinger wirbelte.

Joy schwebte zu ihrem Liegestuhl zurück. Zeke schien sich wirklich, wirklich etwas aus ihr zu machen. Sie setzte sich, lehnte sich zurück und schloss die Augen. Und sie fasste einen Entschluss. Sie würde die ganze Gruppe zu einem kleinen

Kriegsrat zusammentrommeln, die ganze Gruppe außer Gert und Ev. Es war nicht in Ordnung, wenn man ihnen nicht die Reise gönnte, die sie verdient hatten. Sal Hawkins hatte sich gewünscht, dass alle diese Reisen genossen. Er wollte, dass sie den Sonnenschein nach Hudville brachten. Wie kann man Sonnenschein mitbringen, wenn man sich fühlt, als hätte man eine Woche in einem Ferienlager der Armee verbracht?

Joy hatte auf dem College einen Kurs absolviert, in dem man lernte, wie man sich eines Falles annahm. Das hier wird mein erster Fall, beschloss sie. Joy gegen die geizigen Schwestern. Sie wäre niemals auf die Idee gekommen, dass man sich in Gefahr brachte, wenn man gegen das dynamische Duo aufstand.

32

»Gut, Will«, begann Regan. »Dann erzählen Sie mir doch mal, was hier wirklich los ist.«

»Ich weiß gar nicht, wo ich anfangen soll.«

»Am Anfang, das wäre am allerbesten. Kennen Sie den alten Spruch?«

»Welchen?«

»Die Wahrheit wird euch frei machen.«

»Das wäre schön.«

»Versuchen Sie's doch mal.«

Sie saßen in Wills Büro, die Tür war geschlossen, und Janet hatte wieder einmal den Auftrag, keine Telefongespräche durchzustellen. Will sah womöglich noch schlimmer aus als vor ein paar Stunden. Jetzt faltete er die Hände wie zum Gebet. Er wird eine umfassende Beichte ablegen, dachte Regan.

»Ich habe nichts Schlimmes getan«, begann er seine Erklärung. »Aber es könnte leicht sein, dass ich in Verdacht gerate.«

Am liebsten hätte Regan sich mit beiden Händen die Ohren zugehalten.

»In der Nacht, als Dorinda Dawes starb ...« Will zögerte, blickte Regan an, als hätte er gerade ein Gespenst gesehen, und fuhr fort. »In der Nacht also, da kam sie zu mir ins Büro, kurz bevor sie das Hotel verließ. Es war spät geworden, weil sie auf

191

einigen Partys und in den Restaurants und Bars Fotos gemacht hatte. Der Ball rückte näher, und alle Leute redeten über die Kette, die dort versteigert werden sollte. Ich hatte ihr erzählt, dass ich eine ungewöhnlich schöne Kette zu Hause hatte, eine Kette, die meine Eltern vor Jahren auf Hawaii gekauft hatten. Sie fragte mich, ob sie die Kette für die Hauszeitung fotografieren dürfe, wenn sie über den Ball schrieb. Also habe ich die Kette mitgebracht und ihr gegeben, und dann ging sie nach Hause. Das war das letzte Mal, dass ich sie lebend gesehen habe.«

»Die Kette, die sie um den Hals trug, als man sie fand, war also Ihre?«, fragte Regan erstaunt.

»Ja, allerdings.«

»Vor wie vielen Jahren haben Ihre Eltern diese Kette auf Hawaii gekauft?«

»Dreißig.«

»Und vor dreißig Jahren wurde sie auch gestohlen.«

»Inzwischen ist mir das klar, aber ich schwöre Ihnen, ich hatte keine Ahnung …« Will starrte ins Leere, unfähig, den Gedanken zu Ende zu denken.

»Wo haben Ihre Eltern die Kette denn gekauft?«

»Am Flugplatz, von einem Jungen, der auffallend lange zweite Zehen hatte.«

»Wie bitte?«

»Ja, ich habe heute früh mit meiner Mutter telefoniert, und sie hat mir erzählt, der Junge trug Sandalen, und seine zweiten Zehen waren viel länger als seine großen Zehen. Sie hat ihm die ganze Zeit auf die Füße gestarrt.«

»Viele Menschen haben ungewöhnliche Füße«, bemerkte Regan. »Es gibt weiß Gott Schlimmeres als lange Zehen. Entzündete Ballen zum Beispiel, die tun nämlich weh.«

»Ja, aber meine Mutter sagt, diese Zehen waren wirklich unheimlich lang.«

»Dieser Junge ist, wenn er noch lebt, inzwischen dreißig Jahre älter. Konnte sich Ihre Mutter noch an irgendetwas anderes erinnern?«

»Nein. Wo auch immer der Kerl heute sein mag, er sieht natürlich anders aus als vor dreißig Jahren. Aber ich gehe jede Wette ein, dass man ihn an seinen Füßen immer noch erkennen würde.«

»Also könnte dieser Junge derjenige sein, der die Kette aus dem Museum gestohlen hat?«

»Das denke ich schon.« Will seufzte tief auf. »Verstehen Sie denn nicht, Regan, ich kann doch niemandem erzählen, dass die Kette die letzten dreißig Jahre im Besitz meiner Familie war. Damit mache ich mich doch nur verdächtig.«

»Allerdings.«

»Regan!«

»Tut mir leid, Will. Natürlich sieht es verdächtig aus, dass Ihre Eltern eine Kette in ihrem Besitz hatten, die aus einem Museum gestohlen wurde. Aber ich bin sicher, sie hatten damals, als sie sie kauften, keine Ahnung.«

»Nein, natürlich nicht! Sie kauften die Kette, stiegen ins Flugzeug und kamen nie wieder hierher. Meine Mutter hat die Kette bei allen wichtigen Anlässen zu Hause getragen. Sie hat immer gesagt, sie fühle sich damit wie eine Königin.«

»Die Frau muss den sechsten Sinne haben.«

»Irgend so etwas«, stimmte Will müde zu. »Aber Regan, Sie verstehen doch, dass das alles sehr schlecht für mich aussieht. Dorinda trug meine Kette, eine gestohlene, sehr wertvolle Kette, als sie starb. Wenn das jemand erfährt, stehe ich automatisch unter Verdacht.«

193

»Die Polizei glaubt nach wie vor an einen Unfall. Ob sie Ihre Kette trug oder nicht, die Polizei glaubt nicht, dass ein Verbrechen begangen wurde. Und Sie, Will, haben mich eingeschaltet, damit ich der Sache auf den Grund gehe. Warum sollten Sie das tun? Wenn Sie nur Sorge hätten, dass jemand mit dem Finger auf sie zeigt, dann hätten sie die Sache doch einfach laufen lassen können.«

Will atmete tief ein. »Als ich Dorinda die Kette gab, hatte ich gleich kein gutes Gefühl dabei. Die Kette hat meiner Mutter so viel bedeutet! Ich hatte gleich das Gefühl, dass es möglicherweise keine so gute Idee gewesen war. Dorinda sagte mir, sie würde sofort nach Hause gehen. Ich fragte sie, ob sie das Foto nicht gleich machen könnte, dann könnte ich die Kette auf dem Weg nach Hause bei ihr abholen. Ich hatte noch etwas Arbeit hier.«

»Und was meinte sie dazu?«

»Sie würde gleich nach Hause gehen, die Kette auf ein Stück dunklen Filz auf ihrem Küchentisch legen, das Licht richtig einstellen und das Foto machen. Sie schlug mir sogar vor, wir könnten noch ein Glas Wein trinken, wenn ich käme, um die Kette zu holen. Aber das wollte ich nicht, ich wusste, das machte keinen guten Eindruck, weil doch meine Frau nicht da war. Andererseits wollte ich die Kette auch nicht gern über Nacht bei Dorinda lassen, und nachdem ich sie ihr gegeben hatte, kam ich mir blöd vor, sie zurückzufordern. Also sagte ich, gut, vielleicht einen schnellen Absacker. Ich wusste, ich würde kein Auge zutun, wenn ich die Kette über Nacht bei ihr ließe.«

Du lieber Himmel, dachte Regan.

»Dorinda konnte heftig flirten, und meine Frau konnte sie nicht ausstehen.«

»Hat Ihre Frau die Hauszeitung mit ihrem Foto schon gesehen?«

»Ach, hören Sie bloß auf. Nein, noch nicht. Na, jedenfalls bin ich nach der Arbeit zu Dorinda gefahren und habe bei ihr geklingelt, aber sie hat nicht aufgemacht. Ich habe im Auto gewartet und ein paar Mal versucht, sie anzurufen, aber sie ging nicht ans Telefon. Schließlich bin ich dann doch nach Hause gefahren. Am nächsten Morgen kam ich zur Arbeit, und kurz darauf wurde ihre Leiche am Strand angespült, und sie trug diese Kette um den Hals. Ich hatte ihr die Kette in einer speziellen Hülle gegeben und sie gebeten, nur ja vorsichtig damit zu sein. Aber offenbar hat sie sie sich sofort umgehängt, sobald sie zur Tür heraus war. Aber Regan …« Will hielt kurz inne. »Dorinda wollte sofort nach Hause gehen. Sie mochte mich und wusste, dass ich zu ihr kommen würde. Da hätte sie sich doch nicht auf die Mole gesetzt und die halbe Nacht aufs Meer hinausgestarrt. Und deshalb denke ich, vielleicht hat mich jemand gesehen, wie ich vor ihrem Haus saß, in der Nacht, als sie starb.«

Regan saß nachdenklich da. »Nach allem, was ich über Dorinda gehört habe, war sie ziemlich impulsiv veranlagt. Vielleicht hat sie einfach nur beschlossen, noch ein paar Minuten auf der Mole zu sitzen.«

Will schüttelte den Kopf. »Das kann ich mir nicht vorstellen. Jemand muss sie ins Wasser gelockt haben.«

»Sie trug die Kette, vielleicht wollte sie vor jemandem am Strand damit angeben.«

»Möglich, aber wer sollte das gewesen sein? Und wenn es so war, hat derjenige oder diejenige sie dann angegriffen? Regan, ich will nicht, dass irgendjemand erfährt, was ich mit der Sache zu tun habe. Aber ich glaube, dass jemand Dorinda ermordet hat, und ich will, dass er gefasst wird.«

»Wissen Sie, Will, sie ist vermutlich in den letzten Jahren einer ganzen Reihe von Leuten auf die Zehen getreten. Selbst meine Mutter war nicht sehr glücklich über den Artikel, den Dorinda vor Jahren über sie geschrieben hat. Und diese letzte Nummer der Hotelzeitung …«

Will legte die Hände vors Gesicht.

»Ich habe gehört, dass jemand Dorinda drängte, ihn zu interviewen. Er entwirft hawaiianische Kleider. Kann das Jazzys Chef gewesen sein?«, fragte Regan.

»Ja, Claude Mott. Er will um jeden Preis Aufmerksamkeit für seine Kollektion erreichen, und er drängte Dorinda, ihm dabei zu helfen. Aber mir hat sie gesagt, dass sie das nicht macht.«

»Davon hat Jazzy nie etwas erwähnt, als sie mit mir darüber sprach, wie schrecklich Dorinda war.«

»Ja, das sieht Jazzy ähnlich.«

»Ich glaube, ich sollte mal mit ihr darüber plaudern. Ich würde im Übrigen auch zu gern einmal mit Claude sprechen.«

»Er wird heute Abend hier sein, in einer unserer besten Suiten.«

»Gut. Anderes Thema: Ich habe heute Mittag an der Bar ein Pärchen getroffen. Die beiden sind mit einer Reisegruppe hier, offenbar aus einer Stadt, wo es ständig regnet.«

»Ach ja, ich weiß, die Glücklichen Sieben.«

»Wie bitte?«

Will erklärte ihr, was hinter diesem Namen steckte. »Sie kommen schon seit drei Jahren regelmäßig hierher.«

»Auf dieses Pärchen würde ich jedenfalls ein Auge haben, denn die beiden benehmen sich ausgesprochen seltsam. Ich habe sie dabei erwischt, wie sie aus der Wäschekammer kamen. Er hat behauptet, sie hätten sich nur ein paar zusätzliche Handtücher geholt, aber nach dem, was Sie mir über die Vorgänge hier im Hotel erzählt haben, weiß ich nicht recht, was ich davon halten soll.«

»Dieses Paar ist zum ersten Mal hier. Sie mögen sich seltsam benehmen, aber sie können nicht die Ursache für unsere Schwierigkeiten sein. Ehrlich gesagt, bin ich froh, wenn die Gruppe endlich weg ist und möglichst nicht mehr wiederkommt. Diese zwei Frauen, die die Gruppe immer leiten, schachern wie wild um jeden Cent, und ich bin ihnen wirklich schon sehr entgegengekommen. Aber jetzt will ich nicht mehr. Wenn sie weiterhin unser Hotel besuchen wollen, müssen sie einen anständigen Preis bezahlen. Ich haben ihnen schon viel zu viel Aufmerksamkeit gewidmet, und sie sind es einfach nicht wert.«

Regan lächelte verständnisvoll. »Vor allem, wenn die Mitglieder der Gruppe jetzt auch noch anfangen, hoteleigene Handtücher zu stehlen.«

Will kicherte nervös und rieb sich die Augen.

»Wann kommen Ihre Eltern?«, fragte Regan.

»Morgen.«

»Und Ihre Frau?«

»Heute Abend, Gott sei Dank. So kann ich sie schonend mit dem Gedanken vertraut machen, dass ihre Schwiegereltern kommen. Und dann die Sache mit der Kette …«

Regan stand auf. »Ich werde mal sehen, ob ich Jazzy irgendwo erwische. Und dann kommt, so weit ich weiß, Dorindas Cousin vorbei. Könnten Sie mich anrufen, wenn er bei Ihnen auftaucht? Ich würde gern ein bisschen mit ihm reden, und vielleicht kann ich auch einen Blick in die Wohnung werfen. Könnte ja sein, dass ich etwas Interessantes finde.«

»Okay.«

»Und keine Sorge, Will, Sie machen das schon richtig. Ich würde zu gern den Jungen finden, der Ihren Eltern seinerzeit die Kette verkauft hat.«

»Morgen sind sie hier. Ich bin sicher, meine Mutter wird Ihnen gern seine Zehen beschreiben.«

Regan lächelte. »Ich bin schon sehr gespannt auf sie.«

»Ich glaube, den sechsten Sinn habe ich von ihr«, sagte Will mit ernstem Gesicht. »Ich weiß, es klingt verrückt, aber ich habe ganz stark das Gefühl, der Mörder und der Dieb sind beide unter uns.«

»Ich tue, was ich kann, um sie zu finden«, versicherte Regan ihm und verließ das Büro. Der Jahrhundertsturm in New York wäre sicher eine kleinere Herausforderung gewesen als das hier, dachte sie.

33

Als Ned, Artie und Francie von ihrer Surftour zum Hotel zurückkehrten, fühlte sich Ned, als würde ihn ein Strudel zum Seashell Museum ziehen. Er war so wild darauf, die Muschelkette zu sehen, die er vor so vielen Jahren für einen kurzen Moment um seinen Hals getragen hatte. Und er wollte, dass die Kette ihm gehörte. Er wusste, wenn er sie noch einmal stehlen konnte, würde ihm das ein ungeahntes Gefühl von Macht geben. Er wusste auch, dass er eine bemitleidenswerte Kreatur war. Offenbar hatte er zehn Jahre Therapie für nichts und wieder nichts hinter sich gebracht. Aber in diesem Moment störte ihn das nicht.

Um drei Uhr setzte der Kleinbus sie vor dem Hotel ab. »Sollen wir was essen und dann zum Strand gehen?«, fragte Francie.

»Ich kann nicht«, erwiderte Ned schnell.

»Aber du hast gesagt, du hast Hunger!«, erinnerte ihn Francie.

»Habe ich auch. Aber ich muss jetzt duschen und dann bei meinem Chef vorbeischauen. Er liebt euch wirklich, aber ich muss mich zwischendurch auch mal um die anderen Gäste kümmern, sagt er. Zum Aperitif bin ich wieder bei euch.«

Francie verzog das Gesicht. »Dann gehe ich vielleicht in den Wellnessbereich und sehe, ob ich noch eine Lomi-Lomi-Massage und einen Tangwickel bekomme.«

»Ich fühle mich eigentlich, als hätte ich gerade einen Tangwickel gehabt«, bemerkte Artie. »Ein paar von diesen Wellen, und man fühlt sich, als wäre man eins mit dem Ozean.«

»Aber es hat dir gefallen, oder?«, fragte Ned.

»Ich glaube schon«, gab Artie widerwillig zu.

Sie gingen zu ihrem Zimmer, wo Ned sofort unter die Dusche sprang. Artie nahm eine Flasche eiskaltes Mineralwasser aus der Minibar und ging hinaus auf den Balkon. Sie hatten ein Zimmer mit hübschem Blick auf den Strand, und es war angenehm, dort zu sitzen und sich zu entspannen, während die Hitze des Tages und die Kraft der Sonne allmählich nachließen. Es war, als würde die ganze Welt ein wenig milder.

Was natürlich nicht für die Dusche galt. Ned seifte sich in Rekordtempo ein, spülte seinen muskulösen Körper ab und drehte das Wasser dann ab. Er griff sich ein Handtuch, um sich abzutrocknen. Zurück im Zimmer, holte er ein Paar Shorts und ein Hemd aus dem Schrank und zog sich blitzschnell an. Dann schlüpfte er in sein Paar alte Straßenschuhe, während er einen wehmütigen Blick auf die Sandalen warf, die er aus einer Laune heraus in einer der Hotelboutiquen gekauft hatte. Ich sollte sie wirklich mal anziehen, dachte er. Wen kümmert es schon, was die Leute zu meinen Zehen sagen? Aber nicht heute. An einem Tag wie heute wollte er nicht an seine Zehen denken müssen, auch wenn es irgendwie passte. Als er die Kette damals gestohlen hatte, das war auch der letzte Tag gewesen, an dem er Sandalen getragen hatte. Für einen kurzen Augenblick dachte er, dass ihm die Sandalen vielleicht Glück bringen würden.

Aber er entschied sich dann doch dagegen.

Und was denke ich mir dabei, diese Straßenschuhe zu tragen?, dachte er und zog sie wieder aus. Es könnte vielleicht nötig sein, dass ich ein bisschen laufe, oder? Er holte ein Paar Socken aus dem Schrank, setzte sich auf die Bettkante und zog sie an. Dann fuhr er in seine Laufschuhe. Jetzt wären die PF Flyers recht, die ich als Junge hatte, dachte er lächelnd. Er hatte schon die Anzeigen immer geliebt, in denen irgendwelche Kinder blitzschnell rennen und fliegen konnten und auf diese Weise Menschen halfen, die in Not waren. Er hatte immer daran gedacht, was für Streiche er spielen könnte, wenn er nur fliegen könnte. Immer meine Kindheit, dachte er, ich kann nichts dagegen machen. Immer hat sich irgendwer über mich lustig gemacht, und das hat vermutlich nicht gerade den Grundstock für einen gesunden, angepassten Erwachsenen gelegt. Aber die letzten Jahre habe ich mich nicht in Schwierigkeiten gebracht. Und jetzt kommt mir diese Kette dazwischen! Der Gedanke daran sorgte dafür, dass er sich noch schneller bewegte.

Er steckte den Kopf kurz durch die Terrassentür. »Bis später«, rief er Artie zu.

Artie fuhr herum. »Komm runter an den Strand, wenn du kannst. Francie kommt auch, sobald sie mit ihrer Schönheitsbehandlung fertig ist.«

»Ja, klar!«, sagte Ned und winkte mit einer Hand. Er drehte sich um, holte seine Baseballkappe und seinem leeren Rucksack aus dem Schrank und eilte hinaus, bevor Artie noch mehr Pläne schmieden konnte. Artie war wirklich ein komischer Vogel. Seine nächtlichen Strandspaziergänge, sein ständiges Händeringen, seine Ungeschicklichkeit im Umgang mit Frauen … Ned hatte ihn in der Bar gesehen, wo er versucht hatte, ein paar Frauen anzubaggern, aber keine hatte sich für ihn interessiert. Als Dorinda Dawes ihn fotografiert hatte, hatte er versucht, mit ihr zu flirten, und obwohl sie einem Flirt wirklich nie abgeneigt war, hatte sie sich in diesem Fall schnell verzogen. Erst war sie an Bob geraten, dann an Artie. Sie musste so ihre eigene Meinung über die Glücklichen Sieben gehabt haben. Arme Dorinda. Wenn man bedachte, dass sie beide zur gleichen Zeit hier angefangen hatten …

Ned ging aus dem Zimmer und rief von seinem Handy aus die Auskunft an, um die Adresse des Seashell Museum zu erfahren. Schließlich war er eine Weile nicht dort gewesen. Im Zeitschriftenladen des Hotels kaufte er eine Straßenkarte und suchte sich sein Ziel heraus.

Vor dem Hotel sprang er in ein wartendes Taxi und gab dem Fahrer eine Adresse mehrere Blocks vom Museum entfernt an. Er wollte nicht, dass ein Taxifahrer irgendwann angab, er habe einen Mann vom Waikiki Waters zu dem Museum gefahren. Sie fuhren ein paar Meilen und stoppten dann an einem einsamen Straßenstück am Strand.

»Hier?«, fragte der Fahrer.

»Genau.«

»Nicht viel los hier.«

»Ich will nur einen ruhigen Spaziergang machen.«

Nach einem Weg von einer Viertelstunde am Strand entlang sah er das Museum. Sein Herz klopfte bis zum Hals, und er erinnerte sich deutlich an das Gefühl, das er vor dreißig Jahren gehabt hatte. Damals war er noch ein halbes Kind gewesen, heute war er viel älter, aber das machte nichts aus. Er war genauso aufgeregt wie damals, auch wenn um ihn herum alles ruhig war. Kein Mensch war am Strand zu sehen, und das Museum lag einsam da. Er schlenderte hinüber, näherte sich der Treppe und sah auf der einen Seite einen Picknicktisch, an dem ein Mann in einer Toga saß, das Gesicht der Sonne zugewandt. Es sah aus, als ob er meditierte. Er hatte die Augen geschlossen und die Hände mit aufwärts gewandten Handflächen ausgestreckt. War das der Kerl, der vor dreißig Jahren so ein Theater wegen des Einbruchs veranstaltet hatte? Ned hatte ihn am Tag danach im Fernsehen gesehen. Damals hatte er auch so komische Klamotten getragen.

Als Ned etwas näher kam, sah er, dass der Mann die beiden historischen Muschelketten bei sich hatte; sie lagen neben ihm auf dem Tisch. Erstaunlich! Da lagen sie, nur ein paar Schritte von ihm entfernt. Ob ich es wagen kann?, fragte er sich.

Natürlich würde er es wagen. Er konnte ja gar nicht anders. So nah und doch so fern! Er konnte immer noch sagen, er hätte nur einen Blick darauf werfen wollen.

Er schlich sich an, so leise er konnte. Mit einem Zeigefinger hob er die Ketten hoch, doch genau in diesem Moment öffnete der meditierende Mann die Augen, lächelte zufrieden und drehte sich um. Bevor er wusste, wie ihm geschah, wurde er grob zur Seite gestoßen und stürzte mit dem Kopf voran zu Boden.

Der Schmerz in Jimmys Kopf war grässlich, aber er begann sofort zu schreien, als er wieder aufgestanden war, sich umdrehte und sah, dass die Ketten verschwunden waren. Sein grausiges Geheul war meilenweit zu hören.

34

Auf ihrem Rundgang durchs Hotel entdeckte Regan Jazzy, die im Café saß und einige Papiere durchging. Es war dort, wo Regan gefrühstückt hatte. Sie beschloss, hinzugehen und ein wenig mit der Königin der Geschenktaschen zu plaudern.

»Störe ich Sie, wenn ich mich ein wenig dazusetze?«, fragte sie.

Jazzy blickte auf. Sie trug eine Lesebrille und sah sehr wichtig aus. Als sie Regan erkannte, warf sie ihre blonde Löwenmähne zurück und nötigte Regan förmlich, sich zu ihr zu setzen. »Jetzt so kurz vor dem Ball wird es ein bisschen hektisch hier. Es wird wirklich eine aufregende Veranstaltung.«

Regan nickte und bestellte bei der Bedienung, die ihr auch das Frühstück serviert hatte, eine Tasse Tee. »Sie sind ja immer noch hier«, sagte sie erstaunt zu der Bedienung.

»Ja, es hat sich noch jemand von den Jungen krank gemeldet«, bemerkte Winnie sachlich. »Ich vermute, heute steht da draußen eine ordentliche Brandung. Na ja, so lange meine Füße mitmachen, ist ja alles in Ordnung. Alles Geld für meinen Ruhestand, wenn er denn irgendwann mal kommt.«

Regan lächelte und wandte sich wieder Jazzy zu. »So weit ich gehört habe, ist der Ball ausverkauft.«

»Ja, es ist verrückt und auch ein bisschen seltsam. Offenbar sind die Menschen wie hypnotisiert von dieser Versteigerung,

204

und der ganze Presserummel um Dorinda und die antike Kette hat dem Abend eine Menge Aufmerksamkeit beschert.«

»Bitte schön, meine Liebe.« Die Bedienung stellte Regans Tee auf den kleinen Tisch. »Zur Gesundheit.«

»Danke.« Regan nahm das metallene Milchkännchen und gab ein paar Tropfen in den Tee, löffelte ein wenig Zucker hinein und rührte um.

»Wie kommt es, dass Sie nicht am Strand sind?«, fragte Jazzy. »Sie haben doch Urlaub. Steve und Kit haben sicher nichts dagegen, wenn Sie ihnen Gesellschaft leisten.«

»O ja, ist schon klar. Steve scheint ein netter Kerl zu sein«, antwortete Regan ausweichend.

»Ein ausgesprochen netter Kerl. Allerdings würde ich mich an seiner Stelle langweilen, wenn ich so früh aufhören würde zu arbeiten.«

Du willst mich wohl auf den Arm nehmen, dachte Regan. Auf das Haus eines reichen Typen aufzupassen ist ja wohl keine Arbeit.

Als hätte Jazzy ihre Gedanken gelesen, fuhr sie fort: »Ich weiß, ich arbeite nicht mehr so wie damals, als ich noch Großstadtanwältin war, aber das macht nichts. Ich arbeite gern für Claude, es ist einfach viel weniger stressig als früher. Und diese Sache mit den hawaiianischen Kleidern ist wirklich wichtig für uns.«

Regan konnte sich nicht helfen, aber was das Wort »uns« in diesem Zusammenhang zu bedeuten hatte, war ihr vollkommen schleierhaft. Vielleicht erklärte das, warum Jazzy sich noch nicht über Steve hergemacht hatte. Sie brauchte jemanden, den sie managen konnte. »Diese ganze Geschichte mit Dorinda«, wechselte sie das Thema, »ist sehr seltsam. Ich habe heute mit einer Frau gesprochen, die vor Jahren von ihr interviewt worden ist und meinte, sie habe sie damals in gehörige Schwierigkeiten gebracht.«

»Ihre Mutter?«, fragte Jazzy kühl.

»Meine Mutter?«

»Ihr Name ist Regan Reilly«, erwiderte Jazzy schnell. »Der Name Ihrer Mutter ist Nora Regan Reilly. Selbst mit Ihren dunklen Haaren sehen Sie ihr reichlich ähnlich.«

»Sie spielen gern Detektiv, Jazzy.«

»Na, Sie ja wohl auch.«

»Also, Dorinda hat tatsächlich meine Mutter interviewt. Sie hat sich mit dem Artikel damals nicht gerade in ihr Herz geschrieben, aber meine Mutter sagt trotzdem, sie tat ihr leid.«

Jazzy winkte ab. »Sie hatte einen ganzen Aktenordner mit solchen Geschichten. Ich kann Ihnen sagen, sie war eine Meisterin darin, Leute zu manipulieren. Eine Weile hat sie davon gesprochen, Claude für das Reisemagazin *Paradise* zu interviewen, aber dann hat sie es sich anders überlegt. Dann kam sie wieder damit an. Dann sagte sie, nein, er sei zu reich, er brauche gar keinen neuen beruflichen Start hier, denn er hätte ja genug Geld bis an sein Lebensende. Sie wollte sich auf Aussteiger konzentrieren, die den Mut hatten, ihren sicheren Job in den Staaten aufzugeben und einen Neustart auf Hawaii zu versuchen. Ich bitte Sie! Claude wäre ein wunderbarer Interviewpartner gewesen. Er hatte den Mut, etwas ganz Neues zu probieren. Die bloße Tatsache, dass er auch vorher schon Erfolg gehabt hatte, konnte doch wohl kein Grund sein, ihn fallen zu lassen. Und das Letzte, was Claude braucht, ist die Peinlichkeit, zu sehen, dass sein Unternehmen den Bach runtergeht. Schließlich hat doch jeder seinen Spaß daran, einen anderen scheitern zu sehen, der vorher so erfolgreich war, oder nicht?«

Nicht jeder, dachte Regan. Sie hob die Augenbrauen und

206

trank einen Schluck Tee. Immerhin hat sie damit meine Frage beantwortet, was ihren Chef angeht, und ich habe den Eindruck, die Beziehung ist wirklich nicht nur geschäftlicher Natur. »Hat sich Dorinda je mit Claude getroffen?«

»Wir hatten in der Weihnachtszeit eine riesige Gartenparty, und da war sie eingeladen. Damals wollte sie Claude unbedingt interviewen. Sie war so neugierig, man glaubt es nicht. Sie hat buchstäblich überall herumgeschnüffelt.« Jazzy lachte. »Drinnen und draußen. Sie ist sogar durch unser Wäldchen spaziert, um dort Fotos zu machen. Ich hatte ein paar lose Glasmurmeln in Claudes Hausapotheke gelegt, weil ich davon gehört hatte, wie unverschämt Leute bei Partys werden können. Und natürlich war es Dorinda, die die Toilette am Ende des Flurs neben dem Schlafzimmer des Hausherrn benutzen musste. Sie öffnete das Apothekenschränkchen, die Murmeln rollten heraus und zerbrachen auf dem Boden des Badezimmers. Ich war gerade in der Nähe und kam mit dem Besen, und sie behauptete, sie hätte Kopfschmerzen und hätte nach einer Aspirin gesucht.«

Klingt so, als ob Dorinda und Jazzy aus dem gleichen Holz geschnitzt waren, dachte Regan.

»Da wusste ich, dass man mit dieser Frau nichts als Ärger haben würde«, fuhr Jazzy fort. »Kennen Sie das, manchmal sagt einem schon der erste Instinkt etwas, wenn man jemanden kennenlernt. Und sehr oft ist dieser erste Eindruck richtig.«

»Ja, das kenne ich auch«, erwiderte Regan und dachte: Und mein erster Eindruck von dir war alles andere als positiv. Wer legt denn Glasmurmeln in die Hausapotheke, um möglicherweise einen Gast in eine peinliche Situation zu bringen? Dieselbe Sorte Leute schreibt Gemeinheiten über andere Leute in Zeitungsartikeln.

»Ich meine, sie hatte ja auch diese gestohlene Kette um den Hals. Was sagt Ihnen das?«, fragte Jazzy.

»Dafür könnte es eine ganze Reihe von Erklärungen geben«, antwortete Regan ruhig.

»Erklärungen, die wir leider niemals hören werden, denn sie hat ihr Geheimnis, wie man so schön sagt, mit ins Grab genommen.« Jazzy blickte einen Moment auf ihre Papiere, dann sah sie wieder Regan an. »Sie und Kit werden auf dem Ball sein, oder?« – »Ja.«

»Ich habe Steve den Rat gegeben, die Prinzessinnenkette für Kit zu ersteigern. Wäre das nicht romantisch?«

»Unbedingt.«

»Er scheint sie wirklich zu mögen.« Jazzy beugte sich zu Regan vor, als wollte sie ihr ein großes Geheimnis verraten. »Ich will Ihnen mal was sagen: Es gibt eine Menge Frauen auf dieser Insel, die ihn umkreisen wie Motten das Licht«, flüsterte sie. »Er ist eine echt gute Partie. Ich staune, dass er noch nirgendwo angebissen hat, und ich frage mich, worauf er eigentlich wartet. Jedenfalls ist eines sicher: Wer diesen Fisch an Land zieht, hat einen echten Goldfisch an der Angel.«

Regan lächelte. »Und wenn er Kit an Land zieht, ist er ein echter Glückspilz.

Jazzy warf den Kopf nach hinten, lachte und winkte ab. »Natürlich wird er das. Wie auch immer, morgen Abend werden wir jedenfalls alle unseren Spaß haben. Ich kann es kaum erwarten, zu sehen, wie viel Geld diese Kette bei der Versteigerung einbringt. Und wenn sie tatsächlich beide versteigern – mein lieber Schwan! Dann wackelt hier die Wand.«

»Das wird sicher interessant«, stimmte Regan ihr zu und fragte sich, ob Dorinda Dawes wohl jemals in Frieden ruhen würde. Allmählich hatte sie da ihre Zweifel.

35

Ned stopfte die Muschelketten in seinen gelben Rucksack und verließ so schnell er konnte das Museumsgelände. Er konnte gar nicht mehr klar denken. Nie im Leben hatte er erwartet, die Ketten direkt vor sich auf einem Picknicktisch liegen zu sehen, und in dem Augenblick, als er sie entdeckt hatte, war ihm klar gewesen, dass er keine Zeit zu verlieren hatte. Er winkte sich ein Taxi heran und ließ sich mitten ins Einkaufszentrum von Waikiki fahren. Genau wie auf dem Hinweg wollte er keine Spur zum Waikiki Waters legen.

Zum Glück schien dem Taxifahrer alles egal zu sein. Er spielte laute Musik und grunzte nur kurz, als Ned ihm sein Ziel nannte. Mit klopfendem Herzen saß Ned auf der Rückbank des Wagens. Er hatte den Mann am Strand kräftig geschubst, als dieser sich umgedreht hatte. Und Junge, der konnte vielleicht schreien! Man hätte doch denken sollen, dass er ein oder zwei Minuten gebraucht hätte, um sich nach einer Meditation so in Rage zu brüllen.

Auf der Kalakaua Avenue im Einkaufszentrum von Waikiki stieg er aus und ging zu Fuß weiter. Er mischte sich ohne Schwierigkeiten unter die japanischen und amerikanischen Touristen, die die edlen Läden betrachteten. Es war jetzt vier Uhr am Nachmittag, und Ned überlegte fieberhaft, wie es weitergehen sollte. Was mache ich mit diesen Ketten?, fragte er sich. Wie kriege ich sie sicher in mein Hotelzimmer? Was passiert, wenn Artie sie zu sehen bekommt? Ich muss sie irgendwo verstecken, bis Artie und seine Reisegruppe abgefahren sind. Dann werde ich mir einen dauerhaften Platz für sie ausdenken.

Ned ging in einen Geschenkladen, kaufte eine Schachtel, witziges Geschenkpapier mit Hulamädchen darauf, Klebeband und eine kleine Schere. Sobald er aus dem Laden kam, suchte er sich eine kleine Seitengasse, wo er sein Geschenk in Ruhe einpacken konnte.

»Wie niedlich«, murmelte ein alter Mann, der vorbeiging.

»Zum Glück hast du keine Ahnung«, murmelte Ned zurück und setzte das letzte Stück Klebeband auf das Geschenkpapier. Dann steckte er die Schachtel in eine Einkaufstüte und griff nach seinem Rucksack. Er hatte ihn aus Versehen in eine Ölpfütze gesetzt, und nun war die eine Seite klebrig und schwarz. Ned warf den Rucksack wütend auf den Boden und eilte zurück zum Waikiki Waters.

Während er die belebte Straße hinunterging, bedauerte er, dass er keine Möglichkeit haben würde, die Ketten in Ruhe zu betrachten, bis Artie endlich abreiste. Er konnte sie nicht aus der Schachtel nehmen, wagte es nicht, die wunderbaren Muscheln anzusehen. Irgendwo finde ich mit Sicherheit einen Käufer, der mir dafür ein Vermögen zahlt, dachte er.

In der Rezeption des Hotels summte es förmlich vor Aufregung: Gäste und Personal diskutierten die neuesten Nachrichten.

»Ned, hast du schon gehört?«, fragte ihn Glenn, ein junger Gepäckträger, der den Job schon ein paar Jahre machte. Er sah ziemlich aufgeweckt aus, und seine Kollegen nannten ihn hinter seinem Rücken »Will der Zweite«, denn Will hielt große Stücke auf ihn und förderte ihn, wo er konnte.

»Nein«, antwortete Ned und hielt seine Einkaufstüte eng an sich gedrückt.

»Die königlichen Muschelketten für den Prinzessinnenball sind aus dem Seashell Museum gestohlen worden. Es ist in allen Nachrichten. Aus der Versteigerung wird wohl nichts.«

»Machst du Witze?«, rief Ned aus. »Der arme Will, ich weiß, er ist darauf angewiesen, dass dieser Ball ein Erfolg wird.«

»Ja, er hat im Moment nicht gerade eine Glückssträhne«, gab Glenn zu und zuckte mit den Schultern, als sein Blick in Neds Plastiktüte fiel. »Tolles Geschenkpapier.«

»Hm?« Ned folgte seinem Blick. »Oh, ja, allerdings.«

»Was hast du da drin?«, fragte Glenn, der immer noch lächelte.

»Eine Freundin hat mich gebeten, ein witziges Geschenk für sie zu besorgen, weil sie zu einer Party geht. Ich habe ihr gesagt, ich hinterlasse es am Schalter der Gepäckträger. Sie kommt irgendwann im Laufe des Nachmittags oder Abends vorbei, um es abzuholen. Kannst du es mir abnehmen?«

Glenn starrte Ned mit seinem freundlichen, leicht abwesenden Blick an. »Klar. Wie heißt sie denn?«

»Donna Legatte.«

»Ich finde solche witzigen Geschenke toll. Was hast du für sie eingekauft?«

Mein Gott, dieser Mensch ist immer so neugierig und überall mittendrin, dachte Ned gereizt. »Nur ein paar verrückte Spielsachen«, antwortete er leichthin. »Kinderkram. Sie geht zum Junggesellinnenabschied einer Freundin und hatte keine Zeit, etwas einzukaufen.« Ned hatte das Gefühl, er redete nur noch wirres Zeug.

Glenn klopfte ihm auf die Schulter und grinste wissend. »Ich werde es wie meinen Augapfel bewachen, dein wertvolles

211

Paket. Klingt so, als wolltest du es auf keinen Fall verlieren. Oh, da kommt Kundschaft für mich.« Er nahm Ned die Tüte aus der Hand, eilte hinüber zu einem Taxi, das gerade vorgefahren war, und öffnete die hintere Tür, um zwei ankommende Gäste mit großen Blumenketten um den Hals aus dem Wagen zu lassen. »Wilkommen im Waikiki Waters!«, sagte er fröhlich. »Wir freuen uns so, dass sie bei uns wohnen!«

Ned drehte sich auf dem Absatz um und ging zur Rezeption. War das richtig?, dachte er. Vielleicht hätte ich es doch riskieren sollen, die Ketten im Zimmer unterzubringen. Eine der Rezeptionistinnen rief ihm zu: »Ned! Will möchte dich sprechen.«

»Jetzt gleich?« – »Ja.«

»Okay.« Er ging hinter den Schalter und durch die Tür zu Wills Büro. Janet war auf dem Posten. Sie sah auf und deutete mit dem Daumen zur Tür. »Es ist da drin.«

Als Ned eintrat, winkte ihm Will zu, sich zu setzen, deutete auf einen Stuhl und beendete ein Telefongespräch.

»Ned, wir haben jede Menge Schwierigkeiten.«

»Ich habe schon gehört, die Ketten wurden gestohlen.«

»Schlimmer. Meine Eltern kommen morgen hier an.«

Ned lachte, er war erleichtert, dass sie jetzt nicht über die Schätzchen reden mussten, die in einer schlichten Einkaufstüte zwischen all den Koffern standen, die ins Hotel und wieder hinausgetragen wurden.

Will lachte ebenfalls. »Ich kann kaum glauben, dass ich noch in der Lage bin, Witze zu machen.« Es war ein gutes Gefühl, wenigstens für einen Augenblick die Anspannung zu vergessen. Nachdem die Ketten verschwunden waren, brach jetzt natürlich die Hölle los. Aber Will mochte Ned, er war ein netter Kerl. »Meine Eltern kommen morgen früh hier an. Ich

212

weiß, sie werden müde sein, aber ich weiß auch, sie werden nicht in ihrem Zimmer bleiben, um sich auszuruhen. Ich muss sie irgendwie beschäftigen, sonst macht meine Mutter hier alle verrückt, während wir den Ball vorbereiten müssen. Kannst du mit ihnen für ein paar Stunden an den Strand gehen? Und vielleicht gehst du morgen Nachmittag ein bisschen mit ihnen zum Segeln?«

»Aber klar, Will, das ist doch kein Problem.«

»Wie geht es der Gruppe aus Hudville?«

»Gut, denke ich. Ich bin mit einem Teil der Gruppe heute früh beim Surfen gewesen. Es interessiert dich vielleicht, dass Gert und Ev sagten, sie wollten sich andere Hotels ansehen, um vielleicht etwas mit einem besseren Preis-Leistungs-Verhältnis zu finden.«

Will winkte mit beiden Händen ab. »Die beiden quälen mich seit einem Jahr mit Rabattforderungen, ich will sie am liebsten nicht mehr sehen. Ich habe dir sogar jemanden ins Zimmer gelegt, damit sie Geld sparen können.«

Ned verdrehte die Augen. »Ja, das ist mir nicht entgangen.«

»Du bist ein echter Kumpel, Ned, und ich verspreche dir, ich mache das nicht wieder. Sollen sie doch woanders hingehen. Als sie die ersten Male hierherkamen, haben sie kräftig Geld ausgegeben und ihre Zeit hier genossen. Aber inzwischen sind sie richtig geizig geworden. Am Montag reisen sie ab – und das ist dann auch keinen Tag zu früh.«

»Der Typ, den du mir ins Zimmer gelegt hast, ist ein komischer Vogel.«

»Ist er wirklich so schlimm?«

»Und das Paar in der Gruppe schreibt an einem Kapitel für ein Buch über aufregende Partnerschaften. Man glaubt es nicht, wenn man die beiden sieht, sie sind so schrecklich langweilig. Das junge Mädchen in der Gruppe hat ein bisschen darüber geplaudert, was hier im Hotel so vor sich geht.«

»Was?«, fragte Will schnell.

»Sie hat gehört, es sei nicht mehr sicher hier, und es ginge das Gerücht um, Dorinda Dawes sei ermordet worden.«

»Solche Gerüchte können uns schweren Schaden zufügen. Wir hatten tatsächlich ein paar Probleme, aber wir sind dabei, sie auszuräumen, und was Dorinda angeht, so geht die Polizei von einem Unfall aus. Also …« Will erhob sich.

Ned sprang auf. »Was die gestohlenen Ketten angeht, scheinst du ja ziemlich gelassen zu sein.«

»Im Gegenteil, Ned. Wenn ich denjenigen erwische, der das gemacht hat, erwürge ich ihn.«

Ned nickte. »Ich kann es dir nicht verdenken. Aber wer weiß, vielleicht tauchen sie ja vor morgen Abend wieder auf. Ich freue mich jedenfalls, deine Eltern zu treffen. Mr und Mrs Brown?«

»Ich glaube, sie lassen sich lieber beim Vornamen rufen, das gibt ihnen das Gefühl, jung zu sein.«

»Und wie heißen sie?«

»Bingsley und Almetta. Das vergisst man nicht, hm?«

Ned schluckte schwer. »Allerdings«, stotterte er. »Waren sie schon mal auf Hawaii?«

»Seitdem ich hier lebe, schon ein paar Mal. Aber verliebt haben sie sich in den Ort vor dreißig Jahren, als sie ihre erste Reise nach Oahu gemacht haben. Damals hat es ihnen so gut gefallen, dass sie immer wieder hierherkommen.«

»Das ist ja prima. Ich werde mein Bestes tun, um die beiden bei Laune zu halten.«

»Du wirst für dein Geld hart arbeiten müssen«, scherzte Will. »Meine Mutter ist ein harter Brocken.«

36

Rund um das Seashell Museum hatten sich Reporter von nah und fern versammelt, die Jimmy interviewen wollten. Er saß in der Vorhalle des Museums, hielt sich einen Eisbeutel an die Stirn und war von Kameras und Mikrofonen umgeben.

»Jimmy bringt den um, der meine Ketten gestohlen hat. Er bringt ihn um!«

»Was haben sie mit den Ketten da draußen gemacht?«, fragte ein Reporter.

»Ich habe Gott gedankt, dass er Jimmy die Kette der Königin zurückgebracht hat. Und dann passiert so etwas! Jetzt sind sie beide weg.«

»Haben Sie eine Ahnung, wer sich da angeschlichen und sie dann so gemein zu Boden geschlagen hat?«

»Nein. Wenn Jimmy das wüsste, würde er ihn jetzt suchen. Aber der elende Dieb war stark. Es braucht einen starken Mann, um Jimmy niederzuschlagen.«

»Können Sie ihn irgendwie beschreiben?«

»Jimmy war sehr konzentriert. Er hat nur einen gelben Streifen gesehen.«

»Etwas Gelbes?«

»Irgendetwas Gelbes. Als Jimmy zu Boden geschlagen wurde, flog etwas Gelbes an seinem Gesicht vorbei.«

»Und das ist alles?«

215

»Was wollen Sie von Jimmy? Er könnte tot sein. Es geht doch um etwas, da könnte man doch erwarten, dass die Polizei herausfindet, was passiert ist.«

»Möchten Sie uns noch irgendetwas sagen, Jimmy?«

Jimmy blickte geradeaus in die Kamera. »Wer auch immer das getan hat, er wird sehr viel Unglück haben. Vor allem, wenn ich ihn erwische. Diese Ketten wurden vor vielen Jahren den Frauen gestohlen, die sie gemacht hatten, kurz bevor sie an Königin Liliuokalani und Prinzessin Kaiulani übergeben werden sollten. Man hat den Dieb gefunden und ins Meer gejagt. Gestern wurde eine dieser Ketten um den Hals einer Frau gefunden, die vor dem Hotel Waikiki Waters ertrunken ist. Wer auch immer meine Ketten gestohlen hat, ich hoffe, das Meer holt auch ihn. Auf den Ketten liegt ein Fluch.« Er machte eine Pause. »Und jetzt braucht Jimmy eine Aspirin.«

Die Reporter klappten ihre Notizblöcke zu, und die Kameras wurden ausgeschaltet.

»Ein gelber Streifen«, murmelte einer der Reporter. »Na, den Kerl finden sie doch ohne Weiteres, mit so einer deutlichen Spur.«

37

Jason und Carla saßen an einem Tisch am Fenster am anderen Ende des Raumes, in dem auch die Zwillinge saßen. Carla konnte nicht anders, sie musste die beiden älteren Frauen alle zwei Minuten ansehen.

»Entspann dich doch mal und iss«, ermahnte Jason sie mehr als einmal.

»Ich kann nicht, ich bin so wütend. Sie haben uns und diesen wunderbaren Ring beleidigt.« Sie streckte ihre Hand aus.

»Ach, vergiss es doch!«

Sie knabberte an ihrem Ahi-Burger, aber eigentlich hatte sie keinen Hunger mehr. Was war heute bloß anders an den beiden Frauen? Sie blickte wieder zu ihnen hinüber. Sie trugen beigefarbene Hosen und langärmelige beigefarbene Hemden. Carla verdrehte die Augen und stellte sich die beiden vor, wie sie sie kannte: in den bunten Muumuus, die sie im Hotel immer getragen hatten.

Die Bedienung kam vorbei und füllte ihre Wassergläser auf, aber Carla bemerkte sie kaum, so sehr war sie in Gedanken versunken.

»Carla«, sagte Jason, »du beachtest mich gar nicht.«

»Genau!«, flüsterte sie ihm zu. »Jetzt weiß ich, was ich vorgestern Nacht gesehen habe, als ich am Strand spazieren gegangen bin.«

»Was?« – »Die Muumuus hingen über dem Balkongeländer. Ihre Balkons haben ja Meerblick, und ich erinnere mich, dass ich sie gesehen habe und noch gedacht habe, das Hotel möchte nicht, dass die Gäste ihre Sachen am Balkon zum Trocknen aufhängen, weil es dann wie ein Mietshaus aussieht. Und die Muumuus waren klatschnass.« – »Und?«

»Und es war die Nacht, in der Dorinda Dawes ertrank. Vielleicht haben die beiden sie ja umgebracht. Wie hätten die Muumuus sonst so nass werden können?«

»Woher weißt du, wem die Muumuus gehörten, Carla?«

»Es waren zwei riesengroße, hässliche Muumuus. Und ich weiß, dass sie den beiden gehören. Ich hatte einen ordentlichen Schwips, aber ich erinnere mich, dass ich gedacht habe, die Dinger kenne ich. Das eine Kleid war pinkfarben und das andere violett, ansonsten waren sie vollkommen gleich. Sie leuchteten ja geradezu im Dunkeln.«

Am Nebentisch riefen die Zwillinge nach der Rechnung.

»Lass dir auch die Rechnung geben«, forderte Carla.

»Warum das denn? Ich bin doch noch gar nicht fertig.«

»Ich will den beiden folgen und sehen, was sie vorhaben.«

»Wie bitte?«

»Wir müssen das tun. Vielleicht sind sie wirklich Mörderinnen. Es ist einfach unsere Pflicht.«

Jason verdrehte die Augen. »Du spinnst ja«, murmelte er, winkte aber nach der Bedienung. »Es gibt doch kein Gesetz, das jemandem verbietet, Muumuus zum Trocknen rauszuhängen.«

»Nein, natürlich nicht«, stimmte Carla ihm zu. »Aber ich glaube trotzdem, dass da etwas nicht stimmt.«

»Wir werden's ja rausfinden«, seufzte Jason.

Und da hatte er recht.

38

Regan ging hinunter zum Strand, um nach Kit zu sehen. Sie fand sie mit Steve unter einem großen Sonnenschirm direkt am Wasser.

»Wir haben schon auf dich gewartet, Regan«, rief Steve und sprang auf. »Und hier gibt es auch schon ein reserviertes Plätzchen für dich.«

»Oh, danke.« Regan ließ sich fallen und schüttelte ihre Sandalen ab. Es fühlte sich gut an, die Zehen in den warmen Sand zu stecken. Kit und Steve trugen Badesachen und hatten nasse Haare. Es war nach vier Uhr am Nachmittag, und viele Badegäste hatten den Strand schon verlassen, sodass überall leere Liegestühle herumstanden.

»Wie geht's?«, fragte Kit.

»Gut.«

»Du bist nicht so sehr für den Strand?«, fragte Steve.

»Ich schwimme gern, aber ich kann nicht lange in der Sonne sitzen. Egal, womit ich mich eincreme, ich kriege immer einen Sonnenbrand«, erklärte Regan.

Steve lachte laut. »Ja, man kann sich auf vielerlei Weise verbrennen.«

»Das ist wohl so«, erwiderte Regan. Für einen Moment trafen sich ihre Blicke, aber er sah schnell wieder weg. Ulkig, dachte Regan. Plötzlich sieht er viel älter aus als fünfunddrei-

219

ßig. Und letzte Nacht machte er auch einen viel gesünderen Eindruck. Jetzt sieht er aus wie jemand, der auf zu vielen Singlepartys gewesen ist, ausgelaugt und müde.

»Kit hat mir erzählt, dass dein Verlobter Chef der Abteilung für Kapitalverbrechen bei der New Yorker Polizei ist.«

»Stimmt.«

»Und du bist Privatdetektivin?«

»Auch das ist richtig.«

Steve lächelte. »Dann sollte man nicht allzu viel Dreck am Stecken haben, wenn ihr beide in der Nähe seid.«

»Ich bin schon sehr gespannt auf die Kinder, die die beiden bekommen«, sagte Kit grinsend. »Ich werde nämlich Patentante beim ersten Kind, oder, Regan?«

»Oh, da wäre ich auch gern Pate«, bot sich Steve an.

Kit sah ihn mit einem Ausdruck puren Glücks an.

Der ist zu glatt, Kit, dachte Regan. Er scheint mir der Typ zu sein, der viel zu schnell viel zu viel verspricht und kein Wort davon wirklich meint. Er ließ sie glauben, dass sie sehr viele Gemeinsamkeiten hätten, und das gefiel Kit natürlich sehr. Aber im Stillen befahl sich Regan, sich nicht wie so viele Frauen in die Beziehungsprobleme ihrer Freundinnen einzumischen. »Warten wir ab, ob wir überhaupt das Glück haben, Kinder zu bekommen«, sagte sie.

»Ich hätte gern einen ganzen Stall voll«, erklärte Steve.

Und ich würde dir so gern vertrauen, Steve, dachte Regan. Aber du machst es mir nicht leicht. Diese klassischen Klischees, mit denen du Kit fütterst, sind schwer auszuhalten. Sie hatte das alles schon zu oft gehört und allzu oft selbst geglaubt. Ich sollte jetzt eigentlich ein Dankgebet zum Himmel schicken, dass ich Jack getroffen habe, dachte sie. Steve tätschelte gerade Kits Knie, und Kit streckte mit einem Lächeln die

Hand nach ihm aus, die er ergriff und für einen Augenblick an seine Lippen führte. Gleich wird mir übel, dachte Regan. Dieser Romeo wird mir jeden Moment unheimlicher. Ihr Handy klingelte, und sie dankte dem Himmel für die Unterbrechung. Sie griff in ihre Handtasche und holte es heraus. Der Anrufer war aus Hawaii.

»Hallo.«

»Hallo Regan, hier spricht Janet. Wir haben ein neues Problem, die Ketten sind gerade aus dem Museum gestohlen worden, und außerdem ist Dorindas Cousin auf dem Weg vom Flughafen hierher. Er sollte in etwa einer Viertelstunde hier sein.«

Regan stand auf. »Danke, ich rufe gleich zurück.« Sie klappte ihr Handy zu und wandte sich an Kit und Steve. »Ich muss mich um ein paar geschäftliche Dinge kümmern.«

»Abendessen heute Abend bei mir«, erklärte Steve. »Wir werden Thunfisch und Mahimahi kochen, und dazu gibt es italienisches Brot. Ganz wunderbar. Dieselben Leute wie gestern Abend.«

Lieber steche ich mir die Augen aus, dachte Regan. »Klingt ganz wunderbar«, sagte sie mit ihrem schönsten Lächeln. »Kit, wir treffen uns nachher im Zimmer.«

»Ich muss bald los und fürs Abendessen einkaufen«, verkündete Steve. »Wenn es euch beiden nichts ausmacht, nehmt euch ein Taxi zu mir, ich fahre euch dann später natürlich nach Hause.«

»Brauchst du Hilfe beim Einkaufen?«, fragte Kit.

»Nein«, antwortete Steve eine Spur zu schnell. Als er die Enttäuschung in Kits Gesicht sah, fügte er hinzu: »Ihr braucht doch auch mal ein bisschen Zeit zu zweit. Meine Freunde sind bei mir zu Hause, sie helfen mir beim Kochen.«

»Ich muss jetzt diesen Anruf erledigen«, erklärte Regan. »Kit, wir treffen uns spätestens um sechs.« Dann drehte sie sich um und eilte zum Hotel. Sie war fassungslos, dass beide Ketten gestohlen worden waren, und sie wollte unbedingt herausfinden, was geschehen war.

In Wills Vorzimmer saß Janet an ihrem Schreibtisch, die Lesebrille wie immer vorn auf der Nase, das Telefon am Ohr. In der Ecke stand ein kleiner Fernseher, in dem gerade Jimmys Pressekonferenz wiederholt wurde.

»Können Sie sich so was vorstellen?«, fragte Janet.

»Nein«, antwortete Regan, die Jimmy zuhörte, wie er den Dieb bedrohte. »Wie konnte das denn so schnell passieren?«

»Ich sage Ihnen eines«, antwortete Janet, als Jimmy fertig war. »Ich glaube, dass er recht hat. Auf diesen Ketten muss eine Art Fluch liegen. Auf jeden Fall stürzen sie unseren Ball ins Chaos.«

»Jemand ist einfach hingegangen, wo Jimmy saß, und hat die Ketten mitgenommen?«, fragte Regan noch einmal nach.

»Einfach so.«

»Und die einzige Spur ist, dass der Dieb möglicherweise etwas Gelbes trug?«

»An mehr erinnert Jimmy sich nicht.«

»Ist Will da drin?«

»Er spricht gerade mit jemandem.«

In diesem Augenblick ging die Tür auf. »Hallo, Regan«, sagte Will. »Das ist Ned. Er arbeitet hier im Hotel und hilft den Leuten, in Form zu bleiben.«

»Oh, das könnte ich auch gebrauchen«, scherzte Regan und streckte die Hand aus.

Ned schüttelte ihr die Hand kräftig, so kräftig, dass sie den Impuls unterdrücken musste, ihre Hand zu reiben. Ein starker, athletischer Mann, dachte sie. Er kann wahrscheinlich nicht anders. Obwohl er im Moment ein bisschen abgelenkt und fahrig aussieht.

»Nett, Sie kennenzulernen. Wir sprechen später weiter, Will«, sagte er und war auch schon verschwunden.

»Er ist mir eine große Hilfe«, erklärte Will, während er die Tür hinter ihnen schloss. »Ich habe ihn auf die Reisegruppe angesetzt, über die wir vorhin gesprochen haben, und er macht das einfach großartig. Er hat unglaublich viel Geduld.«

So kam er mir gar nicht vor, dachte Regan und setzte sich in den Sessel, der ihr schon recht vertraut schien. »Will, was ist das für eine Geschichte mit den Ketten?«

»Janet hat Ihnen ja schon gesagt, dass sie gestohlen wurden.«

»Ich habe mir gerade die Pressekonferenz angesehen, aber irgendwie kann ich es immer noch nicht glauben. Was ist bloß mit diesen Ketten los? Sie scheinen so eine Art Eigenleben zu entwickeln.«

»Und das, wo meine Eltern hierherkommen. Wie ich mein Glück kenne, wird sie jemand wieder meiner Mutter zum Kauf anbieten.«

»Was bedeutet all das für den Ball?«

»Schwierig zu sagen. Das Spendenkomitee versucht gerade, einen Ersatz für die Versteigerung zu finden, der die Leute ebenso sehr interessiert, aber das ist natürlich nicht so einfach. Die Leute haben ihre Karten schon bezahlt, wir müssen jetzt dafür sorgen, dass sie sie nicht zurückgeben wollen.«

»Was auch immer geschieht, die Publicity ist Ihnen sicher.«

»Wenn ich dieses Wochenende überlebe, ist das ein wahres Wunder.«

Der Summer auf Wills Schreibtisch ertönte. Janet informierte ihn, dass Dorindas Cousin da war.

»Jetzt wird's interessant«, bemerkte Will mit gehobener Augenbraue, stand auf und ging zur Tür.

Regan drehte sich um und war erschrocken, als sie Dorindas nächsten Verwandten erblickte. Vielleicht hatte sie deshalb einen jungen, muskulösen Skateboarder erwartet, weil er in Venice Beach wohnte. Aber dieser Mann war um die Siebzig und hatte rötlich-braunes, fettiges Haar. Er trug ein grellbuntes Hemd, Bermudashorts mit einem weißen Kunstledergürtel und weiße Kunstlederschuhe. Seine buschigen Augenbrauen und Koteletten sahen aus, als hätte er versucht, sie passend zu seinem Haar zu färben, dabei aber einen Fehler gemacht. Er war mittelgroß und mittelkräftig gebaut mit einem vorstehenden Bauch, der Regan vorkam wie ein Steuerrad für den ganzen Körper. Aber er schien ein liebenswürdiger Mensch zu sein, und jetzt setzte er seinen Rollkoffer ab und begrüßte sie.

»Ich freue mich ja so, Sie kennenzulernen«, strahlte er Will an. »Ich bin der Cousin.«

Der Cousin?, dachte Regan. Guter Scherz. Der Cousin der Verstorbenen.

Will stellte sich und Regan vor.

»Hallo, Regan«, strahlte er. »Ich sage Ihnen, das Reisen heutzutage wird immer verrückter. Die Schlangen am Flughafen sind endlos, ich muss mich erst mal setzen.«

»Bitte.« Will deutete auf den zweiten Sessel vor seinem Schreibtisch. »Wie war noch mal Ihr Name?«

»Ach ja, nun, ich bin ein Dawes. Dorindas Vater und mein Vater waren Brüder. Dorindas Vater hat viel später geheiratet als meiner. In der Familie hieß es immer, Onkel Gaggy kriegt nie eine Frau ab, aber irgendwann war es dann doch so weit. Und so gibt es denn auch einen kleinen Altersunterschied zwischen mir und Dorie.«

224

Onkel Gaggy? Dorie? Und wie war das mit dem kleinen Altersunterschied? Der Familienname ist Dawes. Ob er wohl auch einen Vornamen hat?, fragte sich Regan.

Der Cousin setzte sich hin und schlug ein Bein über das andere, sodass seine Schuhspitze nur wenige Zentimeter vor Regans Bein in der Luft schwebte.

»Kann ich Ihnen irgendetwas anbieten?«, fragte Will.

»Wissen Sie was, ein Mai-Tai wäre jetzt genau das Richtige. Aber ich glaube, im Moment gebe ich mich mit einer Tasse Kaffee zufrieden, den haben Sie ja da.« Er deutete auf die Kanne, die auf dem Sideboard stand. »Ist das der verrückte hawaiianische Kaffee, den Dorinda so mochte? Sie hatte einen exquisiten Geschmack, das kann ich Ihnen sagen.«

Will sprang auf und schenkte dem Mann einen Kaffee ein. »Dorinda mochte tatsächlich diesen Kona-Kaffee«, murmelte er.

»Danke Ihnen«, sagte der Cousin und rührte in seinem Kaffee, dem er drei Stücke Zucker zugegeben hatte. Dann räusperte er sich. »Nun, wie ich schon sagte, Onkel Gaggy hat spät geheiratet, und auch Dorindas Mutter war kein junges Küken mehr. Sie hatten nur das eine Kind, und die beiden sind auch schon seit ungefähr zehn Jahren tot. Meine Eltern sind ebenfalls nicht mehr unter uns, und so bin ich Dories einziger Verwandter, aber sie hatte nicht viel Interesse an einem Kontakt. Ab und zu haben wir mal telefoniert.« Er nahm einen Schluck Kaffee.

Mein Gott, dachte Regan. Ich habe Dorinda nie kennengelernt, aber nach allem, was ich gehört habe, war sie wirklich nicht deine Wellenlänge. Und du warst ihr einziger Verwandter. Ich bin sicher, sie hätte dich keinem ihrer Freunde vorgestellt, ihr Image war wohl doch ein bisschen anders. Regan wollte ihm gerade eine Frage stellen, als er weitersprach.

»Guter Kaffee, Hawaii macht wirklich guten Kaffee«, erklärte er, dann lachte er und schlug sich aufs Knie. »Jetzt habe ich Ihnen immer noch nicht gesagt, wie ich heiße. Also, mein Name ist Gus Dawes.«

Regan lächelte. »Schön, Sie kennenzulernen, Gus.«

»Verstehen Sie mich nicht falsch, ich will ja nicht unhöflich sein, aber was machen Sie hier?«, fragte er und wischte sich den Mund mit der Papierserviette ab, die Will ihm gereicht hatte.

Regan blickte Will an und entschied, dass es besser wäre, ihm die Antwort zu überlassen. Sie wusste nicht, wie viel Will Dorindas einzigem Verwandten über seinen Verdacht erzählen wollte. Aber sie hätte sich keine Sorgen machen müssen.

»Regan ist Privatdetektivin und wohnt für ein paar Tage hier im Hotel. Ich habe sie gestern gebeten, Nachforschungen über Dorindas Tod zu unternehmen«, erklärte Will.

Zu Regans großer Erleichterung stellte Gus sein Bein wieder hin und schlug das andere darüber. Jedenfalls sitzt niemand in dieser Richtung, dachte sie. Gus beugte sich vor und hielt sich an der Sohle seines linken Schuhs fest. »Das überrascht mich gar nicht. So spitz wie ihre Feder war, würde es mich nicht wundern, wenn sie sich ein paar Todfeinde gemacht hätte.« Er kicherte. »Schon als Kind war sie ein Teufelsbraten. Ich erinnere mich, einmal waren wir beide auf einem Familienfest. Sie hatte eine kleine Kamera bei sich und hat die Leute von hinten fotografiert.« Er lachte, bekam dann einen Hustenanfall und riss sich zusammen. »Sie hatte so viel Freude daran, die Leute dumm aussehen zu lassen!«

Er ist nicht gerade von Trauer zerfressen, dachte Regan. Wills Gesichtsausdruck zeigte puren Schrecken. Vermutlich dachte er gerade darüber nach, wie er seinerzeit auf den Gedanken gekommen war, Dorinda anzustellen.

»Ich glaube jedenfalls, dass es eine gute Idee ist, da noch ein bisschen nachzuforschen«, fuhr Gus fort. »Ich habe auch über diese Kette nachgedacht, die sie um den Hals trug. Das Mädchen hat es immer wieder geschafft, sich in Schwierigkeiten zu bringen.«

»Die Kette ist inzwischen schon wieder gestohlen worden«, informierte Will ihn und erzählte ihm die Einzelheiten.

Gus schlug mit der flachen Hand auf Wills Schreibtisch. »Mach Sachen! Na, ich sag's ja.«

»Wann haben Sie Dorinda zum letzten Mal gesehen?«, fragte Regan.

»Vor drei oder vier Jahren.«

»Sie leben in Kalifornien?«, fragte sie weiter.

»Ja. Ich liebe die Sonne dort, es ist einfach wunderbar.«

»Haben Sie noch andere Verwandte?«

»Ein paar entfernte Cousins auf der mütterlichen Seite, aber die sind ziemlich seltsam.«

»Wie lange wollen Sie auf Hawaii bleiben?«, fragte Will.

»Na, ich dachte, wenn ich jetzt schon die Reise mache und eine Wohnung habe, in der ich bleiben kann, dann soll es sich auch lohnen, nicht wahr? Ich dachte an zehn Tage. Ich will mir die Ananasplantagen ansehen und ein bisschen herumfahren. Wissen Sie, ich habe gehört, vor ein paar Monaten wurden hier auf einer Farm im Norden Tausende von Bananen gestohlen. Ich hoffe, die Diebe haben die Ware schnell umgesetzt, denn nach ein paar Tagen kann man mit dem Zeug doch nichts mehr anfangen, oder? Sie stinken und ziehen die Fliegen an, und das war's.« Er verzog die Augen und lachte. »Vielleicht gab es eine Konferenz einer Frühstücksflockenfirma hier, dann sind die Bananen vermutlich dort gelandet.«

Will lächelte höflich. »Sie werden also Dorindas Sachen mitnehmen, wenn Sie wieder abreisen?«

»O ja. Ich habe mit der Frau in der Wohnung in New York gesprochen, die dort noch für ein paar Monate wohnt. Als Nächstes werde ich dann nach New York fahren und dort alles auflösen. Gut, dass ich so gern verreise. Na, wer weiß, vielleicht bleibe ich hier, bis Dorindas Mietvertrag ausläuft.«

»Gus«, begann Regan, »ich würde gern einen Blick in Dorindas Apartment werfen und sehen, ob ich irgendetwas finde, was mir bei den Ermittlungen hilft.«

»Aber klar«, sagte Gus freundlich. »Ich habe schon gehört, ich kriege die Schlüssel vom Hausmeister. Wollen Sie gleich mitkommen? Denn das sage ich Ihnen, wenn ich erst mal dort bin, haue ich mich ins Bett und schlafe die nächsten zwölf Stunden. Morgen bin ich dann wieder fit wie ein Turnschuh.« Er drehte sich zu Will um. »Ich habe gehört, bei Ihnen gibt es morgen einen großen Ball. Gibt es denn noch Karten? Ich gehe für mein Leben gern auf Feste.«

»Ich bin sicher, das können wir einrichten«, sagte Will.

»Großartig. Dann nichts wie los, Regan! Ich halte es in diesen Klamotten nicht mehr lange aus.«

Will sah Regan an und lächelte.

»Kann losgehen«, sagte Regan und zwinkerte Will zu. Das muss ich unbedingt Jack erzählen, dachte sie.

39

Ned ging kopfschüttelnd zurück zu seinem Zimmer. Er konnte einfach nicht glauben, dass die Leute, denen er vor dreißig Jahren die Muschelkette verkauft hatte, Wills Eltern sein sollten. Wie ist denn das bloß möglich?, fragte er sich. Aber andererseits, die Namen Bingsley und Almetta kamen ja auch nicht in rauen Mengen vor. Ihr letztes Zusammentreffen war dreißig Jahre her, und er erinnerte sich immer noch, wie sehr er über die Namen gestaunt hatte. Und er erinnerte sich, wie intensiv Almetta seine Füße angestarrt hatte. Vielleicht hatte sie das längst vergessen, aber das war auch gleichgültig, denn er hatte nicht die Absicht, ihr seine Zehen zu zeigen, auch wenn Will gern wollte, dass er mit den beiden schwimmen und segeln ging.

Als er ins Zimmer kam, war er dankbar, Artie nirgendwo zu entdecken. Er schaltete den Fernseher ein, wo ein Reporter aufgeregt von dem Kettenraub sprach.

»Am helllichten Tag hat sich ein durchtriebener Verbrecher angeschlichen und sie von dem Picknicktisch vor dem Seashell Museum gegriffen. Zu allem Überfluss hat er zuvor auch noch den Eigentümer des Museums brutal zu Boden gestoßen ...«

»Na, so brutal war es nun auch wieder nicht«, protestierte Ned laut.

»Der Eigentümer der Ketten hat seinen Angreifer nicht

229

gesehen, sagt aber, er habe etwas Gelbes vorbeistreifen sehen. Das ist keine besonders klare Spur, aber die Polizei ist entschlossen, den feigen Räuber zu finden und hinter Gitter zu bringen, der dieses gemeine Verbrechen begangen hat.«

Ned wurde blass. Mein gelber Rucksack. Ich habe ihn in der Sackgasse stehen lassen. Hatte ich irgendetwas darin, mit dessen Hilfe man mich identifizieren könnte? Er eilte aus dem Zimmer und nahm – zu ungeduldig, um auf den Aufzug zu warten – die Treppen hinunter ins Erdgeschoss, immer zwei Stufen auf einmal. Noch einmal sprang er an diesem Tag in ein Taxi. Sie kriegen mich nicht, dachte er. Egal, was passiert, aber sie kriegen mich nicht.

40

Will organisierte für Regan und Gus einen hoteleigenen Fahrer, der sie zu Dorindas Apartment brachte. Die Wohnung lag nur ein paar Blocks vom Strand entfernt in einem zweistöckigen rosafarbenen Haus mit einem kleinen Parkplatz davor.

»Nicht gerade luxuriös«, bemerkte Gus, als der Wagen anhielt. »Aber einem geschenkten Gaul sieht man ja bekanntlich nicht ins Maul.«

Der Mann ist sein Geld wert, dachte Regan. Er ist dabei, die Wohnung zu betreten, in der seine tote Cousine während der letzten paar Monate gelebt hat, und alles, woran er denkt, ist die Chance, hier umsonst Urlaub zu machen. Der Fahrer bot Gus an, ihm mit dem Gepäck zu helfen, aber Gus hatte einen Rollenkoffer, und es machte ihm offenbar Spaß, ihn selbst zu ziehen. Er klingelte beim Hausmeister und erklärte auch diesem schlicht, er sei der Cousin.

Der Hausmeister reichte ihm die Schlüssel und schloss die Tür wieder.

»Sie hat im ersten Stock gewohnt«, erklärte Gus fröhlich.

Es gab keinen Aufzug, also nahm er seinen Koffer hoch, und Regan folgte ihm auf der Treppe. Im ersten Stock angekommen, drehte er sich um und verkündete: »Und da sind wir schon!« Er schloss die Tür zu Apartment 2B auf und öffnete sie, tastete nach dem Lichtschalter und schaltete das Licht an. Vor ihnen lag ein kleines, aber gemütliches Wohnzimmer. Gerade vor ihnen stand ein runder Esstisch, der ans Fenster geschoben war, bedeckt mit Papieren. Auch der Schreibtisch an der Wand war voll mit allen möglichen Unterlagen. Überall in der Wohnung lagen Teile einer Fotoausrüstung.

»Von draußen hatte ich Schlimmeres erwartet«, erklärte Gus, »aber das ist doch eigentlich ganz hübsch hier.«

»Allerdings«, stimmte Regan ihm zu und fragte sich, ob die leuchtend blaue Couch eine echte Bernadette Castro war. Ein bunter Teppich, zwei beige gepolsterte Sessel und ein kleiner Couchtisch voller hawaiianischer Andenken – das war die Möblierung des Zimmers. An den Wänden hingen ein paar gerahmte Drucke von Sonnenuntergangfotos. Regan warf einen schnellen Blick in das winzige Schlafzimmer. Das Bett war gemacht, und auf einem Sessel lagen ein paar Kleider. Im Bad waren alle Ablagen mit Kosmetikartikeln vollgestellt. Neben dem Essbereich gab es eine kompakte Küche. Die Wohnung war sauber, wenn auch ziemlich unordentlich, typisch Dorinda eben.

Gus ging durch die Wohnung. »Ich muss sagen, es ist ja schon ein wenig deprimierend, wenn man bedenkt, dass Dorinda tot ist. Jetzt, da ich ihre Sachen sehe, wünschte ich doch, wir hätten uns ein bisschen besser gekannt.«

»Das verstehe ich. Es tut mir wirklich leid.« Regan ging zum Schreibtisch und sah sich die gerahmten Fotos an. Ein Gruppenfoto, das wohl bei einer Party aufgenommen worden war. Eine strahlende Dorinda, die einen großen Typen im Westernanzug anhimmelte. Regan nahm das Foto in die Hand, betrachtete es genauer und erkannte zu ihrem Schrecken, dass der Mann auf dem Foto Steve war. Das gibt's doch nicht, dachte sie. Und sie sieht so schrecklich verliebt aus!

»Keine Familienfotos«, bemerkte Gus. »Na ja, außer mir sind ja auch alle tot, und Dorie neigte wohl eher nicht zu falscher Sentimentalität.«

»Macht es Ihnen was aus, wenn ich mir die Sachen auf dem Schreibtisch genauer ansehe?«, fragte Regan.

»Von mir aus! Ich bringe jetzt erst mal meinen Koffer ins Schlafzimmer und sehe zu, dass ich mein Zeug auspacke. Und dann werde ich mich bald hinlegen.«

»Ich brauche nicht mehr lange.«

»Lassen Sie sich nur Zeit«, sagte Gus mit seiner dröhnenden Stimme, sodass es fast wie ein Befehl klang. Er nahm sein Taschentuch und putzte sich kräftig die Nase. »Ich kriege im Flugzeug immer einen Schnupfen«, bemerkte er. Dann schwenkte er das Taschentuch kräftig durchs Zimmer und stopfte es wieder in seine Hosentasche.

Er muss Dorinda zum Wahnsinn getrieben haben, dachte Regan. Sie drehte sich um, nahm das Foto noch einmal in die Hand und sah sich Steve und Dorinda genauer an. Er hatte nicht verschwiegen, dass er Dorinda gekannt hatte, aber er hatte auch nicht viel gesagt. Regan setzte sich und blätterte die Papiere durch, die auf dem Schreibtisch verstreut lagen. Auf einigen Bogen Papier waren eilige Notizen zu sehen, Einkaufszettel und Merkzettel wegen irgendwelcher Fotos waren auch dabei. Sie zog die Schublade auf, wo sie eine Handvoll Stifte und Büroklammern erwartete, fand aber nur einen einzelnen Schnellhefter mit der Aufschrift »Schmutz – Reserve«. Ihr Herz hüpfte, als sie ihn öffnete. Als Erstes sah sie das Testament eines Menschen namens Sal Hawkins.

Wer mag das sein?, fragte sich Regan und begann zu lesen.

»Ich, Sal Hawkins, gesund an Körper und Geist, vermache hiermit meine gesamte irdische Habe einschließlich des Bargelds und der Einkünfte aus dem Verkauf meines Hauses an den Club der Regenfreunde für zukünftige Reisen nach Hawaii.«

Das ist die Gruppe, die bei mir im Hotel abgestiegen ist, dachte Regan. Er hatte zwei Schwestern, seine Nachbarinnen, mit der Verwaltung des Nachlasses betraut. Sie sollten fünf weitere Personen alle drei Monate auf einer Reise nach Hawaii begleiten. Sal Hawkins hatte etwa zehn Millionen Dollar hinterlassen. Damit konnte man eine Menge Reisen unternehmen, dachte Regan. Das Testament war erst vor vier Jahren verfasst worden, wenn er bald danach gestorben war, dann sollte noch für einige Jahre Geld da sein. Und dabei hatte Will doch erzählt, dass die beiden Reiseleiterinnen so knickerig waren.

Regan suchte sich ein leeres Blatt Papier und machte sich ein paar Notizen. Sie sah den Rest der Papiere durch, die in dem Umschlag gesteckt hatten, und hätte beinahe ein zweites Foto von Steve übersehen, diesmal von ihm allein. Die Bildunterschrift lautete: »Was hat dieser Mann gemacht, bevor er sich nach Hawaii zurückzog?« Junge, Junge, dachte sie, hier ist aber ganz schön was los. Auf dem Foto stand er in einer Bar und lächelte in die Kamera. Regan war nicht sicher, ob es sich um die Bar des Waikiki Waters handelte. Was hatte das Stichwort »Schmutz« in diesem Zusammenhang zu bedeuten? Ein Zeitungsausschnitt über Claude Motts verschiedene Firmen steckte auch in dem Umschlag. Der Text war kurz und besagte, dass der Mann dabei war, sich in der Modebranche einzunisten. An den Artikel war ein Foto von Jazzy angeklammert.

Hm, dachte Regan, scheint so, als hätte sie sich auf diese Leute eingeschossen. Aber warum? Hat Steve ihre Annäherungsversuche zurückgewiesen? Dass Dorinda und Jazzy nicht miteinander klarkamen, verstand sie sofort, die beiden Frauen waren sich einfach zu ähnlich. Aber was sollte das mit dieser Reisegruppe?

»Na, wie kommen Sie zurecht, Regan? Haben Sie etwas Interessantes gefunden?« Gus betrat das Zimmer wieder. Er trocknete sich das Gesicht mit einem Handtuch ab. »Ha, das tut gut. Morgen werde ich schwimmen gehen, darauf freue ich mich schon.«

»Ja, ich habe ein paar Sachen gefunden, Gus. Darf ich diesen Ordner mitnehmen?«

»Nur zu. Es scheint ein Stück Arbeit zu sein, Dorindas Sachen durchzugehen. Das meiste werde ich wohl irgendeiner Wohltätigkeitsorganisation schenken.«

»Ich weiß, Sie sind müde, deshalb werde ich jetzt verschwinden. Wenn es Ihnen nichts ausmacht, rufe ich Sie morgen noch mal an.«

»Aber mit Vergnügen! Und wir sehen uns morgen Abend auf dem Ball, nicht wahr?«

»Das denke ich doch.«

»Wunderbar. Soll ich Ihnen ein Taxi rufen?«

»Ach, wissen Sie, ich glaube, ich gehe ein Stück zu Fuß. Ich kann ein bisschen Bewegung gut gebrauchen, und wenn es mir reicht, winke ich mir an der Straße ein Taxi heran.«

»Passen Sie auf sich auf, Regan. Das hier scheint nicht der allerbeste Stadtteil zu sein.«

»Na, ich komme schon zurecht.«

Zwei Minuten später war Regan draußen auf der Straße. Sie ging Richtung Strand und entschloss sich, den Weg zum Waikiki Waters zu nehmen, den Dorinda so gern gegangen war. Genau den Weg, den sie wohl auch am Abend ihres Todes gegangen war.

235

Regan fragte sich, an welcher Stelle Dorinda von diesem Weg abgewichen sein mochte. Ausgerechnet an diesem Abend musste sie einen anderen Weg genommen haben – mit fatalen Folgen.

Als sie die Mole erreichte, starrte sie hinaus auf die Felsen. Ganz weit am Ende der Mole stand ein Pärchen Hand in Hand.

O Dorinda, dachte Regan. Hast du deinen Mörder hier getroffen?

Sie zuckte die Schultern. Wir werden es wohl nie so ganz genau erfahren.

41

Ich habe gerade eine Beziehung hinter mir«, sagte Francie zu Artie, während die beiden am Strand entlangspazierten. »Er war verheiratet und hatte mich immer in der Hinterhand, aber irgendwann hat mir das nicht mehr gepasst, verstehst du?«

»Klar«, antwortete Artie abwesend. Er dachte darüber nach, wie Ned heute aus dem Zimmer gesprintet war. Plötzlich schien ihm etwas Wichtiges eingefallen zu sein.

»Ich würde schon gern einen Mann treffen«, gab Francie zu. »Und ich bin es leid, immer mit Kerlen zu tun zu haben, die nur ein bisschen Spaß nebenher haben wollen. Du wirst es kaum glauben, aber Bob hat sich vorgestern Abend an mich herangemacht. Man fasst es doch nicht, oder? Seine Frau war schon im Bett, und der Kerl schreibt mit ihr ein Kapitel über aufregende Zweierbeziehungen! Wenn sie ihn erwischt, wird es richtig aufregend, das kann ich dir sagen. Sie wird ihm vermutlich eine Blumenvase an den Kopf werfen.«

»Er hat wirklich versucht, dich anzubaggern?«, fragte Artie.

»Ja, wirklich. Er sagte, seine Frau sei so langweilig und er wünschte, er könnte hier auf Hawaii ein bisschen Extraspaß finden.«

»Und was hast du gesagt?«

»Gar nichts. In dem Moment stand nämlich Dorinda Dawes

hinter uns und hat uns fotografiert. Bob hat sich ziemlich aufgeregt, und das war dann das Ende der Unterhaltung.«

»Und jetzt ist sie tot.«

Francie blieb abrupt stehen und griff nach Arties Arm. »Glaubst du, da gibt es eine Verbindung?«

Artie zuckte die Schultern. »Man kann nie wissen.«

»Das wäre dann wohl das Ende dieser Reisen.«

»Mag schon sein«, bemerkte Artie, hob einen Stein auf und warf ihn ins Wasser. »Gert und Ev sind sowieso nichts anderes als zwei elende Geizkragen. Das macht doch keinen Spaß. Schon die Tatsache, dass ich das Zimmer mit Ned teilen muss, ist doch eigentlich unglaublich.«

»Er ist aber sehr nett«, sagte Francie vorsichtig.

»Er gefällt dir, oder?«

»Na ja, er hat jedenfalls das richtige Alter. Aber egal, in ein paar Tagen sind wir ohnehin weg.«

Von der anderen Seite kam Joy auf sie zu gejoggt.

»Und die hat mir gerade noch gefehlt«, stöhnte Artie. »Unsere kleine Miss Baywatch.«

»Sie ist doch noch ein Kind«, sagte Francie. »Manchmal wünschte ich, ich wäre noch mal so jung. Aber nur manchmal.«

Schnaufend und keuchend rannte Joy auf sie zu. Ein paar Meter vor ihnen blieb sie stehen und rang nach Luft. »Gert und Ev haben mich auf dem Handy angerufen«, sagte sie. »Sie schaffen es nicht, zum Cocktail und zum Abendessen zurück zu sein.«

»Nicht? Wie viele Hotels wollen sie sich denn noch ansehen?«, fragte Francie.

»Keine Ahnung. Fragen waren nicht zugelassen.« Joy wischte sich die Stirn ab. »Sie haben gesagt, wir sollen zu fünft in eines der Restaurants hier im Hotel gehen und alles auf ihr Zimmer schreiben lassen.«

»Dann würde ich doch sagen, heute Abend gibt es Kaviar und Champagner«, schlug Artie vor. »Und dann Filetsteaks und Hummer.«

»Hast du es Bob und Betsy schon gesagt?«, fragte Francie.

»Ich habe in ihrem Zimmer angerufen, aber es geht keiner ran. Ich habe ihnen jetzt an der Rezeption eine Nachricht hinterlassen.«

»Komisch, das sieht Gert und Ev gar nicht ähnlich, uns nicht unter ihrer Fuchtel zu haben und jede unserer Bestellungen zu kontrollieren«, bemerkte Artie. »Da stimmt doch was nicht.«

»Wir sollten das Beste draus machen«, rief Francie fröhlich. »Wir werden ordentlich essen, trinken und Geld ausgeben.«

»Wann kommen unsere furchtlosen Anführerinnen denn zurück?«, fragte Artie.

»Irgendwann am späten Abend. Sie wollen auf jeden Fall morgen früh zum Strandspaziergang wieder da sein.«

»Wisst ihr eigentlich, dass alle auf diesem Ball sein werden außer uns?«, fragte Francie. »Ich finde, wir sollten Karten für die ganze Gruppe bestellen und das auch auf ihr Zimmer schreiben lassen.«

»Der Ball ist ausverkauft«, wusste Joy. »Und ich gehe sowieso nicht hin.«

»Na, ich schon«, sagte Francie. »Da gibt es Hulatänzerinnen, zwei Bands, ein tolles Abendessen und Tanz. Ich will doch nicht wieder ein langweiliges Abendessen in der Gruppe erleben, wenn da drüben im Ballsaal das Leben tobt. Ich komme mir ja schon vor wie Aschenputtel.« Sie wandte sich an Artie. »Was meinst du?«

»Wenn ich nicht selbst bezahlen muss, gehe ich gern mit.«

239

»Nein, das musst du nicht«, sagte Francie im Brustton der Überzeugung. »Ich bin sicher, Sal Hawkins hätte gewollt, dass wir unseren Spaß haben. Wir werden ins Büro des Hotelmanagers gehen und sehen, ob es noch Karten gibt. Joy, bist du sicher, dass du nicht mitgehst?«

»Absolut.«

»Was ist mit unserer aufregenden Zweierbeziehung?«, fragte Artie.

»Die sollen selbst sehen, wie sie zurechtkommen. Wir holen uns jetzt zwei Karten, eine für dich und eine für mich.«

»Ich bin schon gespannt auf die Gesichter von Gert und Ev, wenn sie das herausfinden«, sagte Joy boshaft.

»Mir ist das egal«, erklärte Francie. »Artie, los geht's. Joy, wollen wir uns um sieben Uhr zum Cocktail am Pool treffen und dann essen gehen?«

»In Ordnung.«

»Wo wohl Gert und Ev sind?«, fragte Artie auf dem Weg zur Rezeption.

Francie lachte. »Vielleicht haben sie ein paar Typen aufgegabelt?«

42

Warum mussten Sie uns folgen?«, fragte Ev Jason und Carla. »Warum? Sie hätten doch wissen können, dass das eine sehr, sehr schlechte Idee war.«

Jason und Carla saßen gefesselt im Keller von Gerts und Evs neu gebautem, fast fertigem Haus auf Big Island. Überall war noch das Sägemehl zu riechen. Das Haus stand in den Bergen, 400 Meter über dem Meer in einer waldigen, ländlichen Gegend.

Gert und Ev planten ihren Einzug für den Frühsommer. Sie hatten ein großes Grundstück gekauft, damit sie möglichst viel Privatsphäre hätten. Die nächsten Nachbarn waren nur über einen verwachsenen Waldweg zu erreichen.

Aber Gert und Ev konnten von ihrer Terrasse aus das Meer sehen, sie hatten einen großen Swimmingpool und einen Whirlpool mit heißem Wasser für die kühlen Morgen in den Bergen. Ein Traumhaus, das sie mit Sal Hawkins' Geld gekauft hatten, Geld, das eigentlich den regennassen Einwohnern von Hudville zugutekommen sollte.

»Könnt ihr euch denn nicht um eure eigenen Angelegenheiten kümmern?«, fragte Gert. »Ihr seid uns aus dem Restaurant gefolgt und habt gedacht, ihr seid furchtbar schlau. Oder war es bloß Zufall? Unsere lange, gewundene Auffahrt ist nicht gerade eine Durchgangsstraße.«

»Sie waren am Flugplatz so unhöflich zu uns«, schnappte Carla zurück.

»Seit wann ist es ein Verbrechen, unhöflich zu sein?«, gab Ev zurück. »Gert, hast du je davon gehört, dass es ein Verbrechen sein soll, unhöflich zu sein?«

»Nein, Schwesterherz, wirklich nicht.«

»Dann sagen Sie mir doch mal, welches Verbrechen Sie tatsächlich begangen haben«, fragte Carla mit mehr Kühnheit, als sie in ihrem Herzen fühlte. »Nur weil wir Ihre Auffahrt hinaufgefahren sind, können Sie uns doch nicht gegen unseren Willen hier festhalten! Sie hätten uns doch einfach wegschicken können.«

»Sie haben Ihre Nase in unsere Angelegenheiten gesteckt«, erklärte Ev. »Und nun haben Sie auch noch dafür gesorgt, dass wir unseren Flug nach Oahu verpassen. Wir sind nicht sehr glücklich darüber, das kann ich Ihnen sagen.«

»Ich bin überhaupt nicht glücklich, wenn ich mein Abendessen verpasse«, sagte Gert und pustete in die Pistole, die sie in der Hand hielt. Der Anblick dieser Pistole war der Grund, warum Jason tat, was man ihm sagte.

»Lassen Sie uns gehen«, flehte er nun. »Lassen Sie uns doch einfach alle gemeinsam vergessen, dass wir uns je getroffen haben.«

Ev schüttelte den Kopf. »Nein, das ist, fürchte ich, keine gute Idee. Wir können uns ja denken, dass Sie sofort losziehen und jedermann von unserem kleinen Versteck hier erzählen, nicht wahr, Gert?«

»Aber sicher, Schwesterherz.«

»Und was haben Sie nun mit uns vor?«, fragte Carla, die an ihren eigenen Worten fast erstickte.

»Das müssen wir uns noch überlegen. Aber ich glaube nicht,

dass Sie sich viel Hoffnung auf einen angenehmen Ausgang machen sollten. Gert und ich haben große Pläne, und wir wollen nicht, dass uns irgendjemand diese Pläne zerstört.«

»Aber wir haben auch Pläne!«, rief Carla. »Wir haben uns erst gerade verlobt. Wir wollen heiraten!«

»Gert kann Sie trauen, Sie ist ehrenamtlich in unserer Gemeinde tätig.«

»Nur über meine Leiche«, keuchte Carla.

»Tja, ich fürchte, darauf wird es hinauslaufen«, antwortete Ev. »Komm, wir gehen, Schwesterherz. Wir müssen versuchen, noch einen Flug nach Oahu zu bekommen. Wenn mir morgen früh nicht als Erste beim Frühstück sind, wird unsere Gruppe anfangen, unangenehme Fragen zu stellen.«

»Ja, wollen Sie uns denn einfach so hier zurücklassen?«, fragte Jason. Sie hatten ihm die Hände auf dem Rücken gefesselt, und seine Handgelenke taten jetzt schon weh. Ev hatte sie sehr fest zusammengebunden, und die Fesseln schnitten tief in seine Haut ein.

»Wir sind morgen Abend zurück und kümmern uns um Sie, sobald es dunkel genug ist. Aber jetzt müssen wir wohl erst einmal dafür sorgen, dass Sie hier nicht zu viel Lärm machen.« Ev zog ein paar zerrissene Laken aus einer Tasche, die auf dem Boden stand. »Hier, Schwesterherz.« Sie nickte Gert zu. Dann knebelten sie Carla und Jason.

Gert deutete mit der Pistole auf die beiden jungen Leute. »Und machen Sie hier keinen Quatsch, sonst werden Sie es bitter bereuen.« Dann drehte sie sich auf dem Absatz um, folgte ihrer Zwillingsschwester die Treppe hinauf und schaltete das Licht aus.

43

Glenn, der Gepäckträger, machte ein Päuschen, kurz nachdem Ned ihm die Einkaufstüte übergeben hatte. Er ging in den kleinen Personalwaschraum neben dem Gepäckraum, wo alle Koffer, Pakete, Surfbretter und Golftaschen aufbewahrt wurden, bevor man sie in die Gästezimmer brachte. Es war Freitagabend und jede Menge neue Gäste checkten ein. Das Hotel glich einem Tollhaus. Glenn sagte sich, für ein paar Minuten könnte er sich wohl verdrücken, ohne dass sein Fehlen bemerkt wurde. Schließlich gab es noch eine ganze Reihe anderer Gepäckträger, die im Dienst waren.

Der Waschraum war grässlich; wenn man es genau nahm, waren die Toiletten in Tankstellen einladender als das hier. Aber Glenn machte sich nichts daraus, eigentlich war es ihm in diesem Moment sogar recht, denn er wusste, hier hatte er seine Ruhe. Die Mädchen mieden den Ort wie die Pest, und selbst die männlichen Kollegen bevorzugten die anständigen Toiletten am anderen Ende des Korridors, statt diesen kleinen Verschlag zu benutzen, der bei der Renovierung wohl irgendwie vergessen worden war. In den letzten zwanzig Jahren hatten ihn auch die Putzfrauen allem Anschein nach vergessen.

Das kurze Gespräch mit Ned hatte Glenns Neugier geweckt. Ned war ausgesprochen nervös gewesen. Was wohl in der Schachtel war? Was für Spielzeug hatte er gemeint? Die

Verpackung sah eher nachlässig aus, und er war sicher, er könnte einen Blick in die Schachtel werfen und sie danach wieder verschließen, ohne dass das jemandem auffiel. Dann würde er sie selbstverständlich Neds Freundin übergeben, die sie abholen wollte.

Er schloss die Tür ab und klappte den Deckel herunter, der ihm mit einem lauten Knall aus der Hand fiel. Dann setzte er sich und holte die Schachtel aus der Einkaufstüte. Die Hulamädchen auf dem Geschenkpapier lächelten ihn an, als wüssten sie genau, was er vorhatte. Er schüttelte die Schachtel. Sie klapperte.

Ein Stückchen Klebeband war lose, und das Geschenkpapier stand auf dieser Seite offen. Glenn lachte. Das war ja wirklich allzu einfach.

Er hatte sich in seiner Zeit als Gepäckträger zu einem Experten darin entwickelt, hier und da einen Blick in die Taschen und Päckchen der Gäste zu werfen und sich hier und da in das eine oder andere Hotelzimmer zu schleichen. Er konnte kommen und gehen, ohne dass man ihn groß bemerkte, und wenn doch, konnte er immer noch behaupten, Will hätte ihn auf einen Botengang geschickt. Will hielt sich schließlich selbst für Glenns Mentor. Was für ein köstlicher Scherz! Ich könnte ihm weiß Gott noch das eine oder andere beibringen, dachte Glenn.

Er hielt die Schachtel auf seinen Knien, zog vorsichtig ein zweites Stück Klebeband auf, immer darauf bedacht, die Hulamädchen nicht zu zerstören. Dann zog er die Schachtel aus dem Papier und ließ das Papier vorsichtig in die Einkaufstüte fallen. Er hob den Deckel von der Schachtel und legte auch ihn in die Einkaufstüte. Und dann blickte er zum ersten Mal richtig in die Schachtel und traute seinen Augen nicht. Kein

Spielzeug! Er hob zwei wunderbare Muschelketten aus der Schachtel.

»O mein Gott!«, flüsterte er. »Das sind die gestohlenen königlichen Ketten. Ned hat mich angelogen, aber wie!« Er griff nach seinem Handy, das er am Gürtel trug. »Du glaubst nicht, was ich hier in der Hand halte!« In aller Kürze erzählte er die ganze Geschichte. Dann hörte er zu. »Ja. Wunderbare Idee. Besser als alles, was wir bisher gemacht haben. Keine Sorge, ich kümmere mich darum.«

Glenn beendete das Gespräch, steckte das Handy wieder an den Gürtel, wickelte die leere Schachtel wieder in das Geschenkpapier und legte die beiden Ketten in die Einkaufstüte. Dann ging er in den Gepäckraum, suchte sich eine andere Plastiktüte und ließ die Ketten hineingleiten. Mit dieser Tüte eilte er in die Tiefgarage und legte sie in den Kofferraum seines Honda. Dann eilte er in eine der Hotelboutiquen, wo Zeitungen und Andenken verkauft wurden, darunter auch billige Muschelketten. Er kaufte zwei davon, ging zurück zu seinem Auto, steckte die soeben gekauften Ketten in die Schachtel und verklebte das Geschenkpapier. Die beiden wertvollen Ketten ließ er in seinem Kofferraum. Dann kehrte er endlich zum Schalter der Gepäckträger zurück, legte die Tüte mit Neds Schachtel unter den Tresen und sagte dem diensthabenden Gepäckträger, sie würde von einer Freundin von Ned abgeholt.

Er freute sich wie ein Schneekönig auf die Pause zum Abendessen. Gar nicht mehr lange, dann würde er sich mit den königlichen Ketten einen köstlichen Scherz erlauben. Das muss Will dann erst mal erklären, dachte er fröhlich. Was für ein Tag im Waikiki Waters Hotel.

44

Regan entschloss sich zu einem kleinen Stopp am Strand, bevor sie zurück in ihr Zimmer ging. Sie saß im Sand, holte ihr Handy aus der Tasche und rief Jack an. Schnell erzählte sie ihm, was sie in Dorindas Apartment herausgefunden hatte, und berichtete ihm von dem erneuten Diebstahl der Muschelketten.

»Das gibt's doch gar nicht. Was geht denn da vor, Regan?«

»Das versuche ich gerade herauszufinden. Und ich sage dir, dieser Typ, den Kit da aufgegabelt hat, kam mir von Anfang an ein bisschen seltsam vor, aber nachdem ich jetzt diese Fotos bei Dorinda gesehen habe … sehr verdächtig. Auf die Rückseite von einem dieser Fotos hatte Dorinda geschrieben: ›Was hat dieser Mann gemacht, bevor er sich nach Hawaii zurückzog?‹«

»Wie heißt der Typ noch mal?«

»Steve Yardley.«

»Ich werde mal sehen, ob ich etwas über ihn finde. Vielleicht kannst du ja mal versuchen, ob du seine Fingerabdrücke bekommst.«

»Überall an Kit, kein Problem.«

»Er geht echt ran, hm?«

»Ich fürchte, ja. Und Kit ist total verschossen in ihn. Vielleicht ist er ja in Ordnung, aber ich weiß nicht, ich traue ihm nicht über den Weg, jetzt schon gar nicht mehr. Wir sind heute Abend bei ihm zum Essen eingeladen. Meinst du nicht, die Sache mit den Fingerabdrücken geht ein bisschen weit?«

»Nein, warum? Sieh zu, dass du irgendetwas mitgehen lässt, wo er seine Fingerabdrücke hinterlassen hat. Ich werde Mike Darnell bitten, sie zu scannen, und dann können wir feststellen, ob er eine Akte bei uns hat. Kein großes Problem.«

»Ich komme mir nicht besonders toll dabei vor«, gab Regan zu. »Kit mag ihn wirklich, und es kann ja sein, dass er völlig okay ist. Aber mein Gefühl sagt mir, dass er nicht okay ist. Vielleicht leide ich allmählich auch an Wahnvorstellungen, aber als ich sein Bild in Dorindas Ordner gesehen habe …«

»Weißt du noch, was mit Kits letztem Verehrer los war?«, erinnerte Jack sie. »Er war zwar nicht kriminell, aber ein Lügner war er allemal. Und du bist deinem Instinkt nicht gefolgt, weil Kit deine Freundin ist, und am Ende war sie todunglücklich. Du musst ihr ja von deinem Verdacht nichts erzählen. Wenn er in Ordnung ist, umso besser, dann sind wir eine Sorge los, und Kit wird nie davon erfahren.«

»Gut. Wenn Steve nicht in diesem Ordner von Dorinda gewesen wäre, hätte ich nichts unternommen, aber sie hatte ihn dort drin, zusammen mit ein paar weiteren verdächtigen Gestalten, die hier herumlaufen. Vielleicht rufe ich Mike nachher an und frage ihn, ob es neue Spuren wegen der Ketten gibt. Das ist zwar nicht in erster Linie mein Problem, aber Will, der Hotelmanager, macht sich natürlich Sorgen, weil er jetzt nichts mehr hat, was er auf dem Prinzessinnenball versteigern kann. Ziemlich langweilige Angelegenheit, sozusagen.«

»Ich bin nur froh, wenn du da wieder abreist«, sagte Jack. »Und ich sage dir, auf unserer Hochzeitsreise gibt es keine neuen Fälle.«

»Ganz bestimmt nicht«, lachte Regan. »Wenn ich Will hier

ein bisschen aus der Klemme helfen kann, bin ich schon froh. Und wenn der Ball ein Erfolg wird, ist das auf jeden Fall gut für ihn. Wenn ich zusätzlich noch irgendwelche Spuren finden kann, die erklären, wie Dorinda am Abend ihres Todes ins Meer geraten ist, dann ist das absolut großartig. Aber ich habe keine Ahnung, wie das gehen soll, und noch weniger weiß ich, wie ich hinter die seltsamen Vorkommnisse hier im Hotel kommen soll, vor allem in so kurzer Zeit.«

Jack, der nie aus der Ruhe zu bringen war, machte ihr Mut. »Regan, ich weiß ganz genau, dass du am Ende eine Hilfe für Will sein wirst, egal wie. Ich bin sicher, er ist froh, dass du in seiner Nähe bist. Warum sollte es ihm anders gehen als mir?«

»Mir würde es jetzt auch besser gehen, wenn du in meiner Nähe wärst«, lächelte Regan. »Ach, Jack, du hättest so einen Spaß an diesem Cousin! Er ist der Wahnsinn! Kaum zu glauben, dass er ihr einziger Verwandter auf dieser weiten Welt sein soll. Selbst wenn sie in mancher Hinsicht einen schlechten Ruf hatte, ich bin sicher, sie hätte ihrer Familie keine Schande machen wollen.«

»Wirst du ihn noch mal treffen?«

»Er hat natürlich schon eine Freikarte für den Ball morgen Abend abgestaubt.«

»Na, dann sorg bitte dafür, dass du nicht zu sehr die Prinzessin dieses Balls bist. Ich möchte nicht, dass man dich entführt.«

»Wenn ich mir in irgendeiner Sache sicher bin, dann darin, dass das nicht passiert.« Als sie das Gespräch beendete, warf Regan einen Blick auf ihre Armbanduhr. Es war Viertel nach fünf, der Strand lag friedlich, kühl und nahezu leer vor ihr. Ich werde noch schnell bei Will vorbeischauen, dachte sie. Und dann geht es sowieso mit Kit zum Abendessen bei Steve.

Irgendwie hatte sie überhaupt keinen Appetit.

249

45

Um Viertel nach fünf begann Glenn seine Pause zum Abendessen. Als er den Eingangsbereich verließ, sah er Will, der mit dem Chef der Rezeption sprach. Die beiden sahen aus, als wären sie sehr in ihr Gespräch vertieft. Jetzt aber schnell, dachte Glenn, eilte zu seinem Auto, holte die Tüte mit den Ketten aus dem Kofferraum und ließ den Deckel wieder zuklappen.

Dann eilte er aus der Garage zur Hotelauffahrt, wo die Wagen zum Eingang rollten und von dort aus weitergefahren wurden. Er wollte in Wills Büro. Durch die gläsernen Schiebetüren vor dem kleinen Garten mit den tropischen Pflanzen war es kein Problem, sich ungesehen zu nähern. Hierher kam man nur von dem Hauptweg, auf dem die Hotelgäste zu den Boutiquen und den verschiedenen Bettentürmen spazierten. Die Ziegelmauer der Damenboutique grenzte genau an das Gärtchen an und gab ihm Sichtschutz. Wenn ich da hinüberkomme, ohne dass mich jemand sieht, dachte er, dann kann ich ganz schnell rein und wieder raus.

Er schlich sich in das kleine Gärtchen, sicher, dass ihn niemand gesehen hatte. Er drückte sich an die Wand, versteckte sich hinter einem Busch und warf einen schnellen Blick ins Büro. Niemand da. Die Schiebetür war geschlossen, ließ sich aber leicht aufschieben. Glenn nahm die Ketten aus der Tasche und legte sie auf den Fußboden, wo man sie auf keinen Fall übersehen konnte. Dann drehte er sich blitzschnell um und schoss davon wie ein Pfeil. Als er in Sicherheit war, rief er dieselbe Nummer an wie vor ein paar Stunden und wies den Gesprächspartner auf der anderen Seite an, die Polizei zu informieren.

Es dauerte nur ein paar Minuten, bis die Polizei den anonymen Hinweis bekam, dass sich die gestohlenen Muschelketten aus dem Seashell Museum in Will Browns Büro im Waikiki Waters befanden.

46

Ach, Will, da sind Sie ja«, sagte Regan, als sie sich der Rezeption näherte.

»Hallo Regan. Das ist Otis, der Chef unserer Rezeption. Er sagt, die Leute fragen immer noch nach Karten für unseren Ball.«

»Na, umso besser. Schön, Sie kennenzulernen, Otis.«

Otis war ein sehr kompetent aussehender Mann mit einem kleinen Bärtchen und einem Gesichtsausdruck, aus dem pure Zufriedenheit mit sich selbst sprach. »Danke, gleichfalls«, sagte er ein wenig nachlässig zu Regan. »Mr Brown, ich tue mein Bestes, alle Anfragen zufriedenzustellen, aber jetzt sind ein paar von diesen Leuten aus der Hudville-Reisegruppe aufgetaucht und haben verlangt, dass ich versuche, ihnen Karten zu organisieren. Ich habe ihnen gesagt, dass sie schon vor Tagen hätten reservieren müssen. Und ich habe ihnen gesagt, ich würde sie auf die Warteliste setzen und mit Ihnen sprechen.«

»Die Glücklichen Sieben wollen wirklich Karten kaufen?«, fragte Will. »Das überrascht mich aber. Normalerweise wollen sie auf keinen Fall irgendwelches Geld ausgeben. Haben diese beiden Zwillingsschwestern nach den Karten gefragt?«

»Nein, Sir. Eine Frau und ein Mann aus der Gruppe haben gefragt«, sagte Otis steif.

He, lockerlassen, Otis, dachte Regan, wir sind hier im Land

des Aloha! Und wir reden zwar vom Prinzessinnenball, aber nicht vom Buckingham-Palast.

»Wollten sie die Karten aus eigener Tasche bezahlen?«

»Nein, Sir. Sie haben gesagt, wenn wir Karten auftreiben können, sollen wir sie auf die Zimmernummer der Zwillingsschwestern schreiben.«

Will pfiff durch die Zähne. »Das sind ja ganz neue Töne. Wie viele Karten wollen sie?«

»Zwei, wenn's geht auch vier.«

»Wenn diese Leute jetzt endlich mal anfangen, hier etwas Geld auszugeben, dann besorge ich ihnen Plätze. Sagen Sie ihnen, sie können so viele Karten haben, wie sie wollen.«

»Sehr wohl.«

»Ich hoffe, wir bekommen nicht mehr zu viele Absagen, nachdem die Ketten verschwunden sind«, sagte Will.

»Sir, ich habe den Eindruck, das Interesse an dem Ball nimmt eher zu als ab.«

»Umso besser.«

»Will, könnte ich Sie kurz in Ihrem Büro sprechen?«, fragte Regan.

»Aber sicher, kommen Sie.«

Regan folgte ihm durch den Empfangsbereich, in dem wie gewöhnlich buntes Treiben herrschte. Sie gingen hinter den Schalter, wo Gäste eincheckten, und betraten das Allerheiligste.

Janet saß an ihrem Schreibtisch und reichte Will ein Blatt Papier. »Die Vorsitzende des Auktionskomitees hat gerade angerufen, nachdem sie erfahren hat, dass die Ketten gestohlen wurden. Sie möchte wissen, ob Sie irgendeinen Vorschlag haben, was man stattdessen versteigern könnte.«

»Wie wäre es mit meinem Kopf auf einem Silbertablett?«,

murmelte Will, nahm das Blatt mit der Telefonnummer und betrat sein Büro. Kaum durch die Tür, blieb er so abrupt stehen, dass Regan um ein Haar in ihn hineingelaufen wäre. »Mein Gott, nein!«, rief er aus.

»Was?«, fragte Regan, trat einen Schritt zur Seite und blickte auf den Boden. Die zwei herrlichen Ketten, die sie am Morgen noch im Seashell Museum gesehen hatte, lagen mitten auf dem Boden. Die Schiebetür zum Garten stand offen.

Will ging hin und hob die Ketten auf.

»Die königlichen Ketten«, sagte Regan mit atemlosem Staunen in der Stimme.

Alle Farbe war aus Wills Gesicht gewichen. Er sah Regan verwirrt an. »Was soll ich denn jetzt machen?«

»Wir rufen die Polizei.«

Janet stand in der offenen Tür. »Nicht mehr nötig, sie sind schon da.«

47

Das Taxi setzte Ned vor dem alten Kino in der Kalakaua Avenue ab, der Hauptstraße von Waikiki. Er schwitzte unglaublich. Immer wieder sagte er sich, dass es doch nur ein Rucksack war. Selbst wenn etwas darin ist, was ihn als mein Eigentum identifiziert, bedeutet das noch lange keinen Beweis, dass ich die Ketten gestohlen habe. Die Bullen wissen nicht mal, dass der Dicke einen gelben Rucksack gesehen hat. Es hätte ebenso gut ein gelbes Hemd sein können.

Er überquerte die Straße, schlängelte sich durch den Verkehr und eilte schnurstracks in die Sackgasse, in der er sein »Geschenk« verpackt hatte. Die Gasse war eng und dunkel, aber er sah sofort, dass der Rucksack nicht mehr da war. Er rannte den ganzen Weg hinunter, aber der Rucksack blieb verschwunden. Er blickte in einen Mülleimer. Nichts. Was konnte damit passiert sein?, dachte er hektisch. Er versuchte sich zu erinnern, ob etwas darin gewesen war, worüber man ihn identifizieren konnte. Eine Quittung von der Bank? Ein Beleg seiner Kreditkarte? Er konnte sich einfach nicht erinnern.

Als er zurück auf die Hauptstraße ging, bemerkte er einen Bettler mit einem leeren Gesichtsausdruck, der auf dem Gehsteig saß und den Rucksack unter seinen Hintern geschoben hatte. Ned war absolut sicher, dass es sein Rucksack war, er konnte sogar die Ölflecken an der Seite erkennen.

»Entschuldige, mein Freund«, sagte er zu dem Mann, »ich glaube, du sitzt auf meinem Rucksack.«

Der Mann tat so, als habe er nichts gehört.

»Komm schon, Mann«, flehte Ned, beugte sich vor und begann an einem der Tragriemen zu ziehen. Was eindeutig keine besonders gute Idee war, denn der bisher in tiefes Schweigen versunkene Mann drehte daraufhin vollkommen durch. »Das ist meiner!«, schrie er. »Lass mich in Ruhe! Hilfe! Polizei! Hiiiilfe!«

Sein lautstarker Protest hatte den gewünschten Effekt. Die ersten Passanten drehten sich schon um und murmelten, wie Leute es eben tun, wenn sich irgendwo ein Drama entfaltet. Augenblicklich begriff Ned, dass er besser Fersengeld gab und das Risiko einging, dass sich in der Tasche noch etwas fand, was Rückschlüsse auf ihn zuließ, was auch immer es sein mochte. Er rannte los, überquerte die Straße und tat sein Bestes, um im Freitagabendverkehr zu verschwinden.

Jetzt renne ich heute schon zum zweiten Mal durch die Gegend, während jemand hinter mir herkreischt, dachte er bei sich. Aber diesmal war es wirklich knapp gewesen, und eine Menge Leute hatten ihn gesehen. Das wäre ja wohl das Letzte, wenn man mich erwischen würde, während ich mich mit einem Typen von der Straße um einen schmutzigen gelben Rucksack streite. Wer so dämlich ist, gehört wirklich eingesperrt.

Sein Herz schlug rasend schnell, und er beschloss, zu Fuß zum Hotel zurückzugehen, um sich ein wenig zu beruhigen. Es war ja nicht so weit. Was habe ich da bloß angestellt?, fragte er sich. Ich muss dieses Päckchen zurückholen, das bei den Gepäckträgern liegt. Es bringt nichts, es dort liegen zu lassen. Ich muss das Risiko eingehen, dass Artie so neugierig ist wie ich als Kind. Damals habe ich regelmäßig die Schränke meiner Mutter durchforstet und vor allem die eingepackten Weihnachtsgeschenke ausspioniert.

Als Ned zurück zum Hotel kam, war dort alles in heller Aufregung. Ein Polizeiauto parkte mit blinkenden Lichtern in der Auffahrt. Der Erste, den Ned sah, war der allgegenwärtige Glenn.

»Was ist denn hier los?«, fragte Ned.

»Man hat die gestohlenen Muschelketten bei Will im Büro gefunden. Ein anonymer Anrufer hat der Polizei den Tipp gegeben.«

Ned versuchte, nach außen hin ruhig zu bleiben. »Die gestohlenen Ketten?«

»Genau die.«

»Da ist er doch sicher froh«, sagte Ned vorsichtig.

»Keine Ahnung. Es macht sich nicht so toll für das Hotel, wenn Diebesgut im Büro des Managers gefunden wird.«

»Na, jetzt mach aber mal einen Punkt, Glenn. Es ist doch klar, dass Will nichts damit zu tun hat.«

»Das habe ich ja auch nicht behauptet.«

Ned schwirrte der Kopf, aber er tat sein Bestes, um seine Verwirrung nicht allzu sichtbar werden zu lassen. Er brauchte jetzt diese Schachtel mit den Hulamädchen. »Weißt du, ob meine Freundin vorbeigekommen ist, um das Päckchen abzuholen, das ich dir gegeben habe?«

»Jedenfalls habe ich sie nicht gesehen«, antwortete Glenn fröhlich. »Aber ich schaue gern nach.« Er ging davon, während Ned im Empfangsbereich blieb, um herauszufinden, was hier vor sich ging. Zwei Sekunden später war Glenn wieder da. »Nein, Miss Legatte hat das Päckchen noch nicht abgeholt, es liegt noch sicher und trocken unter dem Tresen.«

257

»Wunderbar, ich habe mir nämlich gedacht, ich gebe es heute Abend selbst bei ihr ab. Kannst du mir die Tüte wiedergeben?«

»Klar. Klingt so, als wäre sie eine richtig gute Freundin von dir. Du gehst für sie einkaufen und lieferst die Ware direkt frei Haus.« Glenn tänzelte davon, zog die Tüte unter dem Tresen hervor, schlenderte wieder zu Ned und reichte ihm das Gewünschte. »Kein Trinkgeld, bitte«, bemerkte er mit einem strahlenden Lächeln. »Wir sind ja beide nichts anderes als Arbeitstiere hier.«

»Ja, danke.« Ned nahm die Tüte und machte sich auf den Weg zu seinem Zimmer. Als er um die Ecke war und Glenn ihn nicht mehr sehen konnte, hob er die Schachtel und schüttelte sie, glücklich, das Klappern zu hören. Anscheinend waren die Ketten doch noch darin. Macht Glenn blöde Witze mit mir?, fragte er sich. Wenn er das wagt, wird er sich wundern. Ich muss die Schachtel aufmachen. Im Stillen betete er, dass Artie nicht im Zimmer sein möge. Aber er hatte den Schlüssel noch nicht ganz herumgedreht, als Artie ihm schon ein fröhliches »Hallo, Ned!« zurief.

Ned krümmte sich innerlich. »Hallo«, sagte er und betrat das Zimmer.

Artie sprang von seinem Bett auf. »Zeit, die anderen zum Cocktail zu treffen, kommst du mit?«

»Vielleicht in ein paar Minuten«, erwiderte Ned und setzte sich auf sein Bett.

»Was hast du in der Tasche?«, fragte Artie und machte einen langen Hals.

»Ein Geschenk für meine Mutter«, entgegnete Ned schnell.

»Ziemlich gewagtes Geschenkpapier für eine Mutter.«

»Meine Mutter steht auf so verrückte Sachen.«

»Meine gar nicht. Sie ist immer so steif und korrekt. Wenn

ich ihr ein Geschenk mit diesem Papier überreichen würde, würde ihr vermutlich die Hand ausrutschen. Sie ist eher für Papier mit Regenbogen und Sternen und niedlichen kleinen Teddybären zu haben.«

Ned hatte das Gefühl, er würde gleich anfangen zu schreien. Stattdessen schloss er die Augen, atmete tief durch und wischte sich die Stirn.

»Geht's dir gut?«, erkundigte sich Artie besorgt.

»Ja, warum?«

»Du siehst ziemlich fertig aus.«

»Nein, nein, mir geht's gut«, beharrte Ned. »Ich komme in ein paar Minuten runter zu euch, aber erst muss ich meine Mutter anrufen. Sie ist nämlich im Moment nicht so auf der Höhe, deshalb habe ich ihr auch dieses Geschenk gekauft, um sie ein bisschen aufzumuntern.«

»Das ist aber nett von dir. Wenn sie hier wäre, würde ich ihr eine Massage anbieten, ganz umsonst. Was hast du ihr gekauft?«

Ned war kurz davor zu ersticken. Wenn man einmal anfing zu lügen, verstrickte man sich immer mehr. »Bloß ein paar Muumuus und einen Badeanzug mit Hawaiimuster.«

»Wo lebt sie?«

»In Maine.«

Artie lachte. »Ich kann mir lebhaft vorstellen, wie sie im Muumuu an der Felsküste von Maine spazieren geht.«

Ned sah ihn an und konnte seinen Zorn fast nicht mehr zurückhalten. »Sie verbringt den Winter in Florida. Und in Florida tragen Frauen Muumuus.«

»Tut mir leid, Ned«, entschuldigte sich Artie. »Ich hab doch bloß Spaß gemacht. Stell dir vor, Gert und Ev, die beiden alten Tanten, kommen heute erst spät zurück. Keine Ahnung, was sie treiben, vielleicht haben sie irgendwelche Kerle getroffen.

259

Auf jeden Fall essen wir heute zu fünft und haben die Absicht, dabei einen ordentlichen Batzen von Sal Hawkins' Geld auszugeben. Wir fangen mit den teuersten Getränken an der Poolbar an, dann gehen wir zur Hulashow. Ich hoffe, die Mädchen sehen wirklich so gut aus wie auf dem Plakat. Wenn du mit deiner Mutter sprichst, grüß sie schön von mir und wünsch ihr alles Gute. Und komm runter, wenn du fertig bist.« Dann verschwand er blitzschnell.

Ned saß für einen Moment da, der sich für ihn wie eine Ewigkeit anfühlte. Er war sicher, Artie würde im nächsten Augenblick wieder in der Tür stehen. Als er glaubte, nun hätte Artie genug Zeit gehabt, an seinem ersten Piña Colada zu nippen, ging er zur Tür und schloss sie ab, nur für den Fall der Fälle. Es würde schwierig sein, Artie zu erklären, warum er gerade nicht hereinkonnte. Aber es musste sein.

Er legte die Schachtel aufs Bett und bemerkte, dass das Geschenkpapier an einer Stelle neben dem Klebeband weiß war. Eines der Hulamädchen war nicht mehr ganz zu sehen, der Rest hing an dem Klebestreifen. Seltsam, dachte Ned. Hat da jemand an der Schachtel herumgefummelt? Als er das Geschenkpapier entfernt hatte und den Deckel hob, blieb ihm fast das Herz stehen. In der Schachtel lagen zwei Muschelketten, die aussahen, als kosteten sie etwa einen Dollar pro Stück.

»Wer war das?«, rief er in das leere Zimmer. »Warst du das, Glenn?« Was kann ich tun?, dachte er hektisch. Was kann ich tun? Kann ich ihn fragen, ob er die königlichen Ketten genommen und in Wills Büro gelegt hat? Und wenn er es nicht war? Wenn mir jemand gefolgt ist und gesehen hat, wie ich ihm die Tüte übergeben habe? Aber wie konnte irgendjemand an das Paket kommen? Es kann alles Mögliche passiert sein. Und ich kann absolut nichts tun, gar nichts. Werden sie jetzt kommen und mich verhaften?

Er ging ins Bad und spritzte sich kaltes Wasser ins Gesicht. Mit dem Handtuch vor den Augen stand er eine Weile da, als könnte er die böse Welt auf diese Weise aussperren. Aber als er die Augen wieder öffnete und das Handtuch hinlegte, zeigte ihm der Spiegel sein unerfreuliches Bild. »Und morgen muss ich mich auch noch mit Wills Eltern abgeben«, stöhnte er vor sich hin. »Wenn ich aus dieser Sache heil herauskomme, werde ich ein ehrlicher Mensch. Und ich muss heil herauskommen, ich muss einfach.« Schnell fuhr er sich mit der Zahnbürste einmal über die Zähne und eilte dann zur Tür hinaus. Was er jetzt brauchte, war ein doppelter Scotch.

48

Die Polizisten, die als Erste erschienen waren, untersuchten das Gelände vor Wills Büro. Keine Spuren, nicht einmal sichtbare Fußabdrücke.

»Haben Sie eine Idee, wer das getan haben könnte?«, fragte einer von ihnen Will.

»Ich wünschte, ich hätte eine.«

Als Mike Darnell ein paar Minuten darauf das Büro betrat, war er erschrocken, Regan dort vorzufinden, aber er rang sich ein Lächeln ab. »Was machst du denn hier?«

»Ich helfe Will«, antwortete Regan.

»Na, das ist vielleicht eine verrückte Geschichte. Es kam über den Polizeifunk, und jetzt sind natürlich jede Menge Reporter da draußen, die mit Ihnen sprechen wollen, Will.«

Will sah erschöpft aus. »Was soll ich ihnen sagen?«

»Ein paar Leute meinen, die ganze Sache wäre nur ein Werbegag für die Auktion morgen Abend.«

»Lächerlich!«

»Ja, das sehe ich auch so. Vor allem, nachdem Jimmy bei dem Angriff heute ebenso gut hätte umgebracht werden können. Ich habe gerade mit ihm gesprochen, er hat wirklich Glück gehabt, obwohl sein Kopfweh wirklich scheußlich sein muss. Er hat mich gebeten, die Ketten bis morgen Abend unter Verschluss zu nehmen.«

»Glauben Sie mir«, sagte Will, »ich möchte weiß Gott nicht mehr für die Dinger verantwortlich sein. Nehmen Sie sie mit, und bringen Sie sie in einem Panzerwagen ein paar Minuten vor der Versteigerung wieder, das würde mir das Leben ungeheuer erleichtern.«

»Mike, woher kam der Anruf?«, fragte Regan.

»Keine Ahnung. Er kam von einem dieser Wegwerfhandys, die man mit einer bestimmten Menge von Minuten kauft und die nicht unter einem Namen registriert werden.«

»Das heißt, irgendjemand hat diese Sache im Voraus geplant und wollte nicht, dass man ihn identifiziert.«

»So sieht es aus.«

»Scheint aber vollkommen sinnlos zu sein.«

»Auch das ist richtig«, bemerkte Mike. »Sagen Sie, Will, wie viele Leute hier haben heute etwas Gelbes getragen?«

Will verdrehte die Augen. »Ich nehme an, Hunderte.« Das Telefon auf seinem Schreibtisch klingelte. »Muss was Wichtiges sein, sonst würde Janet den Anruf nicht durchstellen«, sagte er und nahm den Hörer ab. Es war seine Frau Kim, die aus dem Flugzeug anrief.

Während Will telefonierte, sprach Regan leise mit Mike Darnell. »Ich weiß, was ich Sie jetzt frage, hat nichts mit dieser Angelegenheit zu tun, Mike, aber Jack sagte mir, wenn ich Ihnen einen Gegenstand mit Fingerabdrücken darauf gebe, könnten Sie …«

»Klar kann ich. Jack hat mich nach eurem Gespräch gleich angerufen. Sie wollen diesen Typen überprüfen lassen, mit dem Ihre Freundin ausgeht, oder?«

»Genau. Vielleicht ist es albern, aber ich habe ein komisches Gefühl.«

»Kein Problem. Wenn ich bis morgen früh etwas habe,

263

kümmere ich mich sofort darum.« Mike blickte hinüber zur Schiebetür. »Wer auch immer die Ketten hier deponiert hat, er muss die Tür geöffnet haben und dann sofort wieder weggerannt sein. Die Frage ist, wer würde das Risiko eingehen, die Dinger erst zu stehlen, wenn er sie gleich darauf hier wieder abliefert?«

Will hatte sein Telefongespräch beendet. »Irgendjemand versucht, den guten Ruf dieses Hotels zu ruinieren«, beantwortete er Mikes Frage. »Ich habe Regan gebeten, an diesem Wochenende ein Auge darauf zu haben und zu sehen, ob ihr etwas auffällt. Die Leute, die die Geschichte mit den Ketten für einen Werbegag halten, kapieren nicht, dass diese Art von Publicity äußerst schlecht für unser Haus ist. Natürlich sind wir froh, dass die Ketten wieder aufgetaucht sind und dass wenigstens eine von ihnen morgen versteigert werden kann. Aber wir haben eine ertrunkene Frau, die hier im Hotel gearbeitet hat, wir haben den Raub der Ketten aus dem Museum, und nun tauchen die Ketten hier wieder auf. Das macht sich alles überhaupt nicht gut. Die Leute werden ja Angst haben, noch einen Fuß in dieses Hotel zu setzen. Sie müssen ja glauben, das Waikiki Waters sei verflucht – so wie die königlichen Ketten.« Will fuchtelte mit den Händen.

Mike sah ihn nachdenklich an. »Ich glaube, ich verstehe Sie.«

»Wissen Sie, ich mache mir wirklich Sorgen, was hier morgen Abend passieren wird, wenn der Ball beginnt«, fuhr Will fort. »Wenn sich jemand die Mühe mit diesen Ketten macht, wer weiß, was er sich für morgen einfallen lässt?«

»Ich stelle ein paar Leute in Zivil für den Ball ab.«

»Das wäre mir sehr recht«, sagte Will. »Ehrlich gesagt, ich bin froh, wenn diese Ketten ein für allemal verschwunden sind.

264

Aber bis dahin muss ich für die Sicherheit der Gäste und meiner Angestellten sorgen.«

Mike wandte sich an Regan. »Und Sie haben gedacht, Sie machen sich ein paar ruhige Tage hier?«

Regan zog lächelnd die Schultern hoch.

»Ich sehe zu, dass ich weiterkomme«, erklärte Mike. »Rufen Sie mich an, wenn Sie mich brauchen, Regan. Will, wollen Sie jetzt mit den Reportern reden?«

»Muss das sein?«

»Nein, dann stelle ich mich hin und gebe eine kurze Erklärung ab, dass die Ketten wieder da sind und dass wir ermitteln.«

Er verließ das Büro, und Will schloss die Tür hinter ihm. Er setzte sich an seinen Schreibtisch und rieb sich die Augen. »Regan, kennen Sie den Mann?«

»Er ist ein Freund meines Verlobten, ich habe ihn getroffen, als wir gestern Abend in der Bar waren.«

»Sie sagen ihm nicht, dass ich Dorinda die Kette gegeben habe, nicht wahr?«

»Nein, was diese Sache angeht, unterliege ich der Schweigepflicht.«

Will seufzte. »Jetzt muss ich meine Frau vom Flughafen abholen. Ich bin sicher, sie wird ihre helle Freude an all den Neuigkeiten haben.«

»Vielleicht sollten Sie noch schnell hören, was ich in Dorindas Wohnung gefunden habe.«

»Muss ich mir die Ohren zuhalten?«

»Es ist nichts dabei, was für Sie persönlich unangenehm wäre.«

»Es geschehen noch Zeichen und Wunder.« Will rang die Hände und blickte zur Decke, als würde er beten.

»Dorinda hatte eine Akte, und ich trage sie jetzt hier bei mir. Darauf steht: Schmutz – Reserve. Ein paar Fotos, ein paar Zeitungsartikel und das Testament von Sal Hawkins.«

»Sal Hawkins?«, fragte Will ungläubig.

»Genau.«

»Er hat eine Million Dollar an diesen Regenclub vererbt, von dem ich Ihnen erzählt habe. Ned, der Mitarbeiter, den ich Ihnen schon vorgestellt habe, ist mit ein paar Leuten aus der Gruppe heute beim Surfen gewesen. Die Gruppe wird von zwei älteren Damen geleitet, Zwillingen. Das ist die Gruppe, über die Otis vorhin sprach.«

»Sagten Sie, eine Million?«, fragte Regan.

»Genau.«

Regan zog den Umschlag hervor, öffnete ihn und zeigte Will das Testament. »Hier steht etwas von zehn Millionen.«

»Zehn Millionen?« Will war fassungslos. »Für Reisen nach Hawaii?«

»Offenbar, ja.«

»Und dabei tun sie immer so, als nagten sie am Hungertuch.«

»Klingt so, als ob sie den Club belogen haben. Offenbar weiß niemand, wie viel Geld wirklich da ist. Diese seltsamen Leute, die ich an der Bar getroffen habe, meinten, die beiden Reiseleiterinnen wären geizig. Dorinda war ihnen offenbar auf die Spur gekommen. Wie lange bleiben sie noch?«

»Bis Montag.«

Als Nächstes zeigte Regan ihm das Foto von Steve. »Dieser Mann schwarwenzelt derzeit um meine Freundin Kit herum. Er findet sich auch in Dorindas Akte, was mich Böses ahnen lässt. Was können Sie mir über ihn sagen?«

»Steve Yardley. Er kommt ab und zu in unsere Bar. Ich weiß

nur, dass er ziemlich früh aufgehört hat zu arbeiten und angeblich über ein größeres Vermögen verfügt.«

»Halten Sie ihn für sauber?«

»Keine Ahnung, Regan. Er ist einer von diesen Typen, die hier in der Stadt immer mal wieder auftauchen. Er scheint den Frauen zu gefallen, aber ich habe ihn auch schon mit einer ganzen Reihe von Geschäftsleuten sprechen sehen.«

»Es gibt ein Gruppenbild von einer Party, auf dem ihn Dorinda förmlich anhimmelt. Sie hatte das Foto auf ihrem Schreibtisch stehen.«

»Ach, Dorinda hat viele Männer angehimmelt. Wenn Sie etwas über ihn herausgefunden hatte, weiß ich jedenfalls nichts davon.«

»Gut. Dann hätten wir da noch unsere liebe Freundin Jazzy. In Dorindas Akte ist ein kleiner Artikel über ihren Chef Claude und seine Pläne in der Modebranche.«

»Er versucht ständig, irgendwie bekannt zu werden. Er ist ein extrem erfolgreicher Geschäftsmann, und jetzt will er auch noch berühmt werden, so richtig mittendrin. Ich glaube nicht, dass das ein Verbrechen ist.«

»Nein, natürlich nicht. Aber Jazzy arbeitet für ihn, und wir wissen nicht, wozu sie fähig ist.«

»Nein, und lästig ist sie allemal. Warten Sie ab, bis Sie sie heute Abend in voller Aktion erleben. Die Jungs lieben sie. Ich finde sie schlicht unerträglich, aber eigentlich halte ich sie für harmlos. Sonst noch etwas, Regan?«

Regan reichte ihm ein paar Zeitungsausschnitte über Partys und Restauranteröffnungen. »Sagt Ihnen das etwas?«

Will warf einen Blick darauf und schüttelte dann den Kopf. »Nichts.« Er gab ihr die Papiere zurück.

Regan schloss den Ordner. »Ich muss jetzt Kit treffen und

mit ihr zum Abendessen zu diesem Steve fahren.« Sie hielt einen Augenblick inne. »Eins noch: Ich habe ein junges Pärchen kennengelernt und gestern Abend am Strand mit den beiden gesprochen. Die Frau war an dem Abend, als Dorinda ertrank, zu einem Nachtspaziergang unterwegs. Sie sagt, sie hat irgendetwas gesehen, was ihr seltsam vorkam, aber sie kann sich nicht mehr erinnern, was es war. Sie hat mir versprochen, dass sie mich informiert, sobald es ihr einfällt. Ich habe heute noch nichts von ihr gehört, würde sie aber gern anrufen. Das Problem ist nur, ich habe ihre Nummer nicht.«

»Wie heißen die beiden?«

»Carla und Jason. Sie haben sich gestern Abend verlobt. Wie sie mit Nachnamen heißen, weiß ich leider auch nicht, aber ich weiß immerhin, dass sie im Coconut Tower wohnen.«

»Das können wir am Computer herausfinden, sollte nicht schwierig sein.«

»Wunderbar. Fahren Sie vom Flughafen aus direkt nach Hause?«

»Ja, und ich komme auch erst morgen wieder. Aber wenn Sie wollen, können Sie mich jederzeit über das Handy erreichen.«

»Ich hoffe, das wird nicht nötig sein.«

»Na, und wie ich das erst hoffe!«

49

Was machen wir mit den beiden?«, fragte Gert ihre Schwester. Sie hatten ein Taxi zum Flugplatz genommen und warteten nun auf ihren Rückflug nach Honolulu. Der Flugplatz war offen, zugig und winzig klein. Trotz der unerwarteten Entwicklung ihrer Angelegenheiten saßen die beiden auf einer Bank und genossen den schönen Abend.

»Auf jeden Fall müssen wir morgen noch mal hierher zurück und zusehen, dass wir sie irgendwie loswerden, verstehst du?«

»Klar, aber wie? Sie dürfen uns nicht verraten, sonst geht es uns wie den Mädchen in der Fernsehserie über das Frauengefängnis.«

Gert lachte.

»Kaum zu glauben, dass wir jemals so unartig sein würden.«

Ev sah sie an. »Wir haben es verdient, auch mal ein bisschen Spaß am Leben zu haben. Wir haben unsere Eltern gepflegt, wir haben Sal Hawkins gepflegt, wir sind in jede Regenpfütze hineinmarschiert, die Hudville zu bieten hatte. Und jetzt ist Schluss mit diesem traurigen Leben. Jetzt kommen die guten Jahre, Schwesterherz.«

»Ich muss gleich heulen«, schniefte Gert. »Was habe ich nur für ein Glück, dass du an meiner Seite bist.«

»Wir haben beide Glück. Wir sind einfach ein gutes Team.«

269

»Allerdings hatte ich mir nie vorgestellt, dass wir zusammen ein Verbrechen begehen würden.«

»Dann wird es Zeit, dass du dich an den Gedanken gewöhnst«, lachte Ev. »Ich denke schon die ganze Zeit über die zwei Gestalten da in unserem Keller nach. Tut mir wirklich leid, dass die zwei sich ihr Leben ruinieren mussten, allen Ernstes. Aber jetzt kosten sie uns auch noch Geld, weil wir noch mal hierherzurückfliegen müssen. Ich denke, wir mieten uns ein Auto mit großem Kofferraum, und wenn es dunkel ist, packen wir sie hinein und fahren mit ihnen auf die andere Seite der Insel. Da gibt es jede Menge Stellen, wo man jemandem einen ordentlichen Schubser geben kann, und abwärts geht's, die Felsen hinunter und ins große blaue Meer.«

»Genial!«

»Nein, gar nicht genial, Schwesterherz, einfach nur vernünftig. Zum Glück hat uns unsere Mutter alles beigebracht.«

»Sie hat uns nicht beigebracht, wie man Leute um die Ecke bringt.«

»Es gab in Hudville ja auch keine würdigen Opfer. Aber wenn sie die Gelegenheit gehabt hätte – ich bin sicher, sie hätte nicht lange gefackelt.«

»Kann schon sein. Aber wie kommen wir zurück nach Honolulu, um unseren Sonntagmorgenspaziergang am Strand zu machen? Die Gruppe schöpft doch Verdacht, wenn wir nicht da sind.«

»Wir können ihnen erzählen, dass wir zur Kirche gehen, zu einem besonderen Frühgottesdienst zum Sonnenaufgang, der den ganzen Vormittag dauert. Der Sonntag ist unser letzter ganzer Tag hier, also gehen wir mit ihnen zum Frühstücksbüffet. Und danach können wir diesen Reisegruppen sowieso bald für immer den Rücken kehren.«

»Ich habe gerade über etwas nachgedacht, Schwesterherz.« –
»Nämlich?«

»Was ist mit dem Wagen von den beiden jungen Leuten? Was machen wir mit dem?«

»Kein Problem, denke ich. Du folgst uns morgen Abend in ihrem Auto, und wir parken ihn auf den Felsen. Dann wird man denken, die beiden hätten zusammen Selbstmord begangen, wären da runtergesprungen aus einem idiotischen Grund, den sie allein kennen.«

»Gut, dann habe ich jetzt nur noch ein Problem, Ev.«
»Nämlich.«

»Ich kann nicht Auto fahren.«

»Natürlich kannst du das, ist doch ganz einfach. Du hast nur nie den Führerschein gemacht, weil du weißt, wie gerne ich fahre. Und ich trage eben gern die Verantwortung, weil ich älter bis als du.«

»Ja, fünf Minuten und zweiundzwanzig Sekunden.«

Über den Lautsprecher kam die Ansage, dass der Flug nach Honolulu nun zum Einsteigen bereit war. Sie umarmten sich kurz, wie sie es immer taten, bevor sie in ein Flugzeug stiegen. Als die Maschine endlich startete, blickten sie hinunter auf die Insel.

»Es dauert gar nicht mehr lange, dann werden wir hier leben«, sagte Gert träumerisch.

»Für immer«, stimmte Ev zu.

Weit unten, im Keller des Traumhauses, arbeiteten Jason und Carla hektisch daran, die Seile zu lösen, mit denen ihre Hände gefesselt waren. Carla schluchzte leise vor sich hin, und nur der ekelhafte Knebel hinderte sie daran, laut zu weinen.

»Bleib ruhig«, flehte Jason durch das Stück Stoff in seinem Mund. »Wir schaffen … das«, sagte er und versuchte, diese Frau zu beruhigen, die, wie er gerade wieder einmal erkannte, die große Liebe seines Lebens war. Bitte, lieber Gott, betete er, lass jemanden kommen und uns finden. Er schloss die Augen. Regan Reilly fiel ihm ein. Sie ermittelte wegen Dorinda Dawes' Tod, und Dorinda Dawes war mit Sicherheit ermordet worden, das wusste er jetzt.

Und ich könnte dir auch sagen, wer sie ermordet hat, Regan. Komm hierher und finde uns, bevor die beiden wahnsinnigen Alten zurückkommen.

Er war sicher, diese Zwillinge waren zu allem fähig.

50

Kein Zweifel, Kit war wirklich heftig verliebt. Als Regan ins Zimmer kam, lagen ihre gesamten Kleider über das Bett verstreut.

»Ich kann mich einfach nicht entscheiden, was ich anziehen soll. Alles klar bei dir?«

Regan erzählte ihrer Freundin, dass die Ketten gestohlen und dann in Wills Büro wieder gefunden worden waren.

»Verrückt«, bemerkte Kit, die bestimmt das fünfzehnte Seidentop in die Höhe hielt. »Ich muss etwas finden, was ich morgen auf dem Ball tragen kann. Als ich zu der Konferenz hierherkam, hatte ich natürlich kein Glitzerzeug dabei.«

»Ein Stück die Straße hinunter gibt es ein riesiges Einkaufszentrum«, erinnerte Regan sie.

»Ich weiß, ich gehe morgen mit Steve dorthin. Er will mir ein schickes Kleid kaufen.«

»Und das lässt du zu?«, fragte Regan vorsichtig.

»Natürlich habe ich erst mal Nein gesagt, aber er besteht darauf. Findest du die Idee nicht gut?«

»Hmmm«, begann Regan. Sie wollte Kits Begeisterung nicht dämpfen, schließlich konnte man ja nicht wissen, ob Steve nicht vielleicht doch ein guter Typ war. »Es geht alles so schnell«, sagte sie dann.

Kit setzte sich aufs Bett. »Regan, ich weiß, es klingt ver-

273

rückt, aber ich habe wirklich das Gefühl, das könnte der Mann fürs Leben sein.«

»Und du weißt, nichts wäre mir lieber, als wenn es so wäre«, gab Regan zurück, ehrlich, wenn auch vorsichtig. Sie fügte nicht hinzu, dass sie ernsthafte Zweifel hatte.

»Wäre es nicht toll, wenn ich kurz nach dir heiraten würde? Dann könnten wir unsere Kinder zur gleichen Zeit kriegen.« Kit lachte auf. »Aber vermutlich denkst du, ich habe einen Sonnenstich.«

Regan lächelte. »Nein, das denke ich natürlich nicht. Aber ich bin deine beste Freundin, und ich rate dir, es langsam angehen zu lassen. Wir wissen doch beide, dass Beziehungen, die so rasant verlaufen, die Neigung haben, im Straßengraben zu landen.«

»Mach dir keine Sorgen, Regan, es geht mir wirklich gut. Ich finde ihn wunderbar, aber ich weiß natürlich auch, dass wir am Montag abreisen. Dann wird sich zeigen, was von der Sache zu halten ist, bis Hartford ist es ein weiter Weg.«

Ihre Worte beruhigten Regan. »Stimmt leider, Kit. Ich würde sagen, lass uns das Wochenende genießen, und danach sehen wir weiter.« Aber seine Fingerabdrücke brauche ich trotzdem, dachte sie.

»Du hast ein solches Glück, dass du Jack gefunden hast. Natürlich musste dein Vater erst entführt werden, sonst wäre das nie passiert«, scherzte Kit.

Regan lächelte. »Mein Vater hält sich seitdem für den idealen Heiratsvermittler. Er erzählt die Geschichte immer und immer wieder. Ich freue mich jetzt schon darauf, wenn er auf unserer Hochzeitsfeier das Mikrofon ergreift, denn ich garantiere dir, er wird auch bei dieser Gelegenheit rein zufällig auf diese Geschichte kommen.«

»Ich fürchte, mein Vater wäre nicht bereit, sich entführen zu lassen, nur damit ich endlich einen Mann finde, aber ich bin sicher, meine Großmutter würde es tun.« Kit legte ihre Sachen zusammen. »Die Geschichte mit diesen Ketten ist aber auch zu seltsam. Will hat wirklich Glück gehabt, dass du gerade da bist.«

»Na, ich weiß nicht«, runzelte Regan die Stirn. »Ich hoffe, ich finde noch etwas heraus, bevor wir am Montag abreisen.«

»Und gibt es etwas Neues über Dorinda?«

»Ich bin mit ihrem Cousin in ihrer Wohnung gewesen. Ganz interessant, und ich habe auch ein paar Sachen gefunden, die ich weiterverfolgen werde. Vor allem muss ich aber mit der jungen Frau reden, die wir gestern am Strand kennengelernt haben.«

»Du warst so sicher, dass sie dich anruft«, erinnerte Kit sie.

»Das tut sie vielleicht auch noch, aber ich will nicht so lange warten. Will lässt für mich heraussuchen, in welchem Zimmer sie mit ihrem Verlobten wohnt, sodass ich Kontakt aufnehmen kann.«

»Wahrscheinlich feiern sie immer noch ihre Verlobung.«

»Kann schon sein; sie war ziemlich begeistert, fandest du nicht?«

»Ich wäre auch begeistert, wenn ich zehn Jahre lang darauf gewartet hätte.« Kit schwieg für einen Augenblick. »Kannst du dir vorstellen, was passieren würde, wenn Steve zehn Jahre brauchen würde, um mir einen Antrag zu machen? Ich bekomme schon bei dem Gedanken eine Gänsehaut.«

»Hör auf, Kit«, warnte Regan.

»Ich weiß, ich weiß.«

»Übrigens, hat Steve jemals etwas über Dorinda gesagt?«

»Nein. An dem einen Abend an der Bar hat sie ihm irgendetwas ins Ohr geflüstert, und er hat die Augen verdreht. Sie schien einer ganzen Menge Leuten auf die Nerven zu gehen.«

275

Kit sah auf ihre Uhr. »Ich springe schnell noch unter die Dusche«, sagte Regan.

Eine halbe Stunde später saßen sie in einem Taxi und waren auf dem Weg zu Steve. »Du hast ja eine Riesentasche dabei«, bemerkte Kit.

Ich brauche ja auch etwas, um Steves Fingerabdrücke unterzubringen, dachte Regan. Zum Beispiel ein Küchenmesser. »Du kennst mich doch«, sagte sie laut. »Ich habe meinen Notizblock und mein Handy dabei, für den Fall, dass die Arbeit wieder ruft. Will hofft natürlich, dass heute Nacht alles ruhig bleibt. Er holt seine Frau vom Flughafen ab und braucht ein bisschen Entspannung.«

»Und du? Du brauchst einen freien Abend, Regan, schließlich hast du Urlaub. Lass uns den Abend doch einfach genießen.«

Regan lächelte ihrer besten Freundin zu. Heute ist alles andere als ein freier Abend, dachte sie. Sie tätschelte Kit den Arm, ihrer besten Freundin, die seit so vielen Jahren ein wichtiger Teil ihres Lebens war. »Ich bin sicher, es wird auf jeden Fall ein interessanter Abend.«

51

Jazzy und Claude fuhren in einer Stretchlimousine vom Flughafen in die Stadt zurück. Claude achtete sehr auf sein Image, ein Image, das von Luxusautos, teurer Kleidung und edler Umgebung herrührte. Sein Haus auf Big Island war die Freude seines Herzens, aber es hatte sich herausgestellt, dass er damit noch lange nicht zufrieden war. Jetzt wollte er seinen Lebenssinn durch die Designerkleider im Hawaiistil finden.

Während das Auto über den Highway glitt, schenkte Jazzy sich und Claude Champagner ein. Sie stießen mit den Gläsern an und nippten an dem perlenden Wein in dem Wissen, dass die Leute, die den Wagen sahen, sich vermutlich fragten, welche VIPs wohl im Fond saßen. Wenn sie die Fenster heruntergelassen hätten, hätte sich vermutlich niemand mehr um sie gekümmert, aber diesen Gedanken verdrängten sie.

»Bist du müde, Claude?«, fragte Jazzy fürsorglich.

»Ich arbeite hart, Jazzy, und ich habe jetzt stundenlang in einem Flugzeug gesessen. Natürlich bin ich müde.«

Jazzy brachte ein angemessen mitfühlendes Geräusch hervor. »Nun, der Ball wird auf jeden Fall ein Riesenerfolg für uns, das weiß ich.«

»Ich glaube, die Frauen werden einfach begeistert sein, wenn sie meine Muumuus anziehen. Und weißt du, warum? Weil sie sexy sind. Nur wenige Muumuus sind wirklich sexy.

Aber ich weiß, wie man so etwas entwirft, ich weiß, was Frauen sich wünschen. Und die Männer werden meine Hemden lieben. Hat *GQ* sich gemeldet?«

»Nein.«

Claude verzog den Mund.

»Noch nicht«, beeilte sich Jazzy hinzuzufügen.

»Ich kann mir wirklich nicht vorstellen, dass sie kein Interesse haben sollten. Es wäre doch eine wunderbare Geschichte, wie ich, Claude Mott, die Welt für Hawaiihemden begeistere, egal wo die Menschen leben.«

»Und ich weiß, dass du sie begeistern wirst, Claude.«

»Natürlich werde ich das. Ich bin so froh, dass die Muschelketten wieder aufgetaucht sind.«

Sie stieß noch einmal mit ihm an. »Und ich erst. So wird der Abend einfach viel schöner.«

»Ich frage mich, ob Will Brown Ärger bekommt, weil die Ketten in seinem Büro gefunden wurden.«

»Gut ist das auf keinen Fall. Die Berichte, die ich im Radio auf dem Weg zum Flughafen gehört habe, besagen, dass die Polizei ermittelt und noch keine Spur hat. Eine Privatdetektivin namens Regan Reilly wohnt derzeit im Hotel. Sie ist ziemlich clever, und ich habe den Verdacht, dass sie für Will arbeitet.«

»Wie heißt die Frau, Regan Reilly?«, fragte er und zog eine Augenbraue hoch.

»Genau.«

»Der Name kommt mir irgendwie bekannt vor.«

»Ihre Mutter ist die Krimiautorin Nora Regan Reilly, sie ist ziemlich bekannt.«

»Ja, natürlich. Meine Sitznachbarin im Flugzeug hat ein Buch von ihr gelesen, kein Wunder, dass ich den Namen kenne.« Er nippte wieder an seinem Champagner. »Also, Jazzy, morgen Abend wirst du meine sexy Muumuus vorführen.«

»Ich werde an jeden Tisch gehen und dafür sorgen, dass alle sie sehen. Sie werden sie lieben.«

Zum ersten Mal seit drei Wochen lächelte Claude. »Weißt du, Jazzy, ich habe die Geschichte der großen Designer studiert. Jeder von ihnen hat sich auf unterschiedliche Weise einen Namen gemacht. Mein Weg wird es sein, die Muschelketten in die Welt hinauszutragen. Muschelketten werden überall auf meinen Kleidern zu sehen sein. Muschelketten bei Smokinganlässen in New York City. Jeder Bewohner der Vereinigten Staaten sollte Muschelketten in seinem Kleiderschrank haben. Sie sollten meine Kleider in ihrer Freizeit tragen, und echte Muschelketten, wenn sie schick ausgehen. Ich glaube wirklich, das ist meine Mission: Muschelketten für alle.«

Jazzy hob ihr Glas und lächelte zufrieden. »Muschelketten für alle, darauf sollten wir trinken.«

Sie ließen die Gläser klingen und tranken Dom Perignon, während der Wagen Richtung Waikiki Waters rollte.

52

Unten am Pool tranken Francie, Artie und Joy ihre Piña Coladas. Die Hulamädchen bereiteten sich darauf vor, die Hüften kreisen zu lassen, und die Musiker machten einen letzten Soundcheck. Ned kam zu ihnen und setzte sich.

»Wie geht es deiner Mutter?«, fragte Artie.

Beinahe hätte Ned ihm ein verständnisloses »Häh?« zur Antwort gegeben, aber im letzten Moment riss er sich zusammen. »Oh, danke, es geht ihr schon wieder viel besser, danke der Nachfrage.«

Die Bedienung kam, und Ned bestellte sich einen doppelten Scotch. Bob und Betsy kamen und bestellten sich zwei Mai Tais.

Als alle saßen und an ihren Getränken nippten, begann Joy eine Diskussion über die Zwillinge. »Ihr wisst alle so gut wie ich, dass Gert und Ev mit Sal Hawkins' Geld sehr knickerig umgehen. Ich finde, wenn wir zurück in Hudville sind, sollten wir verlangen, dass wir Einblick in sein Testament und in die Reiseabrechnungen nehmen dürfen.«

Bobs Augen leuchteten. »Meinst du, sie benehmen sich wie Bonnie und Clyde?«

»Wie viel?«, fragte Joy.

»Bonnie und Clyde.«

»Nein, ich glaube nicht, dass sie jemanden erschießen würden. Aber es könnte gut sein, dass sie den Tag im Ala Moana Center verbringen, Sal Hawkins' Geld beim Einkaufen auf den Kopf hauen und sich alles nach Hause schicken lassen. Ich finde das nicht richtig. Ich kenne Leute, die bei den ersten Reisen dabei waren, und die sagen alle, es war fantastisch. Sie haben Rundflüge mit dem Hubschrauber gemacht und Bootsfahrten in den Sonnenuntergang und andere Sachen, die richtig Geld kosteten. Und inzwischen habe ich das Gefühl, wenn es Geld kosten würde, hier den Swimmingpool zu benutzen, würden die beiden uns zwingen, ausschließlich im Meer zu baden.«

Ned verschluckte sich beinahe an seinem Scotch, den er zu schnell hinunterkippte. »Könnte es sein, dass die beiden Geld unterschlagen?«, fragte er und wischte sich den Mund mit der Serviette ab. »Aber das glaube ich nicht. Ich weiß, wie hart sie mit Will verhandelt haben.«

»Natürlich ist das möglich!«, rief Francie dramatisch und fuchtelte mit den Armen. »Sie verweigern uns jedenfalls das Recht, Hawaii in vollen Zügen zu genießen.«

»Na, immerhin haben wir vier Karten für den Ball bekommen«, verkündete Artie. »Warte nur, bis sie das merken.«

Glenn, der Gepäckträger, winkte ihnen vom Gartenweg aus zu.

»Der hat seine Augen auch überall«, bemerkte Joy.

Neds Nervensystem schaltete sofort auf Alarm. Er trank noch einen Schluck von seinem Scotch. Als er sah, dass Glenn näher kam, wäre er am liebsten aufgesprungen und davongerannt.

»Ich hoffe, ihr genießt die Hulashow«, sagte er mit breitem Lächeln. »Ned hat eine besondere Vorliebe für Hulamädchen, nicht wahr, Ned? Ihr hättet das Geschenkpapier sehen sollen, das er heute mitgebracht hat.«

»Ich habe es gesehen. Kaum zu glauben, dass er das Päckchen seiner Mutter mitbringen will, nicht wahr?«, lachte Artie.

»Na, mir hat er was anderes erzählt«, lächelte Glenn.

Ned versuchte, mit einem Lachen aus der Sache herauszukommen. »Ich bin unschuldig«, scherzte er. »Das Geschäft hat das Geschenk eingepackt.« Er machte eine wegwerfende Handbewegung.

Glenn klatschte kurz in die Hände. »Na, ich muss weiter. Schönen Abend noch.«

Ich bringe ihn um, dachte Ned. Der Kerl spielt mit meinem Kopf.

»Also«, fragte Joy, »machen alle mit?«

»Bei was?«, fragte Betsy.

»Wenn wir zurück in Hudville sind, versuchen wir herauszufinden, was mit dem Geld los ist.«

Artie antwortete nicht. Er wusste, er würde Hudville so bald wie möglich verlassen, und die ganze Geschichte war ihm gleichgültig. Diese Joy ging ihm auf die Nerven, weil er sich in ihrer Gegenwart alt und langweilig vorkam.

»Mit uns kannst du nicht rechnen«, sagte Bob. »Betsy und ich müssen uns um unsere literarischen Ambitionen kümmern.«

»Was ist mit dir, Francie?«, fragte Joy.

»Was mich daran ein wenig beunruhigt«, begann Francie, »ist die Tatsache, dass Hudville ja doch eine recht kleine Stadt ist. Wenn wir da anfangen und sich herausstellt, dass die Zwillinge unschuldig sind, dann sieht das schrecklich undankbar aus. Und das wäre ziemlich peinlich.«

»Peinlich?«, schnaubte Artie. »Ich möchte Gert und Ev nicht in einer dunklen Gasse begegnen, wenn ich mich mit ihnen angelegt hätte.«

»Mir machen die beiden keine Angst«, sagte Joy trotzig und rührte mit dem Strohhalm in ihrem Cocktail. »Ich finde, wir sollten es machen.«

»Unterschlagung von Stiftungsmitteln kommt ja leider sehr häufig vor«, stellte sich Ned auf ihre Seite. »Die Macht steigt manchen Leuten zu Kopf, wisst ihr? Irgendwann finden sie, dass sie selbst ein Recht auf das Geld haben.«

»Wo hast du denn deinen Abschluss in Psychologie gemacht?«, fragte Francie lachend. »Du klingst, als würdest du die Gedanken von Verbrechern nur allzu gut kennen.«

Zu Neds großer Erleichterung begann in diesem Moment die Band zu spielen. Mit strahlendem Lächeln begannen die Hulamädchen, sich in den Hüften zu wiegen und die Finger wie kleine Fische durch die Luft schwirren zu lassen. Während Ned den leicht bekleideten Damen zusah, erschienen vor seinem inneren Auge immer wieder die Mädchen auf dem Geschenkpapier, mit dem er die Schachtel mit den wertvollen Muschelketten so liebevoll eingepackt hatte.

Wer hatte seine Finger nicht von den Hulamädchen lassen können und die Ketten geklaut?, fragte er sich. Es musste Glenn gewesen sein. Wer sonst? Aber warum? Wie konnte er ihn zur Rede stellen? Während er den Tänzerinnen zusah, dachte er kurz daran, einfach aus der Stadt zu verschwinden. Aber was hätte er dann tun sollen? Er wusste ja nicht, wohin.

Nein, ich werde bleiben, sagte er sich. Glenn hat irgendetwas vor, und ich werde herausfinden, was das ist. In diesem Spiel hat er keine Chance gegen mich.

Denn wenn ich spiele, dann, um zu gewinnen.

53

Steves Party war besser, als Regan erwartet hatte. Es waren wesentlich mehr Gäste da als am Abend zuvor, und in seinem Haus herrschte eine lebhafte, freundschaftliche Atmosphäre. Aus den Lautsprechern der Stereoanlage perlte hawaiianische Musik, der Mixer für die tropischen Cocktails stand kaum einmal still, und auf dem Grill brutzelten frische Ahi, Ono, Mahi-mahi, Hotdogs und Hamburger. Einige Nachbarn waren gekommen und eine Reihe von Mitspielern aus seinem Softballteam.

Steve war hinreißend und ein wunderbarer Gastgeber, stellte seine Gäste einander vor, sorgte für Getränke, überwachte das Essen und war sehr aufmerksam zu Kit. Regan und Kit saßen an einem großen Tisch auf der Terrasse, aßen, lernten jede Menge Leute kennen und lachten immer wieder.

Ich habe Kit noch nie so glücklich gesehen, dachte Regan mit bösem Schuldgefühl, während sie nach einer Chance suchte, irgendetwas mitgehen zu lassen, das Steves Fingerabdrücke trug. Aber ich tue es nur zu deinem Besten, Kit, dachte sie. Ein paar Zeilen aus dem Lied »That's what friends are for« gingen ihr durch den Kopf. Und schließlich, wenn man eine beste Freundin hatte, die Privatdetektivin war, musste man damit rechnen, dass sie ihre Arbeit gut machte.

Regan war froh zu sehen, dass Steve sich wirklich viel aus

Kit zu machen schien. Vielleicht irre ich mich ja, dachte sie. Vielleicht hatte Dorinda ihn nur deshalb in ihrer Schmuddelakte, weil er ihre Annäherungsversuche zurückgewiesen hat. Vielleicht war Steve ja wirklich das, als was ihn Jazzy bezeichnet hatte: ein Goldfisch.

Als sie für einen Augenblick allein am Tisch waren, drehte sich Kit zu ihr um. »Ist er nicht einfach umwerfend? Ich freue mich jetzt schon darauf, wenn er und Jack sich kennenlernen, die beiden werden sich sicher gut verstehen.«

»Ja, das hoffe ich auch«, antwortete Regan.

»Das haben wir ja immer schon gesagt«, erinnerte Kit sie mit einem Lächeln. »Es wäre besser, wir schaffen uns zwei Männer an, die gut miteinander auskommen.«

Regan grinste. »Ja, das wäre durchaus hilfreich.« Aus dem Augenwinkel sah sie, wie Steve aus seiner Bierflasche trank und sie dann leicht schüttelte. Sie war offenbar leer, und er ging hinein.

Das ist meine Chance, dachte Regan. Sie hatte absichtlich zum gleichen Bier gegriffen wie Steve. Sie mochte Bier eigentlich nicht besonders, und Kit hatte schon eine erstaunte Bemerkung gemacht, aber sie hatte ihr erklärt, dass sie bei so heißem Wetter lieber ein Bier trank, und sie hatte es tatsächlich geschafft, die Flasche zu leeren. Regan beugte sich zu ihrer Tasche hinunter. »Ich gehe mal eben für kleine Mädchen, bin gleich wieder da.« Mit der Bierflasche in der einen und der Tasche in der anderen Hand ging sie um die Leute herum, die auf der Terrasse standen, und ins Haus, wo kleine Gruppen von Gästen standen. Sie beobachtete Steve, der seine leere Flasche auf die Arbeitsfläche in der Küche stellte und sich dann zu jemandem umdrehte, der sich verabschieden wollte.

Sie atmete tief durch, schlenderte langsam in die Küche,

stellte ihre Flasche ab und nahm Steves. Wenige Sekunden später war sie auf dem Korridor und auf dem Weg zum Bad. Sie kam an dem Schlafzimmer vorbei, das Mark und Paul beherbergte. »Nicht zu glauben, dass der verrückte Stevie so ein Glück gehabt hat, oder? Ich wünschte, mich hätten sie auch vom College geschmissen«, scherzte Mark und trat auf den Flur.

Regan schlüpfte in das geräumige, luxuriöse Marmorbad und schloss die Tür hinter sich. Sie verriegelte die Tür und stellte ihre Tasche aufs Waschbecken. Dann seufzte sie tief vor Erleichterung, zog eine dunkle Plastiktüte aus ihrer Tasche, ließ die Bierflasche hineinfallen und steckte die Tüte zurück in die Handtasche. Sie fuhr sich mit dem Kamm durch die Haare, frischte ihren Lippenstift auf und entwickelte blitzschnell einen Schlachtplan. Alle ihre Bedenken waren plötzlich verschwunden. Doch, sie hatte allen Grund, Steve Yardley ein wenig auf den Zahn fühlen zu lassen.

Zurück auf der Terrasse, setzte sie sich wieder zu Kit, sagte aber nach ein paar Minuten: »Weißt du was, ich bin hundemüde. Es war doch ein langer Tag. Wenn es dir nichts ausmacht, nehme ich ein Taxi und fahre zurück ins Hotel.«

»Bist du sicher?«, fragte Kit mit besorgtem Blick.

»Ja, unbedingt.«

»Ich habe ein schlechtes Gewissen, weil wir so wenig Zeit miteinander verbringen.«

»Kit, es ist alles in Ordnung, ich habe doch heute ohnehin die ganze Zeit gearbeitet. Lass es dir gut gehen, wir treffen uns später im Hotel.«

Steve trat zu den beiden.

»Regan will zurück ins Hotel, könntest du ihr ein Taxi rufen?«

Steve legte seinen Arm um Regan, wobei seine Hand an ihrer Tasche vorbeistrich, die sie über der Schulter trug. »Macht es dir keinen Spaß hier?«, fragte er mit einem Funkeln in den Augen. Dann sah er Kit an. »Kann deine Freundin mich nicht leiden?«

Regan lächelte. »Es ist nur der Jetlag. Ich werde jetzt zurück ins Hotel fahren und meinen Schönheitsschlaf machen, damit ich morgen zum Prinzessinnenball munter bin.«

»Das wird sicher schön auf dem Ball«, prophezeite Steve. »Kit wird meine Prinzessin sein.« Er beugte sich zu ihr hinunter und küsste sie. Dann trat er einen Schritt zurück und blickte Regan in die Augen. »Und ich freue mich schon darauf, deinen Prinzen zu treffen.«

»Er freut sich auch«, sagte Regan. Und mehr als du dir vorstellen kannst, dachte sie im Stillen.

Eine Viertelstunde später begleitete Steve sie hinaus; das Taxi war soeben vorgefahren.

»Gute Nacht, Regan.« Er hielt ihr die Tür auf. »Und mach dir keine Sorgen, ich passe gut auf deine Freundin auf.«

»Sie ist die Beste«, sagte Regan. »Bis morgen.«

»Schnall dich an.«

»Aber sicher.«

»Man kann nie ganz sicher sein«, lachte er und drückte den Knopf hinunter, um die hintere Tür des Wagens zu verriegeln.

Als das Taxi davonfuhr, winkte sie Steve noch einmal zu, der in der Auffahrt stand und ihr nachsah. Sie klopfte auf ihre Tasche und vergewisserte sich, dass die Flasche noch da war. Vom College geflogen, dachte sie. Warum wohl? Und was verschweigst du uns sonst noch?

54

Kim starrte auf die Stelle an der Wohnzimmerwand, wo die Muschelkette gehangen hatte, seitdem sie in dieses Haus gezogen waren. »Deine Mutter ist doch immer wieder für eine Überraschung gut«, erklärte sie ihrem Mann. »Ich glaube, niemand außer ihr wäre an eine gestohlene Kette gekommen und hätte das alles vor dreißig Jahren in Gang gesetzt.«

Will umarmte sie. »Da hast du recht.«

Der kleine Billy schlief in seinem Zimmer am anderen Ende des Korridors. Will und Kim hatten ein ruhiges Abendessen genossen, und inzwischen war es fast Mitternacht geworden. Sie saßen auf der Couch, tranken einen Digestif und berichteten sich gegenseitig, was sich in den letzten Wochen zugetragen hatte. Vor allem Will hatte viel zu erzählen, und Kim trug das Ganze mit bemerkenswerter Fassung.

»Ich habe immer gewusst, dass Dorinda Dawes mich nicht leiden konnte. Ich bin wirklich gespannt auf die Hauszeitung mit dem schrecklichen Foto, aber es war klug von dir, es heute im Büro zu lassen.«

Will sah seine schöne Frau an, mit ihren langen dunklen Haaren und ihren mandelförmigen Augen. Sie hatten sich vor fünf Jahren getroffen, als sie beide, jeder für sich, vor einer Kinokasse angestanden hatten, weil sie aus einer Laune heraus beschlossen hatten, sich die Nachmittagsvorstellung anzusehen. Sie waren ins Gespräch gekommen, hatten nebeneinandergesessen, und seit diesem Tag waren sie unzertrennlich und gingen jedes Jahr an ihrem Jahrestag in eine Nachmittagsvorstellung ins Kino, selbst wenn sie der Film gar nicht reizte. Er liebte sie und ihren gemeinsamen Sohn und das Leben, das sie führten, über alles, und er hätte es niemals absichtlich aufs Spiel gesetzt. Aber genau das war nun geschehen, weil er der blöden Dorinda Dawes diese blöde Kette geliehen hatte.

»Glaubst du, deine Mutter kann morgen auf dem Ball wirklich den Mund halten? Wie soll sie denn das Geheimnis bewahren, dass die Kette all die Jahre im Besitz deiner Familie gewesen ist?«

Will schüttelte den Kopf und ließ ihn dann an ihre Schulter sinken. »Ich habe keine Ahnung, aber sie muss den Mund halten.«

»Warte nur, bis sie die Kette sieht, Will«, rief Kim aus. »Wenn die Versteigerung beginnt, springt sie doch aus dem Sessel!«

»Jimmy hat noch nicht entschieden, ob die Kette versteigert wird.«

»Aber hast du nicht gesagt, er wird beide Ketten auf dem Ball tragen?«

»Das ist der Plan, ja.«

»Und kannst du dir vorstellen, was passiert, wenn deine Mutter ihn sieht? Mit *ihrer* Kette?«

»Ich will lieber gar nicht daran denken.« Er schmiegte sich enger an seine Frau. »Mir schwirrt schon der Kopf von all den Sachen, die im Hotel passieren.«

»Und jetzt kommen Bingsley und Almetta dort an und beziehen ihr Zimmer. Na, herzlichen Glückwunsch.«

»Ich habe Ned gebeten, sich bis morgen Nachmittag um die beiden zu kümmern. Wenn wir ein bisschen Glück haben, ist meine Mutter nach einem Tag mit ihm rechtschaffen müde. Und dann müssen wir irgendwie den Ball überleben. Ich hoffe, irgendjemand kauft die Ketten und nimmt sie mit ans andere Ende der Welt. Dann hört das Theater hier vielleicht endlich auf.«

»Und diese Regan Reilly ist mit dem Fall beschäftigt?«

»Ja. Sie muss Montag wieder abreisen, aber sie hat schon viel geschafft. Ich bin froh, dass sie zum Ball noch hier ist. Einer der Polizisten in der Stadt ist ein Freund ihres Verlobten, und er schickt uns morgen ein paar Beamte in Zivil, die ein Auge auf die Gäste haben.«

»Der Prinzessinnenball sollte eigentlich eine märchenhafte Nacht sein. Jetzt habe ich den Eindruck, es ist eher ein Albtraum geworden.«

Das Telefon auf dem Couchtisch klingelte. Will fuhr zusammen und griff hinüber, um das Gespräch anzunehmen. »Hoffentlich nichts Schlimmes«, sagte er atemlos. »Hallo?«

»Hallo, mein Lieber«, rief seine Mutter ins Telefon. »Wir sind jetzt am Flughafen und trinken eine Tasse Kaffee und essen ein Zimtbrötchen, bevor wir ins Flugzeug steigen. Unglaublich, wie früh es noch ist! Aber dein Vater hat eine Fluggesellschaft gefunden, die verrückt genug ist, im Morgengrauen loszufliegen. Ich wollte dir nur sagen, dass wir bald bei dir sind.«

»Wunderbar, Mom.«

»Gibt es etwas Neues von unserer Kette?«, zwitscherte sie.

»Sie haben sie heute gefunden«, erwiderte Will und unterschlug die Information, dass man sie in seinem Büro gefunden hatte.

»Du lieber Himmel, diese Kette kommt ganz schön rum, nicht wahr?«

»Allerdings.«

»Aber mach dir keine Sorgen, das bleibt alles unser kleines Geheimnis. Darf ich sie denn wenigstens einmal sehen?«

»Beim Ball. Kann sein, dass sie dort versteigert wird.«

»Ich werde mit deinem Vater sprechen, wäre es nicht wunderbar, wenn er sie für mich ersteigern würde? Dann hätten wir sie wieder in unserer Familie, wohin sie ja schließlich gehört … aber es kann natürlich sein, dass irgendein verrückter Millionär beschließt, ein Vermögen dafür zu bezahlen.«

Das fehlte mir noch, dachte Will. Er sah den Haken an, an dem die Kette jahrelang gehangen hatte. Und als hätte seine Mutter tatsächlich das zweite Gesicht, sagte sie in diesem Augenblick:»Du könntest sie einfach wieder an die Wand hängen, in deinem wunderhübschen kleinen Haus. Es ist ja doch furchtbar schade, dass ihr keinen Platz habt, um uns unterzubringen, nicht wahr?«

Will tat so, als hätte er nichts gehört. »Wenn Dad die Kette für dich kauft, bestehe ich darauf, dass du sie behältst«, sagte er. »Und ich meine es ernst.«

Seine Mutter dachte für einen Augenblick darüber nach. »Nun, ich habe mich immer wie eine Königin gefühlt, wenn ich sie trug. Ooohh, jetzt rufen sie unseren Flug auf. Bis später, mein Lieber.«

Das Telefon klickte, Will legte den Hörer wieder auf und wandte sich seiner Frau zu. »Ich kann dir die erfreuliche Mitteilung machen, dass deine Lieblingsschwiegermutter auf dem Weg hierher ist.«

Kim lachte, aber Will spürte, wie sich sein Magen immer wieder umdrehte.

Das würde nicht mehr aufhören, bevor diese elende Kette auf die eine oder andere Weise für immer aus seinem Leben verschwunden war. Da war er absolut sicher.

55

Samstag, 15. Januar

Dorindas Cousin Gus schlief in ihrer kleinen Wohnung wie ein Murmeltier. Er schien keine Sorgen zu kennen. Als er sich aufs Bett gelegt hatte, hatte er mit der Hand ein paar Mal auf die Matratze gedrückt und festgestellt, dass sie für seinen Geschmack ein bisschen hart war. Aber er hatte ein glückliches Naturell, und so fielen ihm bald die Augen zu, und er schlief tief und fest.

Am Samstagmorgen wachte er früh auf. Für einen Augenblick war er verwirrt und wusste nicht, wo er war, aber das ging ihm immer so, wenn er in einem fremden Bett aufwachte und sich nicht auskannte. Also zählte er bis zehn, nahm seine Sinne zusammen, und endlich wurde ihm klar, wo er gelandet war. »Cousine Dorinda!«, rief er aus. »Ach, wie traurig.«

Der Radiowecker neben dem Bett zeigte 06:12. »Die gute alte Zeitverschiebung«, sagte er, schwang seine Beine aus dem Bett und stellte sich aufrecht hin. In der kleinen Küche machte er sich einen Becher von Dorindas gutem Kaffee, und während die Kaffeemaschine langsam in Gang kam, beugte er sich vor und versuchte, mit durchgedrückten Knien seine Zehen zu berühren. Das gelang ihm nie, aber allein die Tatsache, dass er es jeden Morgen versuchte, gab ihm ein gutes Gefühl. Er richtete sich wieder auf und versuchte es noch ein paar Mal, bis ihm schwindlig wurde.

Dann war der Kaffee endlich durchgelaufen, ein schwarzer, starker Kaffee mit einem wunderbaren Aroma. Er schenkte sich den Becher voll und legte sich wieder ins Bett. Den Kaffeebecher stellte er auf dem Nachttisch ab und stopfte sich das zweite Kopfkissen in den Rücken, als sein Blick an einem spiralgebundenen Notizblock hängen blieb.

»Ja, was haben wir denn da?«, sagte er leise zu sich selbst, zog den Block zu sich heran und schlug ihn auf. In der ersten Zeile war in großen Buchstaben eine Überschrift zu lesen: »Die Romanze des Prinzessinnenballs«. Und darunter etwas kleiner: »Eine Nacht, um sich zu verlieben, oder eine Nacht, um sich noch einmal zu verlieben?« Die noch kleinere Schrift in den Zeilen darunter konnte er ohne Brille nicht lesen, also griff er nach seiner Lesebrille, nahm den Kaffeebecher in die Hand und ließ sich, den Notizblock auf dem Schoß, wieder in die Kissen sinken. Dann las er mit großem Interesse, dass Hawaii der ideale Ort war, um sich zu verlieben. Flitterwöchner kamen hierher, aber auch Paare, die sich seit vielen Jahren kannten. Man traf sich und verliebte sich. Und die Einheimischen wie die Touristen trugen Muschelketten, um den Geist der Liebe und Freundschaft und Feierlichkeit weiterzutragen.

Im nächsten Abschnitt ging es um die Vorbereitungen des Prinzessinnenballs im romantischen Waikiki-Waters-Hotel. Sie beschrieb die Aufregung um die Versteigerung der wertvollen Muschelkette, die seit vielen Jahren im Museum hing, sie beschrieb das Essen, die Dekorationen, die Kleider mit dem Muscheldesign in den Geschenktaschen und die wohltätigen Organisationen, die von dem Ball profitieren würden.

Gus wischte sich die Augen, als er ans Ende des unvollendeten Artikels kam. Dorinda hatte noch geschrieben: »Und endlich kommt der Abend des großen Balls.«

»Aber sie konnte das Ende der Geschichte nicht mehr erzählen«, flüsterte er traurig. Hatte Beethoven nicht eine unvollendete Symphonie geschrieben?, fragte er sich. Doch, so musste es wohl sein.

Gus legte den Notizblock weg und trank seinen Kaffee. Ich habe immer schon gern geschrieben, dachte er. In der Highschool habe ich ein paar Artikel für die Schulzeitung geschrieben. Er sah hinüber zu Dorindas Kleidern, die auf dem Sessel in der Ecke lagen. Arme kleine D, dachte er traurig. Sie konnte ein Teufelsbraten sein, aber sie hat absolut nicht verdient, so zu sterben.

»Ich werde deine Geschichte zu Ende schreiben, Dorie«, sagte er in das leere Zimmer hinein. »Ich werde sie dir widmen, ich, dein geliebter Cousin Gus. Oder Guth, wie du immer gesagt hast, als du noch klein warst.« Je länger er darüber nachdachte, desto mehr begeisterte er sich für den Gedanken. Ich werde den Notizblock mit ins Hotel nehmen und ihn Will zeigen, dachte er. Ich werde ihm sagen, was ich vorhabe. Und dann werde ich den Rest des Tages am Strand verbringen und erst am Nachmittag hierherzurückkommen, um mich für den Ball umzuziehen.

Cousine Dorie, ich werde dafür sorgen, dass man dich nicht vergisst.

56

Kurz nach acht schlüpfte Regan so leise aus dem Zimmer, wie sie konnte. Kit war gegen drei Uhr nachts gekommen, Regan hatte sie gehört, einen Blick auf die Uhr geworfen und sofort weitergeschlafen. Auf dem Weg zum Hotel hatte sie am Abend zuvor Mike Darnell angerufen, und er hatte sie gebeten, die Bierflasche auf der Polizeiwache abzugeben, er würde sich gleich am Morgen darum kümmern. Sie hatte seine Anweisungen befolgt und war dann ins Hotel gefahren, wo sie sich noch lange im Bett herumgewälzt hatte, immer mit der Frage im Kopf, ob sie vielleicht Gespenster sah.

Am Strand angekommen, ging sie ein Stück spazieren. Es war noch früh, und es waren noch nicht viele Leute unterwegs. Ein paar Spaziergänger waren zu sehen, doch nur die ganz hartgesottenen Sonnenanbeter hatten ihre Reviere schon mit Handtüchern, Liegestühlen und Sonnenschirmen abgesteckt. Regan ging ans Ende der Mole hinaus und setzte sich. Das Wasser plätscherte an den Felsen, und die ganze Atmosphäre war friedlich und ruhig. Wieder so ein schöner Tag im Paradies.

Zehn Minuten lang saß sie dort, dann stand sie auf. Es fiel nicht schwer, sich vorzustellen, dass man auf diesen Steinen ausrutschen konnte, dachte sie, denn der Untergrund war nass und ein bisschen glitschig. Vorsichtig ging sie zurück an den

Strand und spazierte, die Schuhe in der Hand, zum Hotel. Sechs Leute mit Shorts im Hawaiimuster standen dort, offenbar entschlossen zu einem Morgenlauf.

Regan sah, dass Jazzy an einem kleinen, abseits stehenden Tisch am Pool saß, neben sich einen Mann, der aussah wie ein Sauertopf. Ob das ihr Chef war? Sie nahm den Weg zum Frühstücksbüffet so, dass sie nahe an dem Tisch vorbeikam, und sorgte dafür, dass Jazzy sie bemerkte.

»Oh, hallo, Regan«, sagte Jazzy, als Regan winkte.

»Hallo, Jazzy.« Regan traute ihren eigenen Ohren nicht, sie war doch eine elende Heuchlerin. »Na, alles klar für den Ball heute Abend?«

»O ja.«

Vielleicht könnte sie mich jetzt mal diesem Typen vorstellen, dachte Regan ungeduldig. Er vergräbt sich zwar gerade sehr auffällig in der Speisekarte, aber irgendwann muss er den Kopf ja wieder heben. »Ich bin so froh, dass die Ketten wieder da sind, Sie nicht auch?«

»Na, das können Sie aber annehmen«, antwortete Jazzy. »Regan, kennen Sie meinen Chef schon, Claude Mott?«

»Nein, bisher hatte ich noch nicht das Vergnügen.« Regan näherte sich mit einem strahlenden Lächeln und streckte dem Sauertopf die Hand entgegen. »Regan Reilly, sehr erfreut.«

Er blickte mit einem fast unmerklichen Lächeln auf. »Es tut mir leid, bevor ich meinen ersten Kaffee getrunken habe, bin ich zu nichts zu gebrauchen.«

»Das verstehe ich gut. Ich fühle mich auch erst wie ein Mensch, wenn ich die erste Tasse Kaffee getrunken habe. Ich freue mich sehr darauf, heute Abend ihre Kollektion zu sehen.«

»Sie werden nicht enttäuscht sein«, murmelte Claude.

»Wenn wir den Ball heute Abend hinter uns haben, werden wir zurück nach Big Island fahren, und dann werde ich nichts anderes tun als zeichnen, zeichnen und nochmals zeichnen.«

»Jazzy hat mir von dem wunderbaren Haus erzählt, das sie dort haben«, sagte Regan und nahm all ihren Charme zusammen. Sie wollte eine Vorstellung davon bekommen, warum dieser Mann in Dorindas Schmuddelakte gelandet war, und sie spürte, bei ihm kam sie nur mit Charme weiter. »Wo liegt ihr Haus?«

»In den Bergen, ein paar Meilen vom Flugplatz Kona entfernt.« Claude küsste seine Finger. »Es ist einfach wunderbar. Das einzige Problem ist, jetzt bauen sie mir ein Haus aufs Nachbargrundstück. Ich habe die Leute noch nicht getroffen, aber eins ist klar: Geschmack haben sie nicht.«

»Das Problem wird sich doch schnell lösen, wenn du das Haus verkaufst und eines hier in der Nähe von Waikiki baust«, bemerkte Jazzy neckisch. Regan spürte förmlich, wie Jazzy auf den Umzug hindrängte. Sie wollte offensichtlich näher ans Geschehen heran, schließlich war Big Island zwar schön, aber doch sehr ruhig. »Nun ja, ein guter Zaun macht auch den Nachbarn besser«, bemerkte Regan, die das Gespräch gern noch ein bisschen weiterführen wollte, auch wenn ihr inzwischen klar war, dass die beiden sie nicht an ihren Tisch einladen würden.

»Der Zaun ist ja gerade das Problem«, rief Claude aus. »Sie ziehen einen Stacheldrahtzaun an der Grundstücksgrenze entlang. Was in aller Welt bauen die da, ein Gefängnis?«

»Man kann das Haus nicht sehen, weil die Gegend sehr stark bewaldet ist«, erklärte Jazzy. »Sehr ländlich und wirklich wunderbar. Und Claude versteht nicht, warum ein Stacheldrahtzaun überhaupt nötig ist.«

»Wann ziehen die neuen Nachbarn ein?«, erkundigte sich Regan.

»Es heißt, irgendwann im Frühling. Ich bin wirklich gespannt auf die Leute, zwei Frauen sollen es sein.« Claude wandte seine Aufmerksamkeit wieder der Speisekarte zu, und Regan verstand das als deutliches Zeichen, dass er das Gespräch für beendet hielt.

»Na, ich wünsche Ihnen ein schönes Frühstück«, sagte sie. »Bis später.«

Will saß schon in seinem Büro; heute sah er doch etwas erholt aus. »Der große Tag ist da, Regan.«

»Ich weiß. Hatten Sie einen schönen Abend?«

»Ach, wissen Sie, ich bin ja so froh, dass meine Familie wieder da ist. Kim ist einfach wunderbar. Ich habe ihr alles erzählt, und sie hat sich überhaupt nicht aufgeregt, nicht einmal über das Kommen ihrer Schwiegermutter.«

»Ja, das ist wirklich gut. Gerade habe ich draußen auf der Terrasse Jazzy und ihren Superpromi getroffen.«

»Claude?«

»Ja. Ein echter Charmebolzen.«

Will lachte. »Wem sagen Sie das?«

»Will, haben Sie die Telefonnummer des jungen Paares, das ich am Strand getroffen habe?«

»Ja, hier ist sie.« Er reichte ihr ein Stück Papier mit der Zimmernummer und der Durchwahl. »Regan, ich habe in diesem Zusammenhang noch eine wichtige Information. Die Mutter der jungen Frau hat heute früh angerufen, weil sie sich Sorgen machte, nachdem sie seit gestern früh nichts mehr von ihrer Tochter gehört hat. Sie hat ein paar Mal angerufen, und es ist niemand ans Telefon gegangen; das Gleiche am Handy. Und sie war eigentlich sicher gewesen, dass Carla sie ständig mit neuen Ideen für die Hochzeit bombardieren würde.«

Regan sah ihn besorgt an. »Haben Sie schon jemanden auf ihr Zimmer geschickt?«

Will schüttelte den Kopf. »Noch nicht, sie könnten ja schlafen oder das Telefon ausgesteckt haben. In einer Stunde oder so können wir mal an die Tür klopfen, aber im Moment will ich da noch nicht stören, es ist ja noch sehr früh.«

»Aber wenn sie nicht da sind ...«, dachte Regan laut weiter.

»Manchmal buchen Leute das Zimmer für eine ganze Woche, verbringen dann aber ein oder zwei Tage auf einer der anderen Inseln. Wenn man schon für das Zimmer bezahlt hat, will man ja nicht das ganze Gepäck wieder einpacken. Da haben unsere Gäste alle Freiheiten, und wenn die zwei sich gerade verlobt haben, sind sie vielleicht woanders hingefahren, um zu feiern.«

»Kann schon sein«, antwortete Regan. »Aber lassen Sie mich unbedingt wissen, wenn Sie doch ins Zimmer gehen, denn ich muss Carla dringend sprechen. Wissen Sie, Will, wenn diese junge Frau tatsächlich in der Nacht von Dorindas Tod etwas Verdächtiges gesehen hat, dann könnte sie selbst in Gefahr sein.«

»Vor allem, wenn Dorindas Mörder etwas davon erfährt«, ergänzte Will. »Also, wollen wir hoffen, dass sie gestern nur ein bisschen zu viel Champagner erwischt hat und ihren Schwips ausschläft.«

»Glauben Sie mir, ich bin froh, wenn sie nur einen Kater hat«, bemerkte Regan. »Nun zu der Reisegruppe, die dem Regen entflieht, wo kann ich die finden?«

Will warf einen Blick auf die Uhr. »Zeit fürs Frühstücksbüffet. Die beiden Reiseleiterinnen organisieren immer einen großen Tisch im größten Speisesaal, gleich bei den offenen Türen mit Meerblick.« Er beschrieb kurz diejenigen unter den

Glücklichen Sieben, die Regan noch nicht gesehen hatte. »Ich glaube nicht, dass Sie alle jetzt schon kennenlernen wollen, oder?«

»Das hat noch Zeit. Ich versuche nur, mir einen Platz in der Nähe zu sichern, weil ich die Zwillinge ein bisschen beobachten will. Möglicherweise unterschlagen die beiden Frauen Geld, und es klingt so, als wäre ihnen Dorinda auf die Schliche gekommen. Ich frage mich nur, was sie darauf gebracht hat.«

»Keine Ahnung. Alles, was ich weiß, ist, dass sie ihre Rechnung erst bezahlen, wenn sie auch noch den letzten Rabatt aus mir herausgepresst haben.«

Regan stand auf. »Ich werde ihnen mal ein wenig beim Frühstück zusehen.«

Draußen in Wills Vorzimmer saß Janet an ihrem Schreibtisch.

»Sie sind aber früh da«, bemerkte Regan. »Und das am Samstag!«

Janet lächelte zu ihr hoch. »Nach diesem Ball brauche ich erst mal Urlaub.«

»Ich habe das Gefühl, den brauchen wir alle«, sagte Regan und machte sich auf den Weg zum Frühstücksbüffet.

57

Carla und Jason hatten eine grauenvolle Nacht in dem eiskalten Keller verbracht. Nachts wurde es in den Bergen empfindlich kühl, und die Heizung in dem neuen Haus war noch nicht eingebaut. Alle Knochen taten ihnen weh, die Seile schnitten ihnen in Hand- und Fußgelenke, und ihre Münder waren wund und trocken von den Knebeln. Aber diese Schmerzen waren nichts im Vergleich zu ihrer Angst. Sie fürchteten wirklich um ihr Leben.

Auf ihren Stühlen, die an zwei verschiedenen Betonpfeilern angebunden waren, versuchten sie, sich freizustrampeln, aber sie hatten keinen Erfolg, und die Fesseln schnitten nur noch tiefer ein.

Obwohl sie beide nicht sprechen konnten, dachten sie exakt dasselbe: Sie würden nie Gelegenheit haben, zu heiraten.

58

»Gert und ich haben kein Interesse an dem Ball«, hörte Regan eine der Zwillingsschwestern sagen. »Geht ihr nur und genießt den Abend, Gert und ich finden schon was zu tun.«

»Und ihr seid nicht böse, dass wir die Karten gekauft haben?«, fragte Francie. »Denn wisst ihr, Joy meint …«

»Francie!«, ging Joy dazwischen.

»Ich wollte doch nur sagen, Joy meinte, ihr würdet euch vielleicht ärgern, wenn wir das tun, ohne vorher zu fragen.«

»Joy ist eine kluge junge Frau«, erwiderte Ev. »Normalerweise wären wir tatsächlich nicht glücklich über ein solches Verhalten, aber diesmal wollen wir es noch durchgehen lassen.«

»Sollen wir nicht noch zwei Karten für euch besorgen?«, fragte Artie. »Es wäre doch schön, wenn wir mit der ganzen Gruppe hingehen könnten.«

Aber Ev blieb stur. »Nein, diese Karten sind viel zu teuer, und wir haben schon genug von Sal Hawkins' Geld dafür verschwendet. Gert und ich werden in die Stadt fahren und einen ruhigen Abend zu zweit genießen. Übrigens habe ich unser dynamisches Duo Bob und Betsy noch gar nicht gesehen. Wollen die beiden denn mit zu dem Ball?«

»Ich glaube, sie haben sich gestritten«, erklärte Joy, die sich gerade ein paar Löffel Weizenkeime in den Joghurt rührte. Sie tat alles Menschenmögliche, um ihre Figur in Form zu halten, aber sie wusste, wenn sie erst wieder in Hudville war, würde ihre Disziplin schnell der gewohnten Routine weichen. Ohnehin war sie schon weniger begeistert, weil Zeke ihr gestern Abend eröffnet hatte, er würde die nächsten fünf Jahre eine Weltreise unternehmen – mit seinem Surfbrett.

»Worüber haben sie sich denn gestritten?«, fragte Artie.

»Keine Ahnung, aber als ich gestern Abend von einer Party kam, saßen sie am Strand, und ich habe gehört, dass Betsy sich beschwerte, Bob sei ein elender Langweiler.«

»Ach, so ein Blödsinn!«, platzte Francie heraus.

»Woher willst du das wissen?«, konterte Artie.

»Bob ist echt nett, er hat mir sogar ein bisschen Taschengeld zugesteckt«, sagte Joy spitz und sah sie bedeutungsvoll an.

»Na, wenn ihm das was gibt, von mir aus«, antwortete Ev streng. »Die Welt ist doch voll von Männern, die vor jungen Mädchen angeben wollen, traurig, traurig.«

»Müssen wir jetzt über Bob reden?«, fragte Joy.

»Du hast doch angefangen«, erinnerte Artie sie.

Was für eine reizende Gruppe, dachte Regan und nahm eine Gabel voll Rührei. Es schien ihr gar nicht so abwegig, dass die Zwillinge Geld aus dem Nachlass von Sal Hawkins abgezweigt hatten, denn eine Gruppe, die zehn Millionen Dollar zur Verfügung hatte, hätte sich anders benommen, selbst wenn man alle drei Monate nach Hawaii kam. Aber wie wollen sie damit durchkommen?, fragte sie sich. Wenn sie mehrere Millionen auf die Seite gebracht haben, können sie das Geld in Hudville ja unmöglich ausgeben.

»Ihr tragt ja eure Muumuus wieder«, bemerkte Joy zu den Zwillingen. »Gestern habe ich wirklich gestaunt, dass ihr so warme Sachen getragen habt.«

»Wir haben doch gestern schon darüber gesprochen, Joy.

Wenn man ständig in diese klimatisierten Hotels hineingeht und dann wieder hinaus in die Hitze, holt man sich leicht einen Schnupfen. Und wir haben uns gestern jede Menge Hotels auf ganz Oahu angesehen. Schließlich wollen wir ja die Kosten so niedrig wie möglich halten, damit noch viele Mitglieder des Clubs eine Reise machen können.«

Regan beobachtete die beiden Frauen. Wenn sie sich mit Sal Hawkins' Geld absetzten, wäre das für Dorinda eine Riesengeschichte gewesen. Konnten sie herausgefunden haben, dass Dorinda sie verdächtigte? Das wäre natürlich ein Motiv für einen Mord. Eigentlich sahen sie aus wie zwei nette ältere Damen. Ob sie tatsächlich fähig waren, einen Mord zu begehen? Die blonde Schwester bemerkte Regans Blick. Regan wandte sich schnell ab, aber in dem kurzen Moment, als sich ihre Blicke trafen, begriff Regan, dass die Frau zu allem fähig war. Ein böser Blick, wie er im Buche stand.

Mindestens Diebstahl, dachte Regan. Sie nahm einen Schluck von ihrem Kaffee und tat so, als betrachtete sie fasziniert den Obstteller, der vor ihr stand. Sie wollen auf jeden Fall nicht auf den Ball, dachte sie. Warum nicht? Vermutlich haben sie etwas anderes vor, denn wenn sie so viel Geld auf die Seite gebracht haben, machen ein paar Hundert Dollar eigentlich nichts aus. Was haben die beiden bloß vor?

Eine Frau mit einem großen Frühstückstablett und einem kleinen Kind an der Hand ging an Gerts Stuhl vorbei und stieß ihn an. Gerts Handtasche fiel von der Stuhllehne auf den Boden. Ach Gott, jetzt möchte ich nicht in der Haut der jungen Mutter stecken, dachte Regan mit einem traurigen Lächeln, als sie Gerts wütenden Gesichtsausdruck sah.

»Oh, verzeihen Sie bitte«, sagte Gert sarkastisch und griff nach unten, um ihre Handtasche wieder aufzuheben. Doch sie war zu hastig, und da die Tasche nicht richtig geschlosssen war, verteilte sich der Inhalt auf dem Boden.

»Ach Gott, das tut mir leid«, entschuldigte sich die junge Mutter, und das Kind, das dem Boden ja besonders nahe war, versuchte zu helfen und griff nach Gerts Geldbörse. Gert riss sie ihm aus der Hand; erschrocken fing der Kleine an zu weinen.

Ein paar Münzen waren unter Regans Stuhl gerollt. Sie beugte sich hinunter und hob sie schnell auf, kauerte sich dann auf den Boden, wo Gert praktisch auf dem Bauch lag und darauf bestand, dass sie alles selbst einsammelte. Regan konnte die Bescherung gut sehen und bemerkte, wie Gert hastig die Hand auf eine Postkarte legte, die einen herrlichen Strand zeigte und auf der das Wort »Kona« aufgedruckt war. Regan hob ein Schminktäschchen auf und sah darunter den Passagierabschnitt der Flugzeugbordkarte einer hawaiianischen Fluggesellschaft. Zielflughafen: Kona, 14. Januar.

»Hier«, sagte sie zu Gert und ließ die Münzen, das Täschchen und die Bordkarte in die Tasche fallen, die Gert mit Tic Tac, Kamm, Brillenetui, Taschentuch und Zimmerschlüssel füllte. Gert blickte ihr direkt in die Augen. Sie hockten beide noch auf dem Boden. »Vielen Dank«, sagte sie schnell. Regan hatte das Gefühl, als suchte Gert in ihrem Blick nach etwas, aber sie blieb ganz ruhig und unbewegt. Nein, dachte sie, mir ist nicht aufgefallen, dass du eine Bordkarte für einen Flug nach Kona in der Tasche hast, schon gar nicht für gestern. Überhaupt nicht. Und selbst wenn – ich würde es den Mitgliedern deiner Reisegruppe niemals verraten, auch wenn du ihnen gerade erzählt hast, du hättest dir den ganzen Tag Hotels in Oahu angesehen.

Aber was du auf Big Island zu suchen hattest, das wüsste ich schon gern.

59

Ned hatte kaum ein Auge zugetan. Bei Sonnenaufgang schreckte er wieder hoch und machte sich auf zu einem frühmorgendlichen Lauf. Er konnte an nichts anderes mehr denken als an die beiden Ketten, die irgendjemand, vermutlich Glenn, aus der Schachtel genommen und durch die billigen Imitationen ersetzt hatte. Ein sorgfältig geplantes Verbrechen, dachte er wütend, aber wer immer es begangen hat, weiß jetzt, dass ich ebenfalls ein Verbrecher bin.

Er lief in strammem Tempo zehn Meilen, was er lange nicht getan hatte. An einem einsamen Stück Strand angekommen, zog er die Schuhe und das Hemd aus und sprang ins Wasser. Was für eine Wohltat, sich zu bewegen und ein wenig loszulassen. Eine große Welle kam auf ihn zu, und er beschloss, auf ihr zum Strand zu reiten. Die Unterströmung war stark, zog ihn hinunter, wirbelte ihn herum und zog sich dann endlich zurück. Taumelnd kam er zum Stehen, vor sich auf dem Meeresboden ein ganzer Teppich zerbrochener Muscheln.

»Au!«, schrie er, als er in etwas Scharfes trat. Er humpelte an Land, setzte sich und zog eine Glasscherbe aus der Haut seines zweiten Zehs. Die Wunde blutete, und es sah aus, als müsste sie genäht werden. Aber das konnte er nicht riskieren, schon gar nicht heute, da Wills Mutter kam, die Frau, die seine Zehen vor dreißig Jahren so misstrauisch beäugt hatte. Wenn er mit dieser

Wunde einen Arzt behelligte, dann erst, nachdem Almetta
Brown die Inseln verlassen hatte und all das Gerede über die
Ketten verstummt war.

Er saß im Sand und versuchte mit einer seiner Sportsocken
die Wunde zuzudrücken, doch alles, was dabei herauskam, war,
dass eine weiße Socke rot wurde. Mit der Glasscherbe, die er
soeben aus seiner Haut gezogen hatte, schnitt er einen Streifen
von der Socke ab und wickelte ihn um seinen Zeh. Dann
quetschte er den Fuß wieder in den Schuh und humpelte
zurück zum Hotel. Als er endlich sein Zimmer erreichte, tat
der Fuß abscheulich weh und blutete immer noch.

Unter der Dusche sah er, wie das Blut in den Abfluss lief,
aber er dachte immer noch an nichts anderes als an die Tatsache, dass der Ball morgen vorbei sein würde und dass dann die
Ketten ebenfalls fort wären.

Na, ihm sollte es recht sein. Aber was sollte er mit Glenn
anfangen? Der Mann führte doch ganz offensichtlich Böses im
Schilde.

Ein Gedanke schoss ihm durch den Kopf: Konnte Glenn
derjenige sein, der hinter den ganzen Schwierigkeiten im
Hotel steckte? Er schien ja überall aufzutauchen, wo man ihn
am wenigsten erwartete. Und Will beauftragte ihn immer wieder einmal mit irgendwelchen Botengängen. Aber wenn er
tatsächlich Böses im Schilde führte, konnte Ned nichts dagegen tun, das war ihm klar. Und wer konnte schon wissen, ob
der Kerl ihm nicht inzwischen schon die Polizei auf den Hals
gehetzt hatte?

Na, jetzt kriege ich wohl langsam Verfolgungswahn, dachte
Ned. Er trat aus der Dusche, trocknete sich ab und wickelte
Toilettenpapier um seinen Zeh. Er hatte keine Pflaster bei sich
und wollte nicht in Arties Kulturbeutel herumwühlen. Bloß

gut, dass Artie nicht hier war; er war wohl mit der Gruppe unten und machte sich über das Frühstücksbüffet her.

Ned zog sich an, griff in seinen Schrank und probierte die Schuhe an, die er am Tag zuvor beim Surfen getragen hatte. Zu eng. Er zog sie wieder aus und zog die Sportschuhe an. Wenn ich von Will höre, dass seine Eltern da sind, ziehe ich wieder die Surfschuhe an, dachte er. Ich kann ja wohl kaum mit den Sportschuhen ins Wasser gehen, das würde Wills Mutter sofort merken. Nach allem, was man hört, hat sie sich in den letzten dreißig Jahren nicht sehr verändert, vermutlich kriegt sie immer noch alles mit.

Er verließ das Zimmer mit nur einem einzigen Plan für diesen Tag: sich nicht verhaften zu lassen.

60

Ich mache mir solche Sorgen!« Carlas Mutter war wieder am Apparat und Regan hatte den Lautsprecher eingeschaltet, damit Will mithören konnte. »Es ist so gar nicht ihre Art. Da verlobt sie sich endlich nach all den Jahren, und einen Tag später ist sie wie vom Erdboden verschluckt. Das ist vollkommen verrückt! Meine Carla hat mich alle fünf Minuten angerufen, um über ihre Hochzeit zu sprechen, und jetzt habe ich schon mehr als einen Tag lang nichts von ihr gehört. Und dann erzählen Sie mir, das Zimmer sieht so aus, als hätte letzte Nacht niemand darin geschlafen.« Die Stimme wurde ganz zittrig, und sie begann zu weinen.

»Mrs Trombetti, wir werden alles Menschenmögliche unternehmen, um sie zu finden. Vergessen Sie nicht, sie haben sich gerade verlobt, vielleicht wollten sie einfach ein paar Tage ganz für sich haben und die Welt vergessen. Schließlich sind wir auf Hawaii, und hier gibt es jede Menge romantische Plätzchen, wo ein verliebtes Paar ein Weilchen allein sein kann.«

»Aber doch nicht Carla! Sie bekommt Entzugserscheinungen, wenn sie für ein paar Stunden nicht telefonieren kann.«

Regan konnte die Frau schniefen hören.

»Und warum sollte sie jetzt auf einmal mit Jason allein sein wollen? Die beiden sind seit zehn Jahren zusammen, ich bin ja froh, dass die Sache überhaupt noch so gekommen ist. Ich hatte schon befürchtet, dass sie einander irgendwann satt haben, bevor sie sich verloben.«

Regan hob die Augenbrauen. »Die Polizei rechnet die beiden noch nicht einmal als vermisst, weil sie volljährig sind und gehen können, wohin sie wollen. Und sie sind erst seit vierundzwanzig Stunden weg. Aber wir tun, was wir können, um sie zu finden, das verspreche ich Ihnen.«

»Ist da nicht gerade vor ein paar Tagen jemand vor diesem Hotel ertrunken? Mein Mann hat im Internet nach den neuesten Nachrichten aus Hawaii gesucht.«

»Ja, das stimmt leider«, antwortete Regan. »Eine Angestellte des Hotels ist ertrunken. Aber sie war allein, und es ist doch sehr unwahrscheinlich, dass Ihre Tochter und ihr Verlobter …«

»Jaja, ich weiß«, unterbrach die Frau. »Aber glauben Sie mir, ich kenne meine Tochter. Wir sind manchmal richtig wütend aufeinander, aber sie hat noch nie einen meiner Anrufe ignoriert oder war so lange verschwunden, ohne wenigstens eine ihrer Freundinnen anzurufen.«

»Ich verstehe«, sagte Regan leise. Die nächsten paar Minuten verbrachte sie damit, Carlas Mutter einigermaßen zu beruhigen. Aber sie wusste, was ihre eigene Mutter denken würde, wenn sie plötzlich verschwunden wäre. Und sie wusste, wie begeistert ihre eigene Mutter war, endlich eine Hochzeit planen zu können. Als sie den Hörer auflegte, sah sie Will an und fragte: »Wie oft bekommen Sie solche Anrufe?«

»Oft genug«, antwortete er. »Die Leute kommen hierher, um frei zu sein. Die Batterien ihres Handys sind leer. Oder sie machen Ausflüge in Gegenden, wo es keinen Empfang gibt. Und es gibt immer Verwandte, die dann nervös werden. Heutzutage sind die meisten es gewöhnt, ständig Kontakt zu halten, und wenn das dann für kurze Zeit nicht der Fall ist … Aber dieses Paar hat sich gerade verlobt, vielleicht haben die beiden einfach beschlossen, etwas Verrücktes zu unternehmen.«

»Ja, vielleicht«, antwortete Regan vorsichtig. »Aber mir wäre wohler, wenn nicht ausgerechnet Carla in dieser einen Nacht am Strand gewesen wäre.«

»Ich weiß«, sagte Will ruhig.

»Kann ich einen Blick in das Zimmer werfen?«, fragte Regan.

Will stand schnell auf. »Ja, sicher, ich denke, wir haben die Erlaubnis der Mutter.«

In dem ordentlichen Zimmer mit dem riesigen Bett sah alles vollkommen normal aus. Im Bad waren Carlas Kosmetika fein säuberlich aufgereiht, und in einem Glas standen die beiden Zahnbürsten beieinander.

»Wo auch immer sie sein mögen, sie hatten nicht die Absicht, über Nacht zu bleiben«, bemerkte Regan.

»Zahnbürsten kann man überall kaufen«, entgegnete Will.

»Sicher, aber …« Regan deutete auf die Cremes und Lotions und Sprays auf der Ablage. »Aber ich glaube nicht, dass Carla einfach so ohne ihren Beautycase loszieht. Ich möchte wetten, sie war noch nie in ihrem Leben beim Zelten, jedenfalls nicht ohne ihre Tages- und Nachtcreme.«

Sie ging an den Schreibtisch und blickte auf den Notizblock mit dem Logo des Hotels, der neben dem Telefon lag. Dann ging sie damit an die Terrassentür, wo sie genug Licht hatte. Derjenige, der zuletzt auf dem Block geschrieben hatte, hatte kräftig aufgedrückt, sodass man auf dem nächsten Blatt noch fast alles lesen konnte. Und als sie sah, was dort stand, atmete sie erschrocken ein.

»Was?«, fragte Will.

311

»Da steht Kona. Und eine Flugnummer und die Abflugzeit.«
»Sehen Sie«, seufzte Will erleichtert. »Sie sind rüber nach Big Island geflogen, um sich ein bisschen zu amüsieren.«

»Aber Will, diese seltsamen Zwillinge waren gestern auch in Kona, ich habe zufällig eine der Bordkarten aus dem Flugzeug gesehen.«

Will wurde blass. »Aber das muss doch nicht …«

Regan sah auf ihre Uhr. »Es ist jetzt Mittag, wir sollten nachsehen, wo die Zwillinge sind.«

»Und dann?«

»Bis dahin denke ich mir etwas aus«, antwortete Regan.

Sie eilten hinunter und suchten bei den Swimmingpools, am Strand und in allen Restaurants, konnten aber kein einziges Mitglied der Glücklichen Sieben finden. In Wills Büro zurückgekehrt, riefen sie jeden Einzelnen von ihnen an, aber niemand ging ans Telefon. Regan ging wieder in die Empfangshalle und sah das junge Mädchen aus der Gruppe, das gerade mit einem gelangweilten Gesichtsausdruck aus der Damenboutique kam.

»Entschuldigen Sie«, begann Regan.

»Ja?« – »Ich habe vorhin am Nebentisch gesessen, als Ihrer Reiseleiterin die Handtasche auf den Boden gefallen ist.«

»Ja, richtig«, sagte Joy. »Grandioser Auftritt, oder?«

Regan lächelte. »Ich müsste sie kurz sprechen, wissen Sie, wo ich sie finden kann?«

Joy schüttelte den Kopf. »Sie wollten heute am Pool sitzen und gelegentlich ein bisschen baden, aber plötzlich haben sie beschlossen, doch noch ein paar andere Hotels anzusehen. Sie wollen auch nicht zu dem Ball, und sie haben sich bis morgen verabschiedet.« Sie zuckte mit den Schultern. »Keine Ahnung, was mit den beiden los ist.«

»Was meinen Sie damit?«, fragte Regan. Joy verdrehte die Augen. »Normalerweise wachen sie wie die Glucken über die Gruppe, selbst beim Essen, sodass sie jeden Pfennig zählen können, den wir ausgeben. Deshalb ist es höchst ungewöhnlich, dass die beiden sowohl beim Mittagessen als auch beim Abendessen nicht da sind, das können Sie mir glauben. Und sie haben gesagt, sie wollen morgen früh zu einem Gottesdienst bei Sonnenaufgang und werden deshalb auch beim Frühstück nicht da sein. Na dann, halleluja!«

»Vielen Dank für Ihre Hilfe«, sagte Regan.

»Keine Ursache. Stimmt irgendetwas nicht?«

»Nein, alles in Ordnung.«

Regan eilte zurück zu Wills Büro. »Sie haben sich für den ganzen Tag und über Nacht bei der Gruppe abgemeldet. Will, ich mache mir allmählich wirklich Sorgen. Jede Wette, dass die beiden zurück nach Kona geflogen sind, und ich wette auch, dass Carla und Jason dort irgendwo sind.« Sie setzte sich an seinen Schreibtisch und rief Mike Darnell an. »Mike, ich brauche die Passagierliste eines Flugs nach Kona von gestern.« Sie beschrieb ihm die Lage. Wenige Minuten später rief er an. »Alle Personen, die Sie genannt haben, sind tatsächlich mitgeflogen. Die zwei Frauen sind abends wieder zurückgeflogen, aber das junge Paar ist nicht gekommen. Sie haben auch ihren Mietwagen nicht zurückgegeben, obwohl sie ihn nur für den einen Tag bis zum Nachmittag gebucht hatten. Es ist eine weiße Limousine mit einer gelben Lackspur auf einer Seite, ein alter Unfallschaden. Und die beiden Frauen sind vor zehn Minuten wieder in Kona gelandet, sie sind schon ausgestiegen.«

»Du lieber Himmel, wir müssen sie finden!«

»Die Insel ist groß.«

»Können Sie eine Fahndung nach dem Mietwagen auslösen? Ich sehe zu, dass ich einen Flug bekomme.«

»Und dann?«

»Weiß ich noch nicht, aber bis dahin denke ich mir etwas aus.«

»Regan, ich habe gerade mit einem Freund gesprochen, der ein eigenes Flugzeug besitzt. Er hat gesagt, er fährt gleich zum Flughafen. Ich versuche, ihn zu erreichen und zu fragen, ob er uns rüberfliegen kann. Warten Sie einen Augenblick.« Regan wartete aufgeregt, bis Mike wieder zu hören war. »Ich hole Sie in einer Viertelstunde vor dem Hotel ab. Es kommt mir zwar verrückt vor …«

»Aber es ist nicht verrückt«, sagte Regan bestimmt, legte den Hörer auf und sah Will an. »Ich muss in das Zimmer der Zwillinge.«

»Regan, ich weiß wirklich nicht, ob ich …«

»Will, es muss sein!«

»Na dann«, sagte er resigniert, und sie verließen im Laufschritt sein Büro.

Im Zimmer der Zwillinge schien es alles paarweise zu geben: zwei Paar gleiche Plüschpantoffeln, zwei gleiche Badeanzüge, zwei pinkfarbene Koffer. Regan ging an den Schreibtisch und zog die Schublade auf. Das Erste, was sie sah, war ein dicker Schnellhefter. »Baupläne für ein Haus«, sagte sie außer Atem und las die Überschrift auf dem ersten Blatt. »Gert und Evs Traumhaus in Kona. Sie benutzen tatsächlich Sal Hawkins' Geld, um sich ein Haus zu bauen.« Sie stopfte den Schnellhefter in ihre Tasche.

»Ich weiß wirklich nicht, ob Sie …«, begann Will einen neuen Satz.

»Aber sicher doch. Die Zwillinge kommen nicht vor mor-

314

gen Vormittag zurück.« Sie durchsuchte vorsichtig den Rest des Schreibtischs und die übrigen Schubladen, fand aber nichts mehr. Dann rannten sie wieder hinunter zum Empfang, wo Mike Darnell bereits wartete.

Gert und Ev hatten sich am Flugplatz ein Auto gemietet. Sie waren mehr als nervös, weil die Warteschlange zu lang war und der Wagen noch nicht aufgetankt war. Bis sie getankt hatten und die Tankstelle wieder verließen, waren sie beide ungeduldig und gereizt. In dieser Stimmung fuhren sie zu ihrem Traumhaus.

»Mein lieber Schwan, ist das ein Theater«, bemerkte Gert.

»Es wird langsam eng«, antwortete Ev. »Irgendwie war das seltsam, wie diese Frau heute früh auf dem Boden herumkrabbelte, um dir beim Einsammeln deiner Sachen zu helfen.«

»Ich habe ihr meinen bösesten Blick zugeworfen«, antwortete Gert. »Aber die Postkarte von Kona hat sie gesehen, keine Frage.«

»Ja, das ist mir auch aufgefallen. Wenn wir bloß dieses Pärchen aus unserem Haus heraushaben, bevor sie jemand dort findet. Und das blöde Auto. Je eher wir die beiden los sind, desto besser.« Sie stieg kräftig aufs Gas.

»Sollen wir sie also doch nicht heute Abend ins Wasser schubsen?«

»Mal sehen. Vielleicht sollten wir sie erwürgen, die Leichen in den Kofferraum packen und zusehen, dass wir den Wagen irgendwo abstellen.«

»Na, mir wäre es lieber, wir könnten sie ins Meer …«

»Ja, mir auch, aber es dauert noch Stunden, bis es dunkel wird, und so lange will ich nicht warten.« Sie bog von der Hauptstraße auf eine zweispurige Nebenstraße ab, die den

Berg hinaufführte. Jetzt waren es nur noch ein paar Meilen bis
zu ihrem Haus.

»Wir sind fast da, Schwesterherz.«

»Wohl wahr.«

»Wenn wir landen, bekommen wir sofort eine Liste aller
Immobilienmakler«, erklärte Mike Regan. »Aber wir wissen
natürlich nicht, wann die Zwillinge ihr Bauland gekauft
haben. Es kann sein, dass das alles schon eine Weile her ist.«

»Und ich bin sicher, das Haus wird schwarz gebaut und sie
verwenden falsche Namen«, fügte Regan hinzu. »Aber die beiden fallen trotzdem auf. Wie viele eineiige Zwillinge um die
sechzig bauen sich denn wohl derzeit auf Big Island ein Traumhaus?« Sie sah sich noch einmal die Bauzeichnungen an, die
geräumige Küche mit dem Blick aufs Meer, die identischen
Schlafzimmer … Als sie die Blätter wieder in den Schnellhefter schieben wollte, war ihr etwas im Weg: ein weiteres Stück
Papier. Regan zog es heraus und faltete es auseinander. Es war
die Zeichnung eines Stacheldrahtzauns.

»Will, Regan ist am Telefon!«, rief Janet ihrem Chef zu, der
draußen an der Rezeption stand und mit Jazzy und Claude
sprach. »Dringend!« Jazzy und Claude eilten weiter. Will nahm
den Hörer, lauschte einen Augenblick, ließ ihn fallen und
rannte dann hinter Claude her. »Wie lautet Ihre Adresse auf
Big Island? Schnell!«

Am Flugplatz von Kona wartete ein Polizeifahrzeug auf Mike
und Regan. Sie sprangen hinein, Officer Lance Curtis stellte
die Sirene an, und los ging die Fahrt. Lass sie dort sein, betete
Regan, bitte, lass sie dort sein. Sie war inzwischen vollkommen

sicher, dass sich Jason und Carla in Lebensgefahr befanden. Lass sie bitte noch am Leben sein.

Jason und Carla hörten, wie die Haustür geöffnet wurde. Carla riss erschrocken die Augen auf. Jetzt sind sie wieder da, dachte sie. Jetzt ist alles aus. Sie ließ den Kopf sinken und begann wieder zu beten. Jason tat dasselbe. Die Kellertür ging auf. »Da sind wir wieder«, rief Ev. »Wir sind wieder da, und nun werden wir uns mit den zwei unartigen Kindern befassen.« Langsam kamen die beiden Schwestern die Treppe herunter.

Das Polizeiauto raste die lange, gewundene Privatstraße zu Claudes Haus hinauf. Das Grundstück war mit Wald bewachsen, die Straße ungepflastert und voller Schlaglöcher. Oben angekommen, sprangen Regan, Mike und Lance aus dem Wagen, rannten auf die Rückseite des Hauses und sahen sofort den Stacheldrahtzaun, der an der linken Seite des Grundstücks entlanggezogen war.

»Das Haus der Zwillinge muss also da drüben liegen«, rief Regan.

»Wir brauchen ein paar Minuten, um den Hügel hinunter und dorthin zu fahren. Die Einfahrt zu ihrem Grundstück muss auf der anderen Seite dieses Wäldchens liegen.« Officer Curtis rannte zum Kofferraum seines Wagens und holte einen Seitenschneider heraus. Wenige Augenblicke später rannten sie den Hügel hinauf und durch den Wald.

Als sie oben ankamen, konnten sie das Haus sehen. Es lag auf einem großen Grundstück, und in der Auffahrt stand ein weißes Auto mit einem gelben Streifen auf der einen Seite. »Das ist der Mietwagen von Carla und Jason! Sie müssen da drin sein!«, rief Regan.

317

»Habt ihr uns noch irgendetwas zu sagen, bevor ihr sterben müsst?«, fragte Ev mit einer Stimme, die klang, als wäre sie kurz vor dem Durchdrehen. Sie stand hinter Jason, Gert hinter Carla, beide bereit, ihre Hände um die Hälse der beiden jungen Leute zu legen und zuzudrücken. Carla und Jason weinten leise in sich hinein. Sobald die Zwillinge die Knebel entfernten, hörte man ihr Schluchzen.

»Bitte!«, flehte Carla.

»Tut mir leid«, beschied Ev sie, »ihr wart sehr unartig. Und wir können nicht zulassen, dass uns jemand in letzter Minute unseren Spaß verdirbt. Und Spaß haben wir verdient, nicht wahr, Schwesterherz?«

»Allerdings«, bestätigte Gert mit zittriger Stimme. »Wir haben in unserem Leben einiges durchgemacht. Wir haben in dieser regennassen Stadt gelebt und uns immer um andere Leute gekümmert. Nie hat jemand mal daran gedacht, was uns guttun würde. Na, irgendwann sind wir dann aufgewacht und haben begriffen, dass wir unser Leben vergeuden. Und als wir eine Gelegenheit bekamen, unsere Schäfchen ins Trockene zu bringen, da haben wir sie beim Schopf ergriffen. Und wir werden nicht zulassen, dass jemand daherkommt und uns diese Möglichkeit zerstört.«

»Nein, das werden wir nicht zulassen«, wiederholte Ev mit Nachdruck. »Wir hätten es schon viele Jahre früher tun sollen!« Sie bewegte die Finger, drehte sich zu Gert um und sah ihre Schwester an. »Bist du bereit, Schwesterherz?«

»Mehr als bereit.«

Gerade als sie ihre Hände um die Hälse legten, hörten sie oben Glas splittern. Einen Augenblick danach flog die Kellertür auf. Aber das konnte die Zwillinge nicht aufhalten, sondern machte sie nur noch wütender. All der Zorn, der sich in ihnen angesammelt hatte, war darauf gerichtet, diese beiden jungen Leben zu zerstören.

»Beeil dich, Schwester«, befahl Ev und drückte noch heftiger zu.

»Das tue ich«, antwortete Gert. Ihre breiten Hände mit den hervortretenden Venen hatten sich ganz leicht um Carlas schlanken Hals geschlossen.

Carla und Jason keuchten und spürten, wie sie bewusstlos wurden, als Regan, Mike und Lance die Treppe heruntergerannt kamen.

»Aufhören!«, schrie Regan und gab Gert einen Stoß. Aber die Frau war standfest wie eine Ziegelmauer. Mike half, ihre Finger von Carlas Hals zu lösen, während Officer Curtis Ev angriff und niederschlug. Die Schwestern fielen zu Boden, und Carla und Jason saßen auf ihren Stühlen und rangen nach Luft. Lance Curtis zog seine Waffe und richtete sie auf die Zwillinge, während Mike und Regan die beiden Opfer von ihren Fesseln befreiten.

Carla umarmte Regan, als wollte sie sie nie wieder loslassen. Ihr Schluchzen hallte durch den Keller. »Danke!«, flüsterte sie mit zitternder Stimme. Jason kam auf sie zu, und Regan wollte ihm Platz machen.

»Nein«, sagte er und zog Regan ebenso fest an sich wie seine Verlobte. So standen sie für einen Augenblick zu dritt beieinander, während Carla verzweifelt versuchte, mit Weinen aufzuhören.

61

Wills Eltern kamen kurz nach Regans und Mikes Abfahrt an. Er brachte sie zu ihrem Zimmer und bat sie, hinunter in sein Büro zu kommen, wenn sie sich ein wenig frisch gemacht hatten. Über die Entwicklung von Regans Ermittlungen verlor er kein einziges Wort.

Ned musste nur einen kurzen Blick auf Wills Eltern werfen, um zu wissen, dass sie tatsächlich die Leute von vor dreißig Jahren waren. Dass eine so lange Zeit einfach so spurlos an einem Menschen vorbeigehen kann, dachte er staunend. Sie saßen schon in Wills Büro, als er hereinkam.

Ned blickte von Bingsley und Almetta zu Will, und plötzlich schoss ihm ein Gedanke durch den Kopf, der ihm nie zuvor gekommen war, weil er sich so viele Sorgen um seine eigenen Angelegenheiten gemacht hatte. Wenn Wills Eltern die Kette vor dreißig Jahren gekauft hatten und genau diese Kette auf Hawaii wieder auftauchte, ausgerechnet um den Hals der toten Dorinda Dawes, welche Rolle spielte dann Will? Natürlich hat er nicht publik gemacht, dass seine Eltern diese Kette einmal in ihrem Besitz gehabt hatten. Wissen sie davon? Haben sie die Kette weiterverkauft, ohne zu ahnen, was sie da in den Händen hielten?

Sein Kopf schwirrte. Hatte Will in diesem Fall seine ganz eigenen Sorgen? Hatte er die Kette Dorinda gegeben? Niemand hatte sie mit der Kette gesehen, in der Nacht, als sie starb. Sie hatte ja oft noch kurz bei Will hereingeschaut, bevor sie nach Hause ging. Hatte er etwas mit ihrem Tod zu tun? Das wäre dann eine deutlich ernstere Angelegenheit als mein kleiner Diebstahl, erkannte er. War Will genauso panisch wie er? Er schien gereizt und nervös, bemerkte Ned. Er musste Wills Eltern irgendwie, so behutsam wie möglich, auf dieses Thema bringen. Jeder im Hotel sprach von der Versteigerung, da würde es Almetta schwerfallen, den Mund zu halten, wenn sie etwas wusste.

»Wie reizend, dass Sie heute Nachmittag mit uns unterwegs sein werden, Ned«, sagte Almetta mit kokettem Blick. Sie trug ein geblümtes Oberteil mit passenden Shorts und winzige weiße Tennisschuhe. Bingsley trug Khakishorts und ein Hawaiihemd. Ned war erleichtert, keine Badeanzüge zu sehen.

»Das Vergnügen ist ganz auf meiner Seite«, antwortete er. »Was würden Sie davon halten, ein Stückchen mit einer unserer Segelboote hinauszufahren? Wir haben schönen Wind heute, ich denke, das würde ihnen gefallen.«

»Entzückend!«, zirpte Almetta. »Eine wunderbare Idee, nicht wahr, Liebes?« Sie wandte sich zu Bingsley um, der eher nicht so begeistert aussah.

»Klingt nicht schlecht«, antwortete er. »Aber bevor der Ball heute Abend losgeht, muss ich noch ein Nickerchen halten. Ich bin schlagkaputt.«

»Das kannst du ja später noch tun, Dad«, sagte Will. »Ich dachte mir nur, ein bisschen frische Luft würde euch guttun. Und wenn ihr eine Runde schwimmen geht, werdet ihr auch wieder munter.«

Ned ging mit den beiden zum Wasser hinunter, und sie bestiegen ein kleines Segelboot. Die Browns saßen da und genossen die frische Seeluft und die Sonne, während Ned als Schiffsführer gut beschäftigt war.

Es herrschte eine stetige Brise, die das Boot zügig an den Wellenreitern und Schwimmern vorbeitrieb und hinaus ins offene Wasser brachte. Almetta bombardierte Ned mit einer Frage nach der anderen.

»Woher kommen Sie, Ned?«, fragte sie und beugte sich mit strahlendem Lächeln vor.

»Hier und da«, antwortete er. »Ich bin ein Soldatenkind gewesen und bin ständig umgezogen.«

»Wie wunderbar! Dann müssen Sie ja an sehr interessanten Orten gelebt haben. Waren Sie als Kind auch schon auf Hawaii?«

Sie stellt die falschen Fragen, dachte Ned. »Nein«, log er und wechselte schnell das Thema. »Freuen Sie sich schon auf den Ball heute Abend?«

»Ich kann es kaum erwarten«, begeisterte sich Almetta.

»Diese Muschelketten … das ist eine verrückte Geschichte, hm? Sie sind vor vielen Jahren für zwei Frauen aus der königlichen Familie gemacht worden, und die eine wurde schon einmal gestohlen. Irgendwie verschwinden sie immer wieder und tauchen wieder auf.«

Almetta hüstelte leicht.

»Ja wirklich, eine verrückte Geschichte.« Sie blickte aufs Wasser hinaus und schwieg, was Ned noch nervöser machte.

»Ich glaube, ich muss mal«, erklärte Bingsley in diesem Moment, stand auf und schwankte leicht, wobei er Ned auf den verletzten Fuß trat.

Ned wimmerte leise auf. Die Nerven in seinem verletzten Zeh kreischten Alarm, schließlich war Bingsley nicht gerade ein Leichtgewicht.

»Oh, das tut mir leid«, entschuldigte sich Bingsley und ging weiter zum Bug.

»Alles in Ordnung?«, erkundigte sich Almetta sehr besorgt und starrte auf Neds Fuß, genau wie sie es vor dreißig Jahren getan hatte. »Das muss ja schrecklich wehtun. Oh, sehen Sie nur! Da kommt ja Blut aus Ihrem Schuh. Wollen Sie ihn nicht lieber ausziehen und den Fuß ins kalte Salzwasser halten?«

»Nein, nein, es geht schon«, beeilte sich Ned zu sagen.

Almetta blickte ihn an und sagte nichts mehr. Aber ihr Gesichtsausdruck sprach Bände.

62

In dem festlich geschmückten Ballsaal umschwärmten die Reporter die zurückgekehrte Regan. Die Berichte über die Entführung und den Mordversuch an dem reizenden jungen, frisch verlobten Pärchen waren in allen Abendnachrichten zu sehen gewesen.

»Die Zwillinge haben aber nicht gestanden, dass sie auch Dorinda Dawes ermordet haben, nicht wahr?«, fragte ein Reporter des lokalen Fernsehsenders.

»Nein, aber das überrascht mich nicht. Sie warten auf ihren Anwalt aus Hudville. Wir wissen, dass sie zu einem Mord fähig sind, warum sollten sie also nicht auch lügen?«

Die fünf verbleibenden Mitglieder der Reisegruppe aus Hudville standen noch vollkommen unter Schock und hatten den Nachmittag im Wesentlichen damit verbracht, mit ihren Angehörigen zu telefonieren.

»Es ist doch wirklich nicht zu glauben!«

»Ich wusste, dass irgendetwas nicht stimmte, aber das ist wirklich unglaublich.«

»Sal Hawkins wird sich im Grabe herumdrehen.«

Betsy und Bob hatten ihr Buchkapitel beiseitegelegt und begonnen, ein Buch über ihre Reisen mit den bösen Zwillingen zu schreiben. Francie, Artie und Joy waren wild entschlossen, den Rest ihres Aufenthalts zu genießen und noch ein wenig Geld auszugeben. Joy hatte sich nun doch auf den Ball eingelassen und Zeke und sein Fernweh aus ihren Gedanken gestrichen. Während der letzten Stunden waren sie alle zusammen ein bisschen berühmt geworden, da machte es natürlich auch ihr mehr Spaß, bei der Gruppe zu bleiben. »Und ich wusste von Anfang an«, erklärte sie immer wieder, »dass mit Gert und Ev etwas faul war.«

Carla und Jason hatten sich in ihr Zimmer zurückgezogen, um sich ein wenig zu erholen; eng umschlungen lagen sie auf ihrem Bett. Carla hatte bereits etwa sechs Mal mit ihrer Mutter und mit jeder ihrer Brautjungfern mindestens ein Mal telefoniert.

»Regan Reilly hat mir versprochen, dass sie Brautjungfer sein wird«, erzählte sie ihnen allen voller Freude.

Sie hatten versprochen, später herunterzukommen, wenn es ihnen ein bisschen besser ging und sie sich den Menschenmassen gewachsen fühlten. Aber bisher hatten sie nicht einmal das Essen und die Getränke angerührt, die Will ihnen aufs Zimmer geschickt hatte.

Jimmy hatte erwartungsvoll beide Ketten um den Hals gelegt. »Jimmy wird beide Ketten für die Versteigerung hergeben«, hatte er stolz verkündet.

Jazzy fungierte als Mannequin mit Claudes sexy Muumuus und genoss sichtlich die Aufmerksamkeit. Sie und Claude hatten zwei Tische mit einigen Bekannten belegt. Regan saß an einem Tisch mit Kit, Steve, Will, Kim, Wills Eltern und Dorindas Cousin Gus, der vollauf damit beschäftigt war, alle zwei Minuten aufzuspringen, um jemanden zu interviewen oder ein paar Fotos für den Bericht zu machen, den Will in der nächsten Hauszeitung veröffentlichen würde. »Dorinda darf nicht einfach so vergessen werden«, hatte Gus ihm ener-

325

gisch erklärt. »Und vor allem muss ihr Gerechtigkeit widerfahren.«

Die Stimmung war fröhlich, allmählich machte sich Erleichterung breit, dass die Zwillinge hinter Gittern waren.

»Sie sind eine geniale Ermittlerin«, sagte Steve zu Regan. »Kit ist schrecklich stolz auf Sie.«

Regan zog die Schultern hoch und lächelte den beiden zu. »Danke, aber wissen Sie, manchmal ist es einfach nur so ein Gefühl im Bauch, dem man folgen muss.« Jemand tippte ihr auf die Schulter, und im Umdrehen hörte sie, wie Steve zu Kit sagte: »Eine tolle Frau, nicht wahr?«

Kit kicherte. Sie hatte schon ein paar Gläser Wein getrunken und hatte einen ordentlichen Schwips. Nun legte sie ihm den Arm um die Schultern. »Wie ich sie kenne, hat sie schon Erkundigungen über dich eingezogen.«

Lachend sah er sie an. »Über mich alten Mann?«

»Sie passt gut auf mich auf, und schließlich bin ich ihre beste Freundin.«

Die Band spielte »The way you look tonight«, und Steve streckte die Hand aus. »Wollen wir tanzen?« Kit schwebte förmlich aus ihrem Stuhl, und schon waren sie auf der Tanzfläche.

Regan wollte nur noch nach Hause. Sie vermisste Jack mehr denn je, wenn sie all die Paare auf der Tanzfläche sah. Steve und Kit sahen wunderbar zusammen aus, das musste sie zugeben. Für das Hotel hatte sie nun genug getan, das war klar. Nachdem die Zwillinge hinter Schloss und Riegel waren, hatte sich die Sicherheit an diesem Ort wohl deutlich erhöht.

»Ich kann Ihnen gar nicht genug danken, Regan«, sagte Will leise zu ihr. »Am liebsten würde ich Sie hierbehalten.«

»Ich verspreche Ihnen, ich komme wieder, dann aber wirklich nur als Gast.«

»Gleich wird die Versteigerung beginnen. Für meinen Geschmack können die beiden Ketten gar nicht schnell genug verschwinden.«

»Das kann ich mir gut vorstellen.«

Regans Handy, das vor ihr auf dem Tisch lag, begann zu klingeln. Auf dem Display erkannte sie Jacks Nummer. Sie hatten vor ein paar Stunden miteinander gesprochen, als die Zwillinge verhaftet worden waren. Lächelnd drehte sie sich zu Will um. »Entschuldigung. Ich gehe lieber kurz raus.« Sie stand auf und ging zur Tür. »Na du«, meldete sie sich.

»Regan, wo ist Kit?«, fragte er eilig.

»Auf dem Ball, wieso?«

»Ist Steve Yardley bei ihr?«

»Ja doch! Was ist denn, Jack?«

»Ich habe gerade die Meldung über die Fingerabdrücke auf der Bierflasche bekommen. Der Mann hat ein ziemlich beeindruckendes Strafregister und benutzt jede Menge falscher Namen. Er hat tatsächlich mal an der Wall Street gearbeitet, wurde aber gefeuert, weil er Leute mit Investmentfonds betrogen hat. Seitdem schlägt er sich mit allerlei Betrügereien durch. Er mietet Häuser in teuren Gegenden, wo viele Zweitwohnungsbesitzer wohnen, und bringt Leute dazu, in seine windigen Geschäfte zu investieren. Dann verschwindet er mit dem Geld. Vor zehn Jahren ist seine damalige Freundin verschwunden und nie wieder aufgetaucht. Er gilt als gewalttätig und gefährlich, wenn man ihn reizt.«

»Du lieber Himmel!« Regan ging zurück in den Ballsaal, das Telefon noch am Ohr. Die Band machte eine Pause, sodass niemand mehr auf der Tanzfläche war. Suchend blickte sie zu ihrem

Tisch. Kits und Steves Plätze waren leer. Gerade wurde der Hauptgang serviert. »Jack, sie ist weg, ich weiß nicht, wo sie ist.«

»Gerade hast du noch gesagt, sie ist auf dem Ball.«

»Vor ein paar Minuten war sie das auch, aber dann ist sie mit Steve auf die Tanzfläche gegangen. Und jetzt sind sie weg. Vielleicht machen sie ja nur einen kleinen Spaziergang«, sagte sie, aber sie machte sich zunehmend Sorgen. »Ich werde nach ihr suchen und rufe dich später wieder an.«

»Regan, sei bitte vorsichtig, dieser Mann kann gefährlich werden.«

Sie klappte ihr Handy zu und hatte für einen kurzen Augenblick das seltsame Gefühl, dass sie neben sich stand. Kit! Wo konnte sie sein? Als sie sich umdrehte, stand Gus hinter ihr.

»Haben Sie Kit gesehen?«

»Ich habe sie gerade draußen interviewt. Sie und Steve sehen sehr, sehr verliebt aus. Ich glaube, die beiden machen einen kleinen Mondscheinspaziergang …«

Aber Regan war schon aus der Tür und rannte Richtung Strand.

»Wie romantisch!«, sagte Kit kichernd, als sie am Strand entlangspazierten.

»Ich wollte mit dir allein sein«, antwortete Steve leise. »Nicht unter all den vielen Leuten. Manche von ihnen sind wirklich lästig. Komm, wir setzen uns ein bisschen auf die Mole.«

Sie zogen die Schuhe aus und kletterten vorsichtig über die Steine. Steve hielt Kit fest an der Hand, während sie sich durch die Dunkelheit bis an die Spitze der Mole tasteten. Eine sanfte Brise kam vom Meer, und das offene Meer lag endlos und ruhig vor ihnen. Als sie am Ende der Mole angekommen waren, legte Kit ihren Kopf an Steves Schulter.

»Komm noch ein Stückchen weiter«, drängte Steve. Er hockte sich hin und bewegte sich zwischen den Steinen hinunter an die Wasserlinie. Dann drehte er sich nach Kit um. »Hier stört uns niemand.«

Lächelnd ließ Kit sich von ihm hinuntergeleiten. Dann saßen sie nebeneinander, Arm in Arm, und schmiegten sich in ihre kleine Privatbucht. Die Wellen reichten gerade bis zu ihren Füßen.

»Wunderbar!«, seufzte Kit.

Steve drehte sich zu ihr um und begann sie zu küssen. Heftig. Zu heftig.

Erschrocken zog sich Kit zurück. »Steve!«, protestierte sie und versuchte ein Lachen. »Das tut weh!«

»Was ist los?«, fragte er grob. »Soll ich dich nicht küssen?«

»Doch, natürlich sollst du mich küssen.« Sie lehnte sich wieder an ihn. »Aber lieber so wie gestern.«

Er küsste sie wieder, biss ihr in die Unterlippe und bog ihren Kopf zurück. Kit zog sich ein zweites Mal zurück. Allmählich bekam sie es mit der Angst zu tun. »Steve, du tust mir wirklich weh.«

Er packte sie am Arm. »Glaubst du, ich will dir wehtun? Glaubst du, nur weil du die beste Freundin von Regan Reilly bist, müssen alle deine Freunde erst mal überprüft werden? Glaubst du das?«, fragte er, und der Griff um ihren Arm wurde immer fester.

»Ach was, ich habe doch bloß Spaß gemacht«, protestierte Kit. »Regan passt ein bisschen auf mich auf, das ist alles. Sie mag dich …« – »Nein, das tut sie nicht. Ich habe ihren Blick schon verstanden.«

»Aber sicher mag sie dich. Sie will, dass du ihren Verlobten Jack kennenlernst. Er ist ein toller Mann.«

Steve drückte ihren Arm noch fester und schüttelte sie. »Ein Bulle. Ich kann die zwei nicht bei mir brauchen, diese elenden Schnüffler. Dorinda Dawes war auch so eine. Sie hat in meinem Haus herumgeschnüffelt und mir jede Menge Fragen über mein Leben gestellt. Ja, sie hat gedacht, sie ist furchtbar schlau. Aber ich habe sie zum Schweigen gebracht. Ich musste einfach!«

Kits Verstand, der durch den Wein ein wenig benebelt gewesen war, wurde sehr plötzlich wieder vollkommen klar. Ihr wurde fast ein wenig übel, als sie begriff, dass Steve Dorinda umgebracht hatte. Ich muss hier weg, dachte sie. »Lass meinen Arm los«, sagte sie, so ruhig sie konnte. »Du tust mir weh.«

»Du tust mir weh!«, äffte er sie mit piepsiger Stimme nach.

»Ich muss gehen.« Kit versuchte aufzustehen, aber er hielt sie fest. Als er sie wieder zu sich hinunterzog, schrie sie auf.

»Du gehst nirgendwohin.«

»Doch!« Kit war inzwischen sehr wütend geworden. Eilig begann sie, die Felsen hinaufzuklettern, aber Steve zog sie wieder zurück. Sie taumelte rückwärts und schrie um Hilfe. Er legte ihr eine Hand über den Mund, hielt sie fest und drückte ihren Kopf in das dunkle, strudelnde Wasser.

Am Strand suchte Regan hektisch nach einem Lebenszeichen von Kit. Aber niemand war zu sehen. »Kit!«, schrie sie. »Kit!« Sie zog die Schuhe aus und rannte hinunter zum Wasser. »Kit!«

Aber sie bekam keine Antwort.

»Kit!«

Dann hörte sie Kit schreien. Es klang, als käme der Schrei von der Mole, wo Dorinda Dawes so oft gesessen hatte. O Gott, dachte Regan, die sich an Dorindas Schicksal erinnerte. Bitte, lass nicht dasselbe mit Kit geschehen. Sie rannte Richtung Mole, als sie zwei weitere kurze Schreie hörte. Das ist sie, ich weiß es genau. Regan war vollkommen außer sich. Sie ist doch meine beste Freundin. Bitte, bitte, lass mich rechtzeitig dorthin kommen, betete sie.

Sie kletterte auf die Mole und lief über die glitschigen Steine, so schnell sie konnte. Sie rutschte aus und stürzte, schlug sich das Knie an einem scharfkantigen Stein auf, aber sie spürte den Schmerz kaum, stand wieder auf und rannte weiter bis zur Spitze der Mole. Niemals zuvor hatte sie so viel Adrenalin in ihrem Körper gespürt wie in dem Moment, als sie Steve sah, der die wild strampelnde Kit unter Wasser drückte. Im Bruchteil einer Sekunde sprang sie Steve von hinten an und schlug ihm ins Genick mit einer Kraft, von der sie selbst nicht wusste, woher sie kam. Er stöhnte auf, ließ Kit los und versuchte, Regan abzuschütteln. Sie rutschten beide ins Wasser. Als Kit den Kopf aus dem Wasser streckte, schrie Regan ihr zu: »Zurück auf die Mole!«

Kit hustete und spuckte, aber sie war mindestens so wütend wie Regan. »Auf keinen Fall!« Mit ausgestreckten Händen griff sie Steve an und zerkratzte ihm das Gesicht. Er stieß sie zurück und drückte Regan unter Wasser. Regan schluckte eine Riesenmenge Salzwasser, konnte ihm aber noch ein Knie in den Schritt rammen. Als sie wieder nach oben kam, ging Kit gerade mit spitzen Fingernägeln auf sein linkes Auge los. Er kreischte auf vor Schmerz, drehte sich weg und versuchte, ein Stück hinauszuschwimmen. Aber seine Flucht führte nicht weit, zwanzig Minuten später sollte ein Polizeiboot ihn aus dem Wasser fischen. Sein kleiner Ausflug ins Paradies war endgültig vorbei.

Als sich die Aufregung ein wenig gelegt hatte und Steve in sicherem Polizeigewahrsam war, kehrten Kit und Regan, inzwischen wieder in trockenen Kleidern, in den Ballsaal zurück, wo mit einiger Verspätung die Versteigerung der Muschelketten begonnen hatte. Ein reicher Wohltäter kaufte beide Ketten für eine erkleckliche Summe und spendete sie dann dem Seashell Museum. Er hatte nicht sehr viele ernsthafte Mitbewerber. »Diese Ketten sind von Unheil umgeben«, erklärte er. »Sie sollten nie wieder getrennt werden, sondern zusammen ausgestellt werden. Die Menschen sollen ihre Geschichte erfahren und wissen, dass sie einmal der königlichen Familie von Hawaii gehört haben. Ich glaube nicht, dass wir je erfahren werden, wie die bedauernswerte Dorinda Dawes in den Besitz der Kette von Prinzessin Liliuokalani gekommen ist. Dieses Geheimnis nimmt sie mit in ihr Grab.«

Jimmy strahlte übers ganze Gesicht, während der Kurator des berühmten Bishop Museum ein wenig enttäuscht dreinschaute. Er hatte gehofft, die Ketten könnten von nun an in seinem Museum ausgestellt werden.

Wills Mutter sah hinüber zu Ned, der am Nebentisch aufgestanden war, und für einen kurzen Moment trafen sich ihre Blicke. Sie sahen sich eindringlich an, dann stand sie auf und ging zu ihm hinüber.

»Ich weiß, dass Sie wissen, wer wir sind«, sagte sie ruhig. »Und ich weiß auch, wer Sie sind.«

Ned gab ihr keine Antwort.

»Ich werden keinem Menschen verraten, dass Sie uns damals die Kette verkauft haben, wenn Sie Ihrerseits schweigen und nicht publik machen, dass sie all die Jahre in unserem Besitz war. Das wäre das Letzte, was Will jetzt brauchen kann. Er hatte mit Dorinda Dawes' Tod nichts zu tun, und ich bin sehr froh, dass der Mörder gefasst worden ist.«

Ned nickte.

Almetta lächelte. »Wissen Sie, so hässlich sind Ihre Zehen gar nicht. Sie sollten sich wirklich ein Paar Sandalen kaufen.«

Ned lächelte zurück. »Das habe ich schon getan.« Er drehte sich um und ging davon.

Am nächsten Tag würde er sich beim Peace Corps bewerben. Von jetzt an werde ich nur noch Gutes tun, schwor er sich feierlich.

Claudes Muumuus waren ein Riesenerfolg. Dutzende von Frauen waren in den Toiletten verschwunden, um sich umzuziehen, und nun waren die Muumuus überall auf der Tanzfläche zu sehen. Glücklich und zufrieden flüsterte Claude Jazzy zu: »Ich denke, wir sollten dem Hotel nicht weiter schaden, du brauchst Wills Job nicht mehr. Unsere Kleider verkaufen sich auch so. Ich mache dich zu meiner Teilhaberin. Und wenn du mich noch haben willst …«

Jazzy küsste ihn vor allen Leuten. »O Claude! Ich habe mir doch nie etwas anderes gewünscht!«

Er erwiderte ihren Kuss. »Ich auch nicht. Also, sag Glenn, er soll mit dem Blödsinn aufhören, er bekommt einen guten Job in unserer Firma.«

»Ich liebe dich, Claude.«

»Ich liebe dich auch, Jazzy. Von heute an werden wir nur noch Gutes tun. Weißt du, das Leben ist zu kurz, vor allem hier.«

Am nächsten Morgen saßen Regan und Kit nebeneinander auf einer Wartebank im Flughafen von Honolulu.

»Na, das war vielleicht ein Abenteuer, hm?«, sagte Kit, als könnte sie die Ereignisse der letzten Tage immer noch nicht ganz fassen.

»Wir haben in den letzten zehn Jahren ja schon Einiges erlebt, aber das hier ist wirklich die Krönung.«

»Der nächste Mann ist der Richtige für dich, das weiß ich ganz bestimmt.«

»Versprich mir nur eins.«

»Nämlich?«

»Du sorgst dafür, dass er heimlich überprüft wird, egal wie bescheuert ich mich gerade benehme.«

Regan lachte. »Verlass dich drauf. Gerade, wenn du dich bescheuert benimmst.« Ihr Handy klingelte, und sie drückte schnell auf den Knopf. »Aloha, Jack. Es hat sich nichts verändert, seit wir vor zehn Minuten miteinander gesprochen haben. Ich habe lediglich noch zwei Mal mit meiner Mutter telefoniert. Sie ist vollkommen aus dem Häuschen, aber glaub mir, Kit und ich sind heil und gesund und glücklich.«

»Ich muss dich sehen, Regan. Sie haben gerade eben die Flughäfen wieder aufgemacht, und ich werde zusehen, dass ich einen Flug nach Los Angeles bekomme. Ich kann unmöglich bis zum nächsten Wochenende warten.«

»Das kann ich auch nicht. Kit und ich steigen in ein paar Minuten in ein Flugzeug nach New York.«

»Wirklich?« Man hörte durchs Telefon, dass Jack vor Glück nur so strahlte.

»Ja! Ich wollte dich eigentlich überraschen, aber andererseits – wir hatten vielleicht ein bisschen zu viele Überraschungen in letzter Zeit. Also: Kit nimmt von New York aus den Anschlussflug nach Connecticut, und ich nehme mir ein Taxi und komme direkt in deine Wohnung. Nach allem, was in den letzten Tagen passiert ist, wollten wir die lange Heimreise nicht gern allein machen. Na ja, mein Junggesellinnenabschied ist jedenfalls endgültig vorbei.«

»Und bald auch dein Leben als Junggesellin. Ich finde, wir sollten die Hochzeit vorverlegen. Aber das können wir besprechen, wenn du hier bist. Und komm bloß nicht auf die Idee, ein Taxi zu nehmen, ich werde am Flughafen stehen und dich mit ausgebreiteten Armen empfangen.«

Regan hatte immer noch ein überglückliches Lächeln im Gesicht, als die Aufforderung zum Einsteigen durch den Lautsprecher kam.

»Ich bin schon auf dem Weg, Jack. Ich bin tatsächlich endlich auf dem Weg.«

Wir haben
ALLES*

... alle Bücher
... alle DVDs
... alle CDs

* Na ja ... fast alles, aber sehen Sie selbst unter

www.weltbild.de